U0894861

人岗双边匹配决策方法研究

Study on Decision Method for Two-sided Matching about Personal-job

李松　著

中国财经出版传媒集团
经济科学出版社
Economic Science Press

图书在版编目（CIP）数据

人岗双边匹配决策方法研究/李松著．—北京：经济科学出版社，2021.5

ISBN 978-7-5218-2195-6

Ⅰ.①人… Ⅱ.①李… Ⅲ.①企业管理-人力资源管理-研究 Ⅳ.①F272.92

中国版本图书馆CIP数据核字（2020）第254339号

责任编辑：杨　洋　赵　岩
责任校对：刘　昕
责任印制：王世伟

人岗双边匹配决策方法研究

李　松　著

经济科学出版社出版、发行　新华书店经销

社址：北京市海淀区阜成路甲28号　邮编：100142

总编部电话：010-88191217　发行部电话：010-88191522

网址：www.esp.com.cn

电子邮箱：esp@esp.com.cn

天猫网店：经济科学出版社旗舰店

网址：http://jjkxcbs.tmall.com

北京季蜂印刷有限公司印装

710×1000　16开　12.75印张　210000字

2021年7月第1版　2021年7月第1次印刷

ISBN 978-7-5218-2195-6　定价：65.00元

（图书出现印装问题，本社负责调换。电话：010-88191510）

本书的部分研究成果来自于河北省社科基金项目（HB20GL005）、河北省高等学校人文社会科学研究重点项目（SKZD2011106）、河北省软科学研究计划项目（15456110D）等，在此谨致谢意。

前　言

双边匹配问题是一个双边群体的双向选择问题，普遍存在于日常生活及经济活动中。在日常生活中，比如男女配偶双向选择问题、学生升学与学校招生双向选择问题、学生与导师的双向选择问题等都属于双边匹配问题；在经济管理活动中，风险投资商与融资企业的双向选择问题、物流服务供应方与需求方的双向选择问题、知识或技术供给方与需求方的双向选择问题、人与工作岗位的双向选择问题、电子商务中买卖双方交易对象的双向选择问题等也都属于双边匹配问题。双边匹配问题是一个决策问题，通常的决策问题主要是站在某一个决策主体的角度，决策的目标主要是寻求决策主体单方面的最优化选择，例如，购房选择、产品开发方案选择等，可以将其归类为单边匹配决策问题。目前的决策理论及方法的研究主要是针对这一类的问题，而对于双边匹配决策问题的理论及方法的研究则相对较少，目前还处于起步阶段。

与单边匹配决策问题不同的是双边匹配是站在双边主体之外的角度来寻求总体选择的最优化。具有社会性，即不局限于参与匹配的某一个或某些决策主体的最优化选择。允许某些主体对次优结果的选择，以实现无冲突下总体选择最优化。在双边匹配中每个主体都希望获得最优选择以实现自身利益的最大化。但是在双边匹配中选择是双向存在的，限于主体自身的条件及同一匹配方中其他主体的竞争，一方某个主体的最优匹配对象的最优选择不一定会是该主体；当某个主体自身条件较为优越时，该主体可能是另一方多个主体的最优选择。因此，双边匹配也是一对矛盾的选择过程。双边匹配决策的目标就是在避免选择冲突的情况下，尽可能地让双方主体都获得一个较满意的方案。

人力资源是企业组织第一资源，而使企业人岗匹配则是企业人力资源管理工作最重要的内容之一，其核心便是科学合理的解决员工与岗位的有效配置问题。人岗的不匹配，很容易造成人才的浪费，而科学合理有效的人岗匹配，不仅能调动员工工作积极性，发挥员工潜在价值，更能为企业组织带来最大化的经济效益。随着对人岗匹配重要性认知度的加深，人岗匹配问题得到了越来越多管理者们的关注，对人岗匹配模型与方法的研究也越来越多。

伴随着互联网及信息技术的发展，各类人岗供应与需求信息可以通过互联网平台集中到一起。在这些信息平台上供应方有多个需求方可以选择，需求方也有多个供应方可以选择，当人岗双方只能做出有限的选择时，如何确保人岗双方均获得较优的选择是双边匹配理论所研究的范围，也是人岗双边匹配理论及方法研究的现实需要。

本书以提升企业管理考核办法与选拔体系水平、发挥员工潜在价值、为企业带来最大化的经济效益为主线，以服务经济和消费经济时代的来临为大背景，以人岗双边匹配决策方法为研究对象，从企业人力资源管理实际出发，结合现代管理思想，运用运筹学、优化进化、仿真技术与系统工程理论和方法，侧重于解决现代企业管理中遇到的人岗双边匹配决策与优化问题。本书针对人岗双边匹配决策实践中的具体问题建立合适的决策优化模型，并结合模型的特点设计算法进行求解，从而为人岗双边匹配决策提供依据。本书在编写过程中注重以下特点：一是力求理论上的系统性和新颖性；二是理论联系实际，重点突出运用人岗双边匹配决策优化技术解决实际企业人力资源管理问题的方法，从多角度分析问题，再根据相关性从多方面解决问题，尽量做到理论和应用的统一。

本书在写作过程中参考了大量文献，已尽可能地列入参考文献，并向所有被本书直接或间接引用其文献资料的同行学者表示诚挚的感谢。

感谢作者的研究生朱丽娜、袁安琪、岳影影等所做的大量工作。

鉴于时间和作者水平有限，书中不当之处在所难免，在此诚恳地希望读者和同行不吝赐教，以便今后得以修正和提高。

目　录

第1章 绪 论

1.1 双边匹配与人岗双边匹配

1.1.1 研究背景

随着市场经济的迅速发展，社会各个方面发生了一系列深刻的变化，现实生活中很多情境都存在一方主体中的一个或多个个体与另一主体中的一个或多个个体展开匹配问题，如男女双方的婚姻匹配问题，入学学生与学校的匹配问题等。而随着市场经济的飞速发展，科技水平的不断进步，使得经济管理活动中也存在很多两方主体中的个体之间进行相互匹配的情形，比如人力资源管理中求职者与招聘岗位的匹配、电子商务环境下由各种形式的中介组织买家与卖家的匹配、风险投资活动中投资者与投资项目的匹配等。特别是近几年共享经济的兴起，社会上出现了各种各样的新型经济模式，如共享租车、共享民宿、共享金融等，其中很多共享经济的核心都是匹配问题，即共享经济中的物品提供方和需求方都对彼此有一定的需求，根据彼此需求来进行匹配。这些共享经济都依赖于互联网平台，通过相关的共享软件进行匹配，如共享租车领域中的滴滴打车、高德打车等以及现在人们依赖的各种购物平台、音乐平台、社交推荐平台等，都在用匹配实现更好的用户体验，提升平台的影响力，进而创造更大的价值，这些都是匹配在发挥着巨大作用。

人力资源作为企业组织最宝贵的资源，在企业组织中发挥着不可忽视的作用，而如何合理配置人力资源，做到“人尽其才”更是学者和企业管理人员所关注的焦点。早在我国古代，人们就已经认识到了人岗匹配的重要性。唐朝韩愈在《写说》中提到，“世有伯乐，然后有千里马”；西汉刘安所著《淮南子·兵略》中也曾提出，“若乃人尽其才，以少胜多者，自古及今，未尝有也”。这些文献无不彰显古朴的人岗匹配思想。工业革命以后，专业化分工逐步形成，如何把员工分配到适合的岗位上，成为管理者必须面对的问题，泰勒在《工厂管理》（*Factory Management*）一书中讨论关于一流员工时写道，“不存在完美的员工，而只要该员工适合他所在的岗位，他就是一流的员工”。法约尔也曾在《工业管理与一般管理》（*Administration Industrieue Et Générale*）提到，“不同的岗位应由不同能力结构的员工去承担。”由此可见，在当时，人岗匹配问题已经受到了管理学者们的普遍关注。

进入数字信息时代，知识经济飞速发展，技术创新成为企业生存的动力，人力资源毋庸置疑的成为了企业最宝贵的财富，人才竞争也成为了企业竞争的关键。而如何合理配置企业组织中的人才，最大限度地发挥员工自身价值，为企业创造更高的经济效益，成为企业组织和管理学者们最为关注也最亟待解决的问题。但受到经济和技术等方面因素的限制，我国目前大多数企业组织中，并没有形成一套科学合理的人岗匹配决策方法，如何合理配置员工仍是困扰管理者的一大难题，组织内缺乏有效地人岗匹配方法，使得员工与所在岗位不相适应，不但难以发挥员工的才能，更严重削弱了员工的工作积极性，导致内耗严重，离职率上升，企业效率低下，缺乏市场竞争力。由此可见，企业要想在激烈的市场竞争中求得生存与发展，就必须合理配置岗位和员工。

正是由于各领域在现实中存在着大量典型的双边匹配问题，各界人士都迫切希望能进一步提高各自领域的效率与收益，这就促使对匹配问题的研究、对更加科学有效的决策方法的探索显得愈加重要。双边匹配决策问题来源于广阔的现实背景，不管是学术界还是企业界对双边匹配决策理论的研究都是非常必要且迫切的，而且随着社会与经济等方面的发展，会不断出现新的双边匹配决策问题，或者是已存在的双边匹配问题出现了新的变化等情况。目前，随着社会的不断进步，各个领域的运转都变得比以往更加精细，在研究人岗双边匹配问题的时候，为了匹配结果更加精准，有必要关注到匹配个体的个性化需求。比如在人力资源领域，随着市场经济的不断发展，社会分工也变得更加细化，组织机构中各式各样的职位也变得更加精细化、专业化，并且随着社会信息化程度的不断深化，高等教育普及程度逐渐扩大，作为社会中的每一个个体对于工作的兴趣和需求也更加多样化、复杂化。为了适应这种变化，于是便出现了企业对求职者的个性化要求：像求职者在受教育程度、英语等级、IT 技术等差异化指标的评价下，不同的企业对相同求职者的匹配满意程度是有区别的，同时因为求职者在匹配企业中的职位时，也都有其各自看重的指标，或者面对相同的指标看重的程度有所差异。在类似的情况下，当匹配双方中的个体不能分别达成一致的选择指标及指标权重时，如何处理以使双方得到满意的结果成为了双边匹配研究中需要被解决的重要问题。

1.1.2 双边匹配理论的发展历程

对于双边匹配理论，一般将其归功于罗伊德·S. 沙普利和埃尔文·E. 罗斯（Lloyd S. Shapley & Alvin E. Roth）的贡献，二人因此而获得 2012 年度的诺贝尔经济学奖。他们得奖的理由是“以鼓励他们在稳定配置理论及市场设计实践上所作出的贡献”，双边匹配理论是该理论的核心。沙普利和罗斯分别将合作博弈推广应用到市场交易双方参与人集合之间的博弈，并依据各参与人对潜在交易对象的交易意愿，通过特定的交易原则，实现双方参与人之间的交易配对。还借助计算机编程技术，对婚配中的男女配对、实习生与实习单位配对等具体市场的双边匹配问题进行了实验设计，实验得到了稳定匹配的结果，改善了具体市场的匹配状况，开创了经济理论应用于解决实际经济问题的典范。诺贝尔经济学奖的颁布丰富了双边匹配问题的研究方法。罗伊德·沙普利和罗斯提出“稳定匹配”的概念，使双边匹配由“个人理性匹配”走向了“稳定匹配”。此后，学者们不断丰富和拓展这一理论的研究范围和应用领域。

从理论演变的路径来说，双边匹配理论起源于合作博弈理论。罗伊德·沙普利在研究合作博弈的基础上，将博弈参与主体扩展到市场交易双方的参与人集合中，从而开辟了市场交易主体集合间的双边匹配研究领域。一般将 1962 年由美国布朗大学的大卫·盖尔（David Gale）教授和著名经济学家沙普利在《美国数学月刊》（*The American Mathematical Monthly*）上发表的《大学入学与婚姻稳定》一文视为双边匹配理论的奠基之作。这篇文章对稳定指派的概念、存在性、延迟可接受算法和帕累托最优性（Pareto optimality）等进行了开创性研究，证明了稳定的婚姻匹配是存在，男女在婚配问题上，会根据自己的各自偏好，经过一系列的选择，形成相对应的稳定的匹配集合，并提出了盖尔—沙普利算法，这一匹配算法也称为“延迟—接受算法”（deferred-acceptance algorithm）又简称 G－S 算法或 G－S 匹配机制。沙普利在比较了不同匹配方法的基础上，用“G－S 算法”来保证总能获得稳定的匹配，这一算法还可对各方试图操纵匹配过程的做法加以限制。这篇文章被学术界公认为双边匹配决策思想的起源，为双边匹配决策理论、方法与应用的后续研究奠定了基础，因此该研究被视为双边匹配决策思想的萌芽。

盖尔和沙普利在研究中并未明确“双边匹配”（two-sided matching）这一概念，最早公开提出并使用“双边”（two-sided）和“双边匹配”（two-sided matching）概念的是匹兹堡大学的埃尔文·E. 罗斯（Alvin E. Roth）教授。罗斯教授于 1985 年在国际上具有重要学术影响的期刊《欧洲经济评论》（*European Economic Review*）上发表的经典论文《双边匹配市场中的共同利益和冲突利益》首次提到并明确公开运用这两个词，他不仅明确地界定了“双边”和“双边匹配”的概念，而且同时分析了双边匹配的实际例子。罗斯教授等（1985）从劳动力市场机制设计的视角出发，运用博弈论、仿真实验、数值分析等方法对双边市场进行了系统地、深入地研究。他们认为双边市场代表了两种不同类型的主体，每个主体试图从另一类主体中寻找一个匹配，例如，医院与实习生的双边市场、雇主和雇员的双边市场，此时双边市场中双边主体之间的匹配就是双边匹配，这标志着双边匹配理论开始与实践相结合。沙普利和舒贝克（Shapley & Shubik，1971）则提出了包含着货币因素的与盖尔和沙普利不同的新型理论模型，定义了“双边匹配市场”概念，为双边匹配决策理论在实际经济市场的应用奠定了理论基础。

由于合作博弈主要是研究博弈双方如何通过合作来获取最大联盟收益，以及收益的合理分配，所以合作博弈的结果体现了一定的效率与公平。由此，当用合作博弈来分析市场交易主体集合间的双边匹配时，得到的配置结果在一定程度上也反映了市场的效率、市场交易行为的公平性，以及交易主体双方的满意程度。由此可以推知，市场交易主体的双边匹配过程实质是一个帕累托改进，因为匹配的主体都能实现满意交易，没有动机改变现有既得。所以双边匹配理论是改善市场交易主体收益，提升市场效率，实现帕累托最优的重要理论和方法。因而自双边匹配理论提出以后，受到了理论界和实践方的高度重视。

随后，针对双边匹配决策理论、方法和应用的研究引起了众多学者的关注。在婚姻匹配和学生与学校的双边匹配研究的基础上，许多学者或从理论上完善、补充和扩展了G－S算法，或将研究问题进行扩展，针对不同的实际问题，采用不同的方法进行研究，或采用其他方法得到不同视角下的双边匹配方案。理论上，后续研究者从匹配稳定性、匹配条件和类型等多方面拓展了其研究范围，不断丰富和完善了双边匹配的理论体系。罗斯作为双边匹配理论研究和实践相结合的典范，不仅对双边匹配理论做了全面深入的研究，还将其应用于现实生活中，改善了美国学校招生系统、医疗资源匹配系统等多个市场的匹配交易情况。最典型的就是罗斯团队用盖尔和沙普利的递延接受算法重新设计了纽约高中生择校配对系统，提高了学生使用匹配系统择校的积极性，改善了该地区择校匹配的稳定性。此外，由罗斯团队主导的对美国国家住院医师配对项目（national resident matching program）、肾脏捐赠匹配网络等项目的改进设计都取得了良好的实践效果，改善了市场双方的匹配，提高了市场的运行效率。在这些实践成果的激励下，双边匹配理论不断拓展了实践应用范围，很多学者丰富了盖尔—沙普利（Gale－Shapley）双边匹配算法，并将改进的算法应用到了实际情况中。后来学者们又引入了货币因素和合同概念，使得双边匹配理论更符合现实情况，盖尔和萨波利安（Gale & Sabourian，2006）加入了货币因素，模拟了一场市场博弈，证明双边匹配市场具有连续的非竞争性完全均衡性质；哈德菲尔德和小岛（Hatfield & Kojima，2008）提出了一个统一的合同匹配模型，将货币因素和合同概念加入双边匹配模型中，形成更加稳定的匹配对。

1.1.3 人岗双边匹配的研究意义

复杂情形的双边匹配问题的决策方法研究，是一个具有挑战性和前沿性的研究课题。日常生活中广泛存在的双边匹配决策问题，通过决策达成合理有效并令参与其中的双方都满意的结果，是匹配过程中一众参与方共同的目标。目标的统一不止是因为市场经济的飞速发展使得各方的竞争压力与日俱增，也因为匹配主体期望通过提高其对匹配结果的满意度，从而更好地适应不断变化的外部环境，更好地促进自身的发展，创造更大的价值。因此，对于解决现实生活中大量存在的复杂情形的双边匹配问题，进一步丰富和完善双边匹配理论和决策方法，具有重要的理论意义和实际研究价值。

1. **理论意义**

人才竞争是企业组织竞争的关键，因此，企业、行政机构等组织对人才的争夺战愈演愈烈。如何吸引并挑选出外部的潜在人才，如何挽留内部的关键人才，是组织保持竞争力的关键所在，也是组织维持可持续发展的根源及优势所在。当然，如果只是简单的人力资源的堆积对组织的效用并不大，必须合理有效的配置人力资源，发挥其最大价值，才能对组织产生最大的效益。因此，如何科学合理的完成人岗匹配，受到了管理学界的广泛关注。本书充分考虑企业和员工心理行为，在人岗双边匹配决策模型中引入了行为经济学中的后悔理论和前景理论，构建了基于后悔理论和前景理论的人岗双边匹配决策模型，改进以往的假设人岗双方是完全理性的人岗匹配决策方法，使匹配决策方案更可靠。当今人们对生活的效率和精确性要求越来越高，随之对双边匹配的隐形和实际要求也越来越高，所以研究双边匹配有很大的理论意义和实践意义。

自从男女婚姻匹配问题开始，学者们对双边匹配理论的研究一直没有停止过，同时也取得了巨大的成就。但是，以往的双边匹配理论往往只针对少数匹配个体给出全部偏好信息，双边匹配理论依然有诸多需要解决的问题，如多属性双边匹配属性权重难以确定问题、匹配主体未给出全部偏好信息时的匹配问题、考虑中介利益的双边匹配问题等严重制约了双边理论的发展。另外，已有的匹配理论很少涉及匹配模型的求解算法，当匹配主体规模非常大时，如何快速求解匹配模型，得到匹配最优解是一个非常重要的问题，而本书对匹配模型求解算法的研究在一定程度上扩充了双边匹配算法的理论基础。再加上双边匹配问题又涉及经济学、管理学、计算科学等，是一个多学科交叉问题，所以本书的研究对融合多学科知识进行合理设计匹配方案也具有一定的指导意义。

人力资源管理中的双边匹配问题引起了企业管理者和研究学者们的广泛关

注。组织如何根据其发展特点和需求选择适合工作要求的个人，将合适的人安排在合适的位置上，形成人与组织匹配是一个重要的研究课题，人岗匹配研究是人力资源管理研究方面经久不衰的热点。伴随着人岗匹配越来越为企业和管理者所重视，学者们从管理学、经济学、心理学、行为学等多个方面对人岗匹配问题进行了广泛地研究和论证，但在关于员工与岗位的双边匹配问题上，仍存在诸多尚未解决的问题，而本书引入行为经济学理论，在考虑用人岗位与待分配员工的心理行为活动的前提下进行人岗匹配，更贴近现实，对实际的管理操作更有帮助。人岗匹配是人力资源管理最关键的环节之一。合理的人岗匹配决策是企业及其他人力资源管理活动得以顺利进行的关键，而企业及其他诸如招聘甄选、绩效考评、劳动关系等管理活动的目的也是为了寻求员工与岗位相适应。缺少科学合理的人岗匹配机制，企业难以吸引、利用和留住人才，企业发展就成为空谈。可以说人岗匹配“既是人力资源管理的起点，又是人力资源管理的终点”。

2. 实践意义

实际的管理过程中，由于人才配置失位、错位，使得人才的优势不能完全发挥，潜能难以释放，造成人才浪费，大材小用或小材大用的现象非常普遍，而归根究底其原因主要是缺乏科学有效的人岗匹配机制。各种问题都涉及双边匹配，从日常的出行打车、订外卖、住酒店到找工作、找投资等无一不体现双边匹配的价值。大数据环境下，社会节奏加快、数据自动化生产进程加速，人们每天暴露在各种各样的信息下，每个人需要花费大量的时间和精力寻找匹配对象，严重影响了人们的幸福生活，双边匹配的出现可以让人们从浩如烟海的信息中解放出来，使生活变得更加轻松。另外，双边匹配理论的研究有利于促进共享经济的发展，更好地实现产业转型，促进生态经济建设。求职者与岗位匹配问题是一个重要研究课题，其研究意义在于尽量使求职者的意向要求与岗位招聘者的需求都达到满意的结果，不仅有利于组织公司的长期发展，也有利于提高员工的满意度和工作效率。求职者与公司岗位的匹配过程中，需要考虑岗位对求职者的匹配满意度和求职者对岗位的匹配满意度这两个方面的综合评价结果。

求职者与岗位的匹配是一个典型的双边匹配问题，匹配的目的是尽量满足岗位的需求或要求，从而使每一方均达到满意的结果。针对现实中的不同情况，岗位对求职者的匹配满意度评价是公司人力资源部门的决策者依据岗位的要求对求职者进行测评后得到的综合结果，求职者对岗位的匹配满意度是求职者依据自身的需求对岗位进行匹配满意度评价后得到的综合结果。求职者与岗位的双边匹配决策过程中，需要考虑求职者与岗位双方的多指标匹配满意度评价信息，通过某种决策分析方法，将求职者与岗位进行合理的匹配，进而得到求职者与岗位的匹配结果，尽量使求职者的意向要求和岗位招聘者的要求或需求都达到满意的结果。人岗匹配在加强企业管理和促进组织发展中，具有极大的现实意义。21 世纪企业的竞争说到底仍旧是人才的竞争，企业能否够吸引、留住人才，关键是能否为职员提供适合的岗位与发展环境，合理的人岗匹配决策方法，不仅能够充分发挥员工的才能，更能提高员工满意度，提高企业效率。人才竞争不仅仅是量的积累，更重要的是质的提高，而科学合理的人岗匹配决策方法就是实现人尽其才的最直接手段。

1.2 人岗匹配概述

1.2.1 人岗匹配内涵

1. 人岗匹配

一个企业要获得长久健康地发展，需要依据企业的实际情况设置其组织机构及相应岗位，并为每一个岗位选择恰当的人员，即最大可能地实现人岗匹配。人岗匹配包含两个方面的含义，一是指个人完全胜任该岗位的要求，即所谓人得其职；二是指岗位所要求的能力这个人完全具备，即所谓职得其人。人岗匹配原则是指应尽可能使人的能力与岗位要求的能力达成匹配，这种匹配包含着“恰好”的意思。研究人岗匹配并在实际工作中按照人岗匹配的原则指导人力资源工作，有利于解决人力资源配置不当的问题，提高人力资源配置水平和使用效益。

所谓的人岗匹配，就是使人的能力特征与所在岗位的要求尽可能相适应，它主要包括以下两方面含义：一方面是指从事某岗位的人的能力特征能够完全胜任该岗位，即人尽其岗；另一方面是指岗位能使从事该岗位的员工充分发挥才能，即岗尽其才。人岗匹配理论强调的是寻找最适合的员工，而非最优秀的员工。员工能力与岗位要求关系，如图 1 - 1 所示。

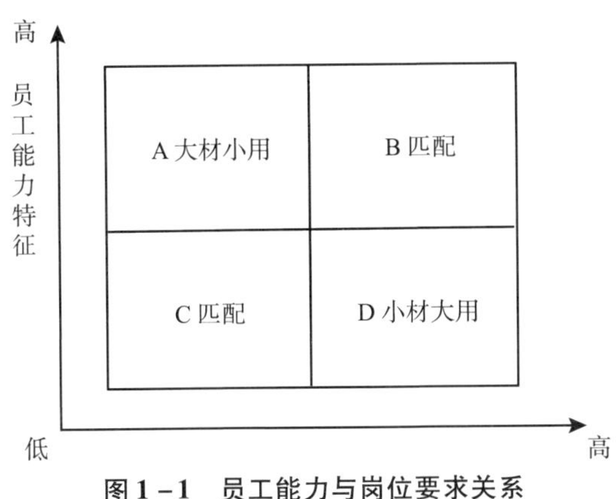

图1－1 员工能力与岗位要求关系

从图1－1可以看出，当员工能力大于岗位所要求的能力时，就会造成图1－1中A所显示的情形，员工有能力承担所在岗位的责任，但岗位不能使其发挥应有的才能，造成大材小用；当员工的能力低于岗位要求时，就会出现图中D所显示的情形，员工不能胜任所在岗位的职责，造成小材大用；而只有在B、C两种情况下，岗位要求与员工能力相适应，既能保证员工胜任该岗位，又能使员工的才华得到充分的发挥，而科学合理的人岗匹配就是要实现这样一种“恰好”的匹配状态。

2. **人岗匹配的内涵**

对于人岗匹配的具体定义，多从字面含义进行分析，没有明确的概念。古今中外不同的学者们对人岗匹配的理解和解释存在较大的差异，对于人岗的相互对应，主要观点多分为需要—供给、需求—能力这两个方面来阐述。两者一个是强调人对职位的匹配，另一个强调的是人对职位的匹配。需求—能力强调人对职位的匹配，也就是说人自身的某些特质与能力水平能恰好与该岗位的要求相互对应，基于需求—能力角度解释人岗匹配与人与组织匹配的代表人物有库利克（Kulik）、奥德姆和哈克曼（Oldham & Hackman）、莫纳汉和穆欣斯基（Monahan & Muchinnsky）。他们通过研究，总结出了以工作类型为元素的人岗匹配理论，主要内涵是每个人不同的素质要与工作岗位所要求的特质相互匹配①。其中，个人特征是每个人生来自带的某种特质，包括个人所掌握的技术能力、智商和情商

① 乐琦．基于累积前景理论的具有不确定偏好序信息的双边匹配决策方法［J］．系统科学与教学，2013（9）：1061－1070.

等，而工作性质主要涵盖的是工作任务的具体内容、工作的特点、职责范围、从事脑力或体力劳动等。莫纳汉和穆欣斯基等则通过细化研究匹配的具体内涵将匹配划分为一致匹配与互补匹配两类。一致匹配主要是指个体特质与组织要求的一致性匹配，互补匹配重在强调个体能增补组织中的其他人员不具备的能力，更多在意的是每个人的特质对企业带来的补充。

需要—供给强调岗位对人员的匹配，即特定的岗位能够提供给人员所需要的东西，支持需要—供给观点的以华盛顿大学的弗伦奇（Frenchetal）为代表，他对人与组织匹配的内涵有着独到的见解，主要是从需要—供给角度来进行解释。他发现相比较于个体的需求，一种工作性质的适配性的体现主要是在工作是否复杂和工作强度的高低、岗位工作对于人员来说有什么责任等方面的。企业人力资源上，为了实现人员和岗位能够一一对应，有必要将员工每个人的各方面素质与岗位的职能要求有机地相互匹配，从而使员工能够发挥最大潜力为公司的效益提升服务。这个结合包括两个方面的含义：第一，为岗得其才，即因岗选人，也就是说找一个合适的人来胜任特定工作所必须具备的才能。第二，为人得其岗，也就是说根据特定的人员身上的素质或能力来为其选择合适的岗位。人与岗位之间的配置获得最理想的状态是人岗匹配当中最核心的部分。在人员方面，公司常常会要求人员为了实现岗位的目标、任务及职责，发挥出自己的全部的水平，必须在自己的岗位上尽最大的努力，才能达成目的；从岗位方面来说，获得最佳的人力资源配置，要求该岗位可以发挥最大的潜力提高员工的满意度。所以，人力资源管理与开发中，关键的部分就是人得其岗，岗得其人，与其相关的对应匹配因素如图 1-2 所示。

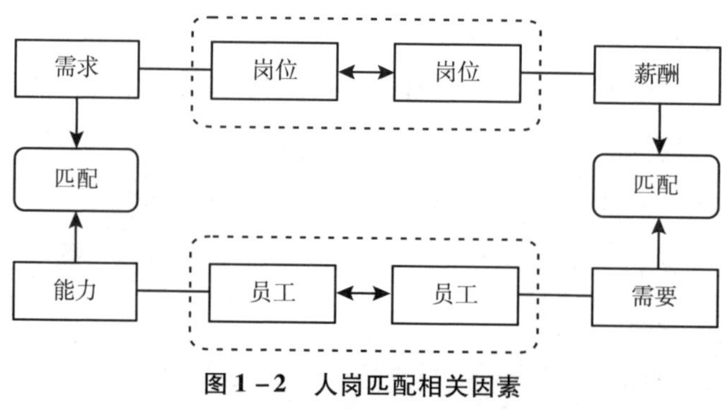

图 1-2　人岗匹配相关因素

从图1-2中可以看出，人岗匹配一共涵盖了四种匹配关系：第一，职位与公司的职员相互匹配，即员工的个体素质水平与职位的职能要求是对应的，即因人定岗、因岗选人：按照员工的自身素质与具备的能力分配适宜的工作职位，按照职位的实际需求寻找能够胜任该职位的员工；第二，员工的工作需要与所在职位能够提供的薪酬水平是可以匹配的，公司对员工支付的薪水达到了员工设定的满意度，能够确保报酬激励员工的正常工作与日后的进步的作用，使员工对岗位更加满意；第三，岗位和岗位之间的匹配，也就是说岗位与岗位之间是协调统一的，可以相互配合和支持；第四，员工与员工的匹配。员工与员工之间虽然所从事不同类型的工作岗位，但是目的都是要为公司的发展努力，彼此之间应该相互配合，统一有序，团结一致为公司的效益做出贡献。

1.2.2 人岗匹配要素

根据人岗匹配字面的含义，将其拆分，人岗匹配最重要的因素包括两部分：人的要素和岗位的要素。

1. 人的要素

人的要素主要包括气质、性格和能力等。气质包括气场、行走姿态、灵活性和稳定性等，在心理学上等同于日常生活中外在表现出来的脾气、秉性，具体是指在情感和心理活动方面，人类所表现的相对稳定的心理特征。不同气质的人有不同的工作适应能力。如果企业能够按照气质分类，配置岗位，就能够促进员工的工作热情，提高喜爱度。性格来源于内在，最能表现个体差异，它是指一个人逐渐形成于社会生活中的稳定心理特征，表现在他自己的态度和生活方式上。性格的决定性因素来源于天生，后天也可能会有部分影响。如果将气质与性格对比，气质更多展现的是人格的生物属性，而性格更多展现的是人格社会属性。能力是指准确地完成某项活动的必要条件，主要可分为三个方面：智力、专业技能和综合能力。一般来说，人的不同能力会对工作产生不同程度的影响，因此能力对人岗匹配是十分重要的因素。

2. 岗位的要素

若想实现人岗匹配，企业需要了解每个岗位的职能要求和内容、工作关联等，很多大型的企业都会对每个岗位进行岗位描述。不同的岗位要求对应着员工不同的素质和数量水平。为了达到提高员工工作绩效的目的，一方面，应该运用一些方法来促进员工自身能力水平的提高；另一方面，应使员工能力达到岗位对应的标准，满足岗位的需求。岗位分析是为了更加清晰地知道能够从事某一岗位的条件，通过岗位分析，能够具体的理解该岗位的实际情况，为下一个岗位素质模型的构建奠定基础，进而用来考核员工的素质和能力，以及人岗匹配和其他人力资源管理活动。

1.2.3 人岗匹配过程

人岗匹配主要分为以下三个过程：知岗、知人和匹配。这三个过程紧密相连、缺一不可，且不能颠倒先后顺序。

1. 知岗

知岗也就是工作分析。“人岗匹配”的出发点是对岗位的认识，这是对岗位的最基本了解的过程。因为只有认清岗位的职责，才能择优挑选和最终确定合适的人员，达到“人与岗位的匹配”的目的。如果我们脱离了岗位的自身特色和对人员的要求，就会失去基础，毫无意义。了解岗位最基本和最重要的工具是工作分析。工作分析是获取信息、分析与研究工作内容和职责的过程。

2. 知人

知人也就是认清岗位的胜任素质。知人是“人岗匹配”的重要模块，放在工作分析之后，也可以与知岗单独进行。从古至今有很多检验人员水平的方式：包括简历分析、笔试、心理测验等。虽然这些方法在一定程度上能够帮忙分析一个人的特质，但都是根据一定的理论方法对人员的各方面进行考量，只能作为最基础的参考，不具备百分之百的准确性和全面性。综合多位学者的分析研究及结合知名管理咨询团队的调研结果，能够帮助企业进行“人岗匹配”的最好方法是“胜任素质（competency method）”模型。

3. 匹配

匹配也就是把人才放置到适合他的岗位上，也就是所谓的知人善任。经过前两步骤对岗位要求和人员素质的分析，这时候人力就需要对岗位和人才进行合理的配置，把正确的人放在正确的岗位上，避免人才的浪费，以获取人力资源效用最大化。每个人均有自己的特点和专长，根据每个人的性格和特色制定差异化的岗位计划，正确的配置人员，才能人尽其才，只有这样，他们的工作才可以得到充分的发挥和有效的利用。因此，管理者应该更加理性，不盲目地选择人才，不应该仅仅通过员工能力水平的高低来评判好坏，而是真正适合的才是最好的。

4. 人岗匹配的实现

从人员的角度来看，企业必须首先做好人员的招聘。这是选择人员的第一项，同时也是一个非常复杂的工作，需要利用测量工具中的信度和效度了解候选人。此外，在教育和培训员工进入该岗位正式工作之前，人力资源工作者会有意识地引导员工发现他们的专长和做好自己的职业规划。这样，当员工初次进入职场的时候，能够对自己的职业生涯有一个更清晰的了解，同时能够更加清楚地认识到自己的能力，才会更现实和客观地面对自己未来的工作。同时，一个企业必须建立起企业文化，企业文化能够有效地制约和规范人员的行为举止。良好的企业文化有助于员工认同集体和忠诚于组织，从而提高员工的满意度，降低员工的离职率。

其次要做好员工培训工作。随着员工入职年限的增加，员工的知识和技能可能会跟不上时代的变革，再加上岗位需求是动态变化的，可能特定的人员就不再适合这个职位。这个时候，企业必须首先检查在测试和培训过后，职员能否具备重新获取新的知识和其他技能的能力。在尽可能的情况下，最好能对员工进行合适的培训和开发来满足人员与工作岗位的匹配，如果还是不能做到匹配，就应该进行调整。

最后就是进行岗位调动。当员工觉得在同一个职位上工作年限过长，感觉枯燥乏味，而且并无新的进步的时候，企业应该对员工的工作职位做出调整。可以采用轮岗政策，让员工体验不同的岗位，才能知道真正适合的岗位是什么。轮换后的工作既可以是与前一份工作内容相近，也可以有所变化，取决于员工的素质和能力水平。工作调换旨在增加员工的满意度和提高工作的积极性，对于企业而言，能够最大程度上稳定人才，留住员工，也能动态的评估员工状态，降低员工的离职率，多方位的培养人才。因此，在必要时岗位的调动可以有效地实现人岗匹配，促进人力资源效率的最大化。

1.2.4 人岗匹配的影响因素

1. 组织因素

组织气氛是影响人岗匹配的重要组织因素之一，它代表了组织内部的一般人际关系和环境，并由多个因素构成，包括公司制度、企业文化等。组织气氛主要包括以下四种类型：（1）和谐高效；（2）悠闲自在；（3）富有人情味；（4）冷漠严厉。组织气氛能够把适应其的个体吸引在组织周围，员工也倾向于选择自己喜欢、令自己舒服的组织气氛。事实上，组织气氛对个人的工作绩效、工作满意、职位安排等产生重要的影响。有益的组织气氛会利于个体的人岗匹配，其主要因素包括：（1）较强的领导能力；（2）适中的工作压力；（3）良好的上下级沟通；（4）适度的信任；（5）个体、组织发展的前景；（6）合理的薪酬。

不同企业或是同一企业不同部门之间，其组织行为模式的不同也对人岗匹配存在一定影响：（1）经济保健型组织，组织中的保健因素对于员工的激励是尤为重要的，一定程度上将有利于促进人岗匹配，但对于高层管理人员而言，精神层次的人岗匹配比物质方面更为重要，故而好的工作设计也非常重要；（2）独裁专制型组织，低层次职工的人岗匹配水平，很大程度上取决于上级领导的主观意志，这种模式下员工的主观能动性很难得到施展，人岗匹配水平一般较低；（3）支持帮助型组织，着重于尽可能满足组织内所有个体的意愿，上级乐于推动下属的成长，使其深刻理解其工作的价值以获得精神层面的鼓励，这种组织情景下的人岗匹配往往也较高；（4）协同合作型组织，其核心在于协调有效地合作，员工以较高的责任感和积极性参与协作，在工作中具有团队协作精神，这种模式之下员工的自我实现感往往较高，对实现高水平的人岗匹配也非常有利；（5）学习型组织，彼得·M. 圣吉（Peter M. Senge，2006）认为真正卓越的企业是能使各级职工全身心投入，并有意愿和能力持续学习的组织，并提出了学习型组织的五项修炼，这种组织里的人岗匹配和创造力往往都很高。

2. 个体因素

气质和性格对个体的人岗匹配存在较大影响，不同气质的个体对不同职位的适应能力不尽相同。企业根据员工的气质安排相应岗位，很大程度上能使员工心情愉快，从而带来较高的工作满意度和自我效能感，以及较高的工作绩效。例如，多气质的员工相对更适合从事灵活多变的社交类工作，如销售、采购等。性格则指个体在生活过程中形成的对外界相对稳定的态度以及相应的工作、学习和生活方式。人的性格与职位的匹配也存在密切的关系，霍兰德（Holland，1959）首次提出了职业选择理论，阐述了个体性格与环境应当相互匹配的思想，并提出职业选择是个体性格的反映和延伸。

个人履历和经验也被认为是影响人岗匹配的一大因素。企业（尤其是高新科技企业）招聘员工时常常要求应聘者需要有某个领域的工作履历，或是有相关的工作经验，这些实质上都是职位对个体的履历和经验的匹配要求。当然，此处的履历和经验除了狭义的工作方面的含义之外，更贯穿个体学习工作始终，主要包括：（1）成长履历，如一个人父母离异与否对其性格可能产生很大影响，最终影响其工作选择；（2）学习履历，如个体受过的教育质量如何，包括学校、专业、学风等，这些会对个体素质产生深远的影响；（3）工作履历，如员工曾经工作过的组织的规模、影响力和管理能力，是新公司考察个体的重要标准和判断依据，对人岗匹配的影响也最为明显。个体的履历和经验是区别于他人的宝贵财富，也是其对于人岗匹配的重要性所在。近些年《财富》公布的世界500强企业中可以发现一个有趣的现象：在世界500强企业的首席执政官（chief executive officer，CEO）当中，最多的是销售出身，次之是财务。而这两者加起来超过95%，这也侧面反映了个体工作履历及相关经验对职业生涯发展的重要性。履历和经验都是影响人岗匹配的重要方面，但两者对人岗匹配中的作用还是略有差别，其中履历侧重于个体发展的整个过程，经验侧重于个体对具体工作理解的深度。

3. 其他因素

除了上述组织因素和个体因素以外，还有一些因素对人岗匹配有较大影响。主要包括：（1）企业的内外部环境。企业的内部环境因素，包括企业的发展战略、人力资源战略、企业文化等，而外部环境主要包括企业所在行业的发展前景、人才竞争状况甚至社会经济变化等诸多因素。（2）岗位要求与员工个人能力各自涉及的指标之间的相关程度。不同的岗位有不同的岗位职责和任职要求，而不同的员工在个性特征、能力知识、专业技能等方面的特征也不尽相同，要实现人岗匹配，就要使员工的个人特征与岗位的要求充分适应。（3）岗位实际情况与员工需求之间的相关程度。不同岗位所能提供的薪酬福利、发展空间等都有所差异，而不同的员工的工作动机和个人偏好也各不相同，要实现人岗匹配，调动员工工作积极进性，就必须使员工的需求与岗位实际相适应。(4) 企业所采用的匹配方法。受到所处行业和企业自身发展特点的影响，企业所采用的人岗匹配方式也有所不同，进而得到的匹配方案也千差万别，要想得到一套最佳的匹配方案，企业就必须采用科学的匹配决策方法。

1.3 人岗双边匹配决策研究进展

双边匹配问题是一个具有广泛现实应用背景并且具有重要研究价值的研究课题，自20世纪60年代以来已经引起了国内外许多学者的关注。目前，国内外学者从不同的视角对双边匹配问题进行了相关研究，如双边匹配问题的类型、双边主体的偏好信息类型、双边匹配的决策目标等，并取得了一定的研究成果。为了全面和系统地了解当前双边匹配的研究进展，在文献检索方面，本书以与管理科学领域相关的国内外重要学术数据库为文献检索源对相关文献进行了检索；在文献综述方面，从人岗双边匹配问题、双边匹配稳定性与算法和人岗匹配决策应用三个角度对人岗双边匹配相关研究成果进行了总结。已有的关于双边匹配理论和决策方法的研究成果为本书的研究提供了重要的理论借鉴和方法指导。通过对双边匹配相关研究文献的综述和分析，总结目前已有研究的主要贡献和不足之处，进而为本书后续的研究工作奠定基础。

1.3.1 人员与岗位双边匹配问题

在罗伯特·D. 卡普兰（Robert D. Caplin，1987）最早提出“人岗匹配”这一概念之后，学者们对这一概念进行了大量的改进与补充。并对人岗匹配所涉及的指标要素进行了研究和分类。在此基础上，进一步探讨了人岗匹配的重要性，以及人岗匹配与“员工满意度和责任感”“组织情感”“心理契约”以及“员工职业生涯”之间的相互作用关系。这些概念、指标、效能等方面的定性研究，为之后的管理实践和人岗匹配测量和决策提供了理论基础和概念支撑。

国内最初对人岗匹配的研究主要集中于对概念内涵的描述以及对国外研究成果的引进和介绍，并着重强调人岗匹配在人力资源管理活动中的重要性。学者们还建立了结构性的动态匹配模型，并将“胜任力”“员工需求与岗位报酬”“员工招聘甄选”等引入人岗匹配问题研究中，分析并验证了人岗匹配在人力资源管理中的重要作用。

戈利克和卡亚（Golec & Kahya，2007）研究了人员与工作的双边匹配问题，提出了一个选择和评估合适人员的综合层次结构，通过基于能力的模糊模型实现人员与工作的匹配，算例表明所提框架的可行性。科尔克马兹等（Korkmaz et al.，2008）研究了军事人员与岗位的双边匹配问题，提出了一种基于AHP方法和双边匹配的决策支持系统，用于辅助军事人员的分配，通过决策支持系统中的AHP方法获得岗位需求偏好和人员能力信息，采用双边匹配方法实现岗位与人员的匹配。阿勒泰等（Altay et al.，2010）针对人员和任务双边匹配问题所具有的多目标、多约束的特点，提出了一个获得最大匹配对数量的采用不同适应度函数的条件遗传算法，通过伊斯坦布尔技术大学工业工程系大学生毕业课题与实习企业进行匹配的案例说明了所提出的遗传算法的有效性和实用性。王蒙等（2011）针对知识型员工与企业岗位的双边匹配问题，依据员工和企业岗位给出的多属性满意度评价信息，通过运用双边匹配算法获得双边主体都满意的匹配结果。杜金环（2013）研究了建筑企业人员与岗位的双边匹配问题，通过计算多指标评价信息与理想点的距离来获得人员与岗位的满意度，通过求解以双方满意度最大为目标的多目标优化模型来获得人员与岗位的最优匹配结果。莫利尔（Morrill，2013）了解人员与岗位的双边匹配问题，给出了一个满足稳定性、个体理性及非浪费性的分配机制，并且对小岛武仁和马内亚（Kojima & Manea）所提出的带有优先权结构的设计分析和算法（designing analysis & algorithm，DAA）的两个性质进行了研究，提出了分配机制等同于求职者主动提出的DAA算法。畑中政则和松原茂雄（Hatanaka & Matsubara，2009）研究了不对称信息情形下工作申请者和雇主之间双边匹配问题，针对现实生活中信息不对称造成的工作申请者很难提供真实偏好的情形，设计了一个新的双边匹配协议，该协议能够保证申请者提交真实偏好，并且申请者有动机与其他申请者共享信息。林鸿措（Hung - Tso Lin，2009）研究了一个在学校与企业合作框架下基于双向选择的学生与实习企业匹配问题，采用模糊评价方法来计算学生和实习企业的满意度，通过构建混合整数规划模型来对学生进行初步筛选，并通过考虑学生之间的合作关系来确定最终学生与实习企业的匹配结果。黄登奎（Huang D. K.，2009）研究了企业团队组建中的人员与岗位双边匹配问题，提出了一种考虑企业岗位之间关联性和员工之间差异的带有反馈机制的系统化方法，构建了一个双目标 0～1 整数规划模型（BO-BIP），并将该模型转化模糊双目标规划模型（FBOGP），通过求解 FBOGP 模型来获得人员与岗位的合适匹配结果。马林诺斯基等（Malinowski et al.，2006）研究了基于电子中介的人员与招聘岗位双边搜索与匹配问题，由于人员与岗位匹配是一个双边选择过程，分别为人员和招聘岗位设计了个性化搜索和推荐系统，通过德国大学学生与真实工作岗位之间的匹配实验，发现推荐系统能够显著提高搜索和匹配的效率，以及人员与岗位的满意度。托米斯（Tomis，2006）研究了工作岗位招聘中岗位对申请者具有严格优先权，申请者对岗位具有无差异偏好，并且一些岗位存在占有者的人岗双边匹配问题，将该问题简化为一系列具有稳定性约束的最大基数双边匹配问题进行求解，研究发现申请者最优稳定匹配是有效的。

王朔（2013）针对人员与岗位的适配性问题进行了研究，建立了岗位及人员的满意度评价指标体系及双边匹配优化模型，将人员与岗位的适配性研究转化为实现人员岗位双边满意度最大的分析过程。汪定伟（2007）针对电子中介中的多目标匹配问题建立了多目标的指派模型，提出一种多养分的群落选址算法进行求解，通过工作中介网站中求职者与工作岗位匹配问题的算例计算表明该模型和算法获得了满意的效果。张振华（2006）研究了电子就业中介中公司与学生的双边匹配问题，以毕业生和招聘公司的满意度分别最大为目标，建立了多目标线性规划模型，从而解决了传统 HR 算法的匹配公平性问题，用加权法将该多目标模型化为单目标问题求解。陈希（2009）针对考虑多种形式信息的求职者与岗位双边匹配问题，通过计算不同形式的评价信息与正理想点的距离定义了岗位和求职者的满意度，并以岗位和求职者的满意度最大为目标建立了多目标优化模型。陈希和樊治平（2009）针对组织中员工与岗位的匹配问题，给出了考虑岗位满意度和员工满意度的匹配测评指标体系，给出了两阶段的测评与选择方法，第一阶段，将员工和岗位的语言满意度评价信息转化为二元语义形式，给出了一种二元语义信息处理的员工与岗位匹配测评方法；第二阶段，建立了员工与岗位匹配选择的矩阵模型。袁珍珍（2010）针对人岗双边匹配中的人岗匹配度测算问题，从定性分析到定理分析，综合运用 BP 人工神经网络和模糊综合评价法，建立了一种新的人岗匹配度测算模型，并通过实例验证了该模型的有效性。尚彬彬（2008）针对员工与岗位双边匹配问题，建立了员工胜任力评价指标体系，用模糊综合评价方法计算岗位对员工的满意度，用三角模糊数方法评价员工对岗位的满意度，构建匹配矩阵模型，并对处于矩阵中不同区域的情形进行分析。杨倩（2014）针对员工偏好信息是不确定偏好的员工与岗位双边匹配问题，以单个员工满意度最大最小即实际满意度与期望满意度之差最大最小为目标建立人岗匹配决策模型，设计算法，分析算法复杂性并进行算例分析。曹乐（2010）针对装配人员与岗位能力的匹配问题，提出了岗位适应度的概念，以技能等级和给定时间段内人员执行装配作业的累计时间为参数对岗位适应度进行描述，建立了以人员岗位适应度最大和装配线各工位之间作业人员岗位适应度差异最小为目标的装配线人员优化配置模型，设计了一种基于岗位适应度矩阵的启发式求解算法。赵希男（2008）研究了人力资源中的人与岗位匹配问题，给出了人与岗位的横向匹配与纵向匹配的测算模型；考虑任职者的部分指标可能超过岗位标准，提出了截面匹配度的概念，并用任职者指标曲线的凸凹比例来刻画，通过计算实例验证了模型的有效性。马文军等（2018）进行的相关规范性研究，对本研究推进也有着良好的启发价值。

1.3.2 双边匹配稳定性与算法

在双边匹配的过程中匹配结果是否稳定决定了匹配能否维持长期的匹配关系，匹配结果稳定性越高，满意度也就越高，因此研究双边匹配的稳定性问题成了众多学者追求的研究方向。

国外关于人岗匹配度的测评方法和模型有很多，但大体可分为直接测评和间接测评两类。由于直接测评是一种主观的测量方法，因此学者们的研究重点集中于运用不同的统计方法寻找并消除误差。间接测评方法即针对岗位和员工分别收集信息，并通过“层次分析法”“模糊集与逻辑论”等方法分析并计算二者之间的匹配程度。而伴随着科技的进步和计算机技术的广泛应用，“类神经网络技术”“模拟退火神经网络模型”等人工智能方法也开始应用于人岗匹配度测算领域。

国内关于员工与岗位的匹配度测评，即人岗匹配评价方面的相关文献较多，传统的排列法、分类法等评价方法存在主观性强、精确度低、计算量大等弊端，因此，学者们提出了“灰色系统理论”“层次分析法”“360 度综合评价”等方法，将模糊数学引入到人岗匹配评价中。随着计算机功能的扩大和人工智能的发展，“BP 神经网络”和“最小二乘支持向量机”等数据挖掘、机器学习的测评方法也广泛应用于人岗匹配评价之中。

沙普利和舒贝克（Shapley & Shubik，1972）研究了匹配过程中派遣博弈的论文，从指派问题的角度证明了最优稳定匹配的相关结论；佛兰尼（Fleiner，2003）分析了盖尔—沙普利的稳定婚姻理论与不动点理论的联系，用不动点理论解释了双边稳定匹配的问题；张振华等（2008）分析了匹配过程中多对多的情况，从稳定性匹配角度研究了电子中介双边匹配；罗斯（2008）经过多次改进匹配算法，使其具有更强的稳定性，并将其应用到医院和实习生匹配的例子中；国内许多学者认为双边稳定匹配与总体满意匹配可以等价，因此，追求稳定匹配直接或间接地遵循了“总体满意”这一目标。

双边匹配的算法包括一些古典的算法和后续学者们改进的算法。在盖尔和沙普利提出 G－S 算法后的几十年里，越来越多学者开始对研究双边匹配算法产生深厚的兴趣。罗斯提出了医院—实习生（hospital-resident matching，H－R）算法，解决了实习生与医院相互匹配的现实问题，验证了基于 H－R 双边匹配问题的基本假设。在理论方面，不断对盖尔—沙普利算法进行方法改进或者内容扩充：如张俊标（Teo Chuang Piaw，2001）在对学生与高校双边匹配问题的研究基础上，结合最优欺骗策略，给出了最优稳定匹配制。埃勒斯等（Ehlers et al.，2005）通过对双边匹配问题中的一对一稳定匹配问题的研究，得出了一对一稳定匹配的结构和性质。黄伟强（2009）提出了一种集成智能专家系统和 T－S 模糊神经网络算法，该算法在采用了模糊筛选方法的基础上构建一种专家系统来进行求解。爱洛夫（Manlove，2009）给出二次逼近的双边匹配算法。在双边匹配的应用领域方面，诺布鲁赫（Korkmaz，2009）运用 AHP 法和改进的 G－S 算法将军事人员和要完成的工作进行匹配，并成功构建了支持双边匹配的决策系统；陈明朗提出了一种用户解决工厂工人和生产机器匹配问题的双边微观匹配框架。拉巴特和梅兹克（Labate & Medsker，1993）提出了一种结合神经网络和专家系统的混合算法，该算法使用神经网络来判别员工数据的类型并用专家系统来处理这些数据类型，最后成功解决了员工和项目的匹配问题。拉马尼（Ramani，2017）论证了稳定匹配问题中洗牌算法（Knuth－Shuffle Algoritma）分散算法收敛的条件，拓展了双边匹配问题的求解思路。

国内对双边匹配问题的研究起步比较晚，但是近几年我国研究双边匹配问题的专家逐渐增多，且研究的方向也具有一定的前瞻性。殷剑宏（2003）根据不同的匹配目标，将双边匹配问题以基数匹配问题和权匹配问题的形式表示出来，提出了基数匹配算法和权匹配算法；胡琨元（2004）提出了具有自适应能力的基于群体的增量学习（population-based increased learning，PBIL）算法，该算法通过选择每一代种群中具有最高适应的个体来更正学习概率，并用它来指导新产生的个体，如此反复，直到得到全局最优解。张振华（2006）建立了考虑用户满意度的双边匹配模型，并给出了优先贪婪算法。刘永强（2011）提出了一种改进的蚁群算法，该算法中作者通过改进状态转移策略和改进信息素更新策略来提高算法的求解效率，提高求解质量和缩减时间。李铭洋（2012）提出了一种基于偏好信息的匹配方案，在该方案中，解决了双边匹配主体给出部分不确定偏好序的匹配问题。乐琦（2012）综合考虑了匹配主体之间的满意度和中介的利益，提出了基于不确定偏好序信息的匹配方案。孔德财（2015）考虑匹配双边主体公平性，建立了一种稳定匹配方案并设计了一种遗传算法来求解多目标优化模型。陈圣群（2015）等针对具有多种形式置信度信息的双边匹配决策问题，提出了一种基于融合度的决策方法。梁海明（2015）等针对偏好序信息，构建了四种决策导向优化模型，提出了一种决策方法。任磊（2018）根据云平台上制造任务关联性与服务协同性的新特征，提出一种考虑学习与协同效应的制造任务双边匹配决策方法。乐琦（2015）针对双方主体给出序偏好信息的双边匹配问题，利用 Borda 分值矩阵和差异度矩阵建立了匹配模型，提出了一决策方法。乐琦（2016）根据两粒度语言信息与二元语义信息的关系，提出了一种相互转化的决策方法。杨强（2016）提出了一种新颖的基于非主属性值的实体匹配算法，该算法通过使用类似于决策树的结构，不仅解决了噪声值和空缺值带来的问题，而且极大地提高发现匹配记录以及尽可能早地排除不匹配记录的效率。陈睿（2017）将粒子群算法和蚁群算法结合起来，并提出了一种自适应信息素更新机制，可以缩短蚁群的搜索时间，通过算法分析了该方法在求解双边匹配问题的可行性。万树平（2014）根据不同类型评价信息的特点，提出了一种基于前景理论和交互式多准则决策（tomada de decisão iteratira multicritério，TODIM）方法的多指标双边匹配决策方法。王彦博（2018）针对传统双边匹配算法单边占优、缺乏最低保障以及无法精细调控个体优先级等问题，提出了一种可通用于一对一、一对多、多对多双边匹配的可调整个体优先级的双边匹配算法，该算法通过外生给定优先级，使每个匹配主体都有机会遍历自身给出偏好序对象中的所有个体，对维持市场厚度、兼顾匹配的效率和公平有重要意义。樊治平（2014）针对完全偏好序信息，给出了一种考虑最高可接受偏好序和最低可接受满意度的双边匹配决策方法。蒋忠中（2014）等针对电子商品交易中的模糊信息，从交易双方的视角，提出了一种基于普吕弗数编码（Prüfer Code）算法的多目标双边匹配决策方法。乐琦（2015）针对匹配过程中只能获得不完全信息的双边匹配问题，提出了一种利用不完全序值信息获得完全双边匹配结果的决策方法。段歆玮（2016）等针对双边匹配中满意值无法衡量偏好强度关系的问题，提出了一种基于满意值基数信息的双边匹配决策方法。林杨（2015）提出了一种使用改进的最小对数二乘法间接将直觉模糊偏好关系转化为主体满意度信息的双边稳定匹配方法。刘勇（2017）等针对含有不确定信息的双边匹配决策问题，运用灰色关联分析方法，从满意性、稳定性和公平性的角度，提出了基于满意度最大、满意度偏差最小的双边匹配决策方法。赵晓冬（2018）考虑到动态匹配问题，采用综合多个时期的偏好信息进行匹配决策，解决了只用一次偏好信息进行匹配的片面性。

1.3.3 人岗匹配决策应用

医院与实习生的“H－P匹配”是最早的关于员工与岗位的匹配决策方法研究。1985年，罗斯提出了“双边匹配”这一概念，在此基础上，将双边匹配决策问题进一步转化为多目标决策问题，并通过数学建模和优化方法，来研究人岗匹配决策问题。根据匹配指标信息的差异，提出“模糊匹配”“具有交互作用的匹配”“不完全信息匹配”等。同时，学者们还开始关注基于序值信息的双边匹配决策方法模型及其稳定性问题，基于随机分布的具有序值偏好的盖尔—沙普利匹配算法研究，基于博弈论思想的偏好匹配模型等一系列双边匹配决策模型。

人岗匹配决策是决策问题的一个重要研究领域，但我国目前的研究成果却相当有限，且尚未得到一个被学者们广泛认可的方法模型。学者们尝试利用“进化博弈论”“模糊层次分析法”“网络最大最小割”来进行人岗匹配决策分析。近年来，大量的学者开始运用运筹学相关知识，构建多目标规划模型，将人岗匹配问题转化为多目标指派问题，并逐渐开始关注匹配双方的满意度和匹配结果的稳定性，根据指标信息的差异，提出了基于序值信息和不完全序值信息的双边匹配决策方法。部分学者还将“竟优”思想和主体心理行为引入人岗匹配决策当中。

双边匹配问题具有丰富的现实应用背景，贾璐和樊治平（2011）研究了基于多指标评价信息的知识供需双边匹配问题；石田佳辉和桥本静香（Ishida & Hashimoto，2015）提出了一种稳定婚姻匹配问题的模型，并且在一个解决方案不再是最优或者可行的时候展现出适应性；刘君君和彭亚平（2015）针对中国高校招生考试中的腐败问题，利用双边匹配理论对大学招生录取中存在的问题进行了探讨；徐新凯（2015）提出了服务提供者和顾客形成两个不相交集合的双边动态服务市场的匹配算法；加罗特和帕苇尔（Gharote & Patil，2015）使用稳定匹配理论去除不稳定对，提出了一种有效的方法来预测学员和项目需求的偏好效用理论问题；拜恩和张秀香（Byun & Jang，2015）对服务供应商和顾客的匹配供应问题进行分析；何继新（2015）针对城市社区公共物品供需不匹配的问题，将双边匹配理论应用到社区养老服务中，保障了城市社区公共物品资源的合理配置；阮拥英（2016）根据我国创业投资发展的大形势，分析了我国创投市场投融资的影响因素，从双边匹配的角度探讨了创投市场的匹配情况；刘平阔（2016）应用双边匹配理论对中国煤电能源交易和边界选择中存在的问题进行了分析，提出促进煤电供应可持续发展的对策；时如义（2017）将双边匹配理论应用到煤电企业匹配交易过程中，创新性地设计了考虑交易量的煤电交易稳定匹配机制与算法；贺小容（2017）利用模糊多属性决策方法对人岗匹配问题进行了建模分析；金英伟（2017）将双边匹配理论应用到教师团队组建中，为了组建和谐科学的教师团队，提出一种平行班教学模式下的双边匹配决策方法。

1.3.4 国内外研究现状述评

通过对双边匹配决策问题与方法的相关文献的回顾和分析，可以发现有关双边匹配决策的研究受到了越来越多学者们的关注，国内外学者从人岗匹配的概念、原理、实现方法等几个方面，对人岗匹配问题展开了广泛的研究，形成了很多具有学术参考价值和现实指导意义的学术研究成果。这些成果主要包括：学者们对人岗匹配的概念内涵以及作用效能给出了较为充分的研究和解释，这为之后关于人岗匹配度测评和人岗匹配决策的研究奠定了理论基础；在指标体系构建方式上，研究成果较为成熟，学者们基本可以形成一致的观点，这为以后的人岗匹配决策研究提供了良好的铺垫；在人岗匹配度评价和匹配决策方面，尽管研究成果尚不完善，但学者们尝试运用人工智能等定量方法，也为后续的研究提供了思路和借鉴。

尽管国内外学者著述颇丰，但由于各种条件的限制，对于人岗匹配的相关研究仍存在不足，许多问题尚待研究，包括决策模型的动态性问题、决策方法可信度问题以及模型假设问题等。

在现有的人岗双边匹配决策研究中，决策模型大多建立在岗位与员工双方完全理性的假设之上，而在实际的决策过程中，无论是企业还是应聘者，都很难做到完全理性，双方的决策行为往往会受到主观心理行为的影响，因此在人岗双边匹配决策研究中应该考虑决策双方的心理行为；另外，已有基于直觉模糊数偏好信息的双边匹配决策方法有很大的局限性，在多种类型评价信息的多指标双边匹配决策问题中，由于直觉模糊数评价相对困难，因此应用直觉模糊偏好信息方法的研究成果很少。鉴于此，本书在充分考虑企业和员工心理行为的前提下，在人岗双边匹配决策模型中引入了熵权理论、直觉模糊数、行为经济学中的后悔理论和前景理论，研究了基于熵权理论的多目标人岗双边匹配方法、基于人岗双方期望信息和评价信息的多目标双边匹配决策方法。改进以往的假设匹配双方是完全理性的人岗匹配决策方法，使匹配方案更可靠、更具实用性。在此基础上，从双方主体的匹配意愿的视角进行研究，考虑决策环境的复杂性和思维的模糊性，在多指标人岗双边匹配决策过程中引入直觉模糊数，并引入后悔理论，提出了基于双方主体后悔—欣喜感知的直觉模糊多指标人岗双边匹配决策方法，使匹配结果更具合理性，这对提高实际双边匹配的成功率具有促进作用。

1.4　本书的主要内容

人岗双边匹配问题是人力资源管理活动的核心问题，也是企业组织管理者和学者们关注的焦点。随着时间的推移以及经济的发展，双边匹配决策问题会不断出现新的情况。目前，随着社会的不断进步，社会信息化程度的不断深化，各个领域的运转都变得更加精细，人们对于匹配对象的要求也更加多样化和复杂化。因此，研究新形势下的双边匹配理论是非常有必要的。由于现有的人岗匹配决策方法大多假设人岗匹配双方都是完全理性的，这与实际管理活动并不相符，因此本书提出了考虑匹配双方不同心理行为的人岗双边匹配决策方法。在对多种不同类型评价指标进行分析整理的前提下，首先，将熵权法引入多属性多目标规划模型之中，提出了一种基于熵权理论的多目标人岗双边匹配决策方法；在此基础上，对基于三角模糊数和直觉模糊数的多目标双边匹配决策方法进行了改进，提出了两种改进人岗双边决策方法。其次，引入后悔理论和前景理论的人岗双边匹配决策方法，定义了匹配主体的满意度，考虑到人岗双方的风险规避系数和后悔规避的心理行为，提出了基于后悔理论的多目标人岗双边匹配决策方法；在已知双方的风险规避系数的前提下，以感知价值为依据，考虑匹配决策过程中主体对属性的感知价值和实际感知与期望水平，提出两种基于前景理论的多目标人岗双边匹配决策方法。最后，针对双边匹配决策过程中存在的多种形式的匹配满意度评价信息，将满意度信息进行有效的处理和集结，改进了不同匹配主体的匹配满意度，提出了一种基于多种形式评价信息的模糊多指标双边匹配决策方法；在此基础之上，构造了岗位和求职者的效用函数和后悔—欣喜函数，提出了考虑不同匹配主体匹配满意度最大的多目标优化模型。本书提出更贴近实际人力资源管理活动的匹配方法，并证明人岗双方在不同心理行为影响下的双边匹配结果不同，为实践中的人岗匹配决策活动提供帮助。本书主要内容安排如下。

第1章绪论。主要阐述本书的研究背景、人岗双边匹配的研究意义以及双边匹配理论的发展历程；界定了人岗匹配决策的基本概念，对人岗双边匹配的影响因素进行了总结分析；在此基础上，对人岗匹配研究进展进行了综述分析，最后阐述本书的研究内容和结构。

第2章人岗双边匹配决策理论基础。介绍了所涉及的相关理论，主要包括双边匹配的概念，明确了双边匹配的主要特征、双边匹配决策规则和双边匹配流程；对双边匹配决策问题进行分类与描述，提炼了典型的双边匹配决策；最后给出了双边匹配决策方法研究中的多种类型的评价信息的处理方法。

第3章基于熵权理论的人岗双边匹配决策方法。考虑匹配主体给出的0~1判断型和语言型评价信息给出了一种多目标双边匹配决策的基本方法，并针对所建立模型的特点给出了模型转化和求解方法。在此基础上，利用运筹学相关理论，将熵权法引入多属性多目标规划模型之中，提出了一种基于熵权理论的多目标人岗双边匹配决策方法；针对 0～1 判断型和语言型评价信息的特点，构建了多目标优化模型，并针对所建立模型的特点给出了模型转化和求解方法。本章给出两种求解人岗双边匹配决策模型的 LINGO 软件计算程序。

第 4 章基于语言评价信息的人岗双边匹配决策方法。对基于语言评价信息的双边匹配决策问题进行描述，并采用三角模糊数和直觉模糊数给出了两种多目标双边匹配决策分析方法。基于三角模糊数的多指标双边匹配决策方法，将多指标语言评价信息转化为三角模糊数形式，定义了新的满意度，构建了多目标优化模型，给出了求解方法。基于直觉模糊数的多指标双边匹配决策方法，将直觉模糊集矩阵转化为满意度矩阵，改进了满意度的计算方法，然后运用离差最大化的方法建立了匹配意愿矩阵，最后构建了多目标优化模型，并将该方法应用到一个具体的员工招聘的案例中。

第 5 章基于后悔理论的人岗双边匹配决策方法。本章在充分考虑人岗双方的风险规避系数和后悔规避的心理行为，提出了一种基于后悔理论的人岗双边匹配方法。对后悔理论下的人岗匹配问题进行描述，通过引入后悔规避系数和风险规避系数，建立人岗双方的感知效用矩阵；在此基础上，通过建立人岗双方的感知效用矩阵，依据感知效用构造多目标规划模型，通过模型的分析和求解，得到使人岗双方感知效用最大化的匹配决策方案，并通过实例分析，将该方法与完全理性下依据满意度矩阵得到的决策方案进行比较。

第 6 章基于前景理论的人岗双边匹配决策方法。提出了两种基于前景理论的人岗双边匹配决策方法。其一，对前景理论下的人岗匹配问题进行描述，在已知双方的风险规避系数的前提下，针对人岗决策双方在各指标上的期望水平与实际水平之间的差距，得到人岗双方的感知价值矩阵，以感知价值为依据，通过多目标规划模型的建立和求解，基于前景理论提出了一种使人岗双方感知价值之和最大的多目标双边匹配决策方法。其二，基于期望信息和评价信息，给出了另一种多目标双边匹配决策方法，考虑匹配决策过程中主体对属性的实际感知和期望水平，通过计算期望水平与实际水平之间的距离，并根据倒数最大化原则定义了匹配满意度，据此构建了多指标双边匹配决策模型，并给出了求解方法，得到匹配结果。

第7章基于多种类型评价信息的模糊多指标双边匹配决策方法。针对双边匹配中具有多种形式评价信息，包括0～1特征指标、区间数指标、语言评价指标的多指标双边匹配决策问题，提出了两种基于多种形式评价信息的模糊多指标双边匹配决策方法。其一，基于多种形式评价信息的模糊多指标双边匹配决策方法。该方法分析了双边匹配决策过程中现实存在的多种形式的匹配满意度评价信息，并将多种形式的匹配满意度信息进行了有效的处理和集结，改进了不同匹配主体的匹配满意度，构建了优化模型，给出了求解双边匹配决策方法。其二，考虑双方主体后悔—欣喜感知的多种形式信息的模糊多指标决策方法。该方法在基于多种形式评价信息的模糊多指标双边匹配决策方法基础之上，引入后悔理论，构造了岗位和求职者的效用函数和后悔—欣喜函数，构建了考虑不同匹配主体匹配满意度最大的多目标优化模型，通过模型的求解可以得出匹配结果。最后，通过算例分析表明提出的两种人岗匹配决策方法具有一定的可操作性和实用性。

第 2 章　人岗双边匹配决策理论基础

通过对双边匹配决策问题相关研究的阐述，明确了人岗双边匹配决策问题的研究背景和研究意义，并对双边匹配决策问题的研究进展情况进行了综述。在此基础上，本章将进一步对双边匹配决策问题进行深入剖析。首先，界定双边匹配的相关概念，明确双边匹配的主要特征和双边匹配流程。其次，基于上述的基本理论分析，对双边匹配决策问题进行分类与描述，并提炼典型的双边匹配决策类型。最后，给出双边匹配决策方法研究中的评价指标的处理方法和归一化处理方法。通过本章的研究，将为本书后续研究工作的展开奠定理论基础。

2.1　双边匹配的基本概念

2.1.1　双边匹配

双边匹配理论是博弈论的一个分支，最早由罗斯提出。双边匹配是指匹配决策者依据匹配主体给出的关于对方主体的偏好信息，获得双边主体最优匹配的过程。在双边匹配问题中，双边匹配获得的结果通常被称为匹配方案，它是由双边主体形成的匹配对构成的集合。双边匹配问题广泛存在于社会经济、管理等各个领域中，如医院与实习生匹配问题、人员与岗位匹配问题、大学录取问题、商品买卖交易匹配问题等。

双边匹配是指如何通过决策使互相选择的两方匹配主体（有限集合）达成对

应匹配，并使双方总体满意度最大的问题。目前典型的双边匹配问题广泛存在于我们的日常生活中，比如婚恋关系中男女双方的匹配、学生与学校之间的匹配、病人与医院之间的匹配、顾客与商品之间的匹配、求职者与岗位之间的匹配、投资者与投资项目之间的匹配等。社会交换理论表明，双边匹配实质上是一种资源的交换行为，匹配的满意性和公平性是衡量双边匹配方案优劣的重要依据。双边主体能否形成匹配对，一方面取决于匹配双方彼此间满意度的大小，双方满意度越大，双边主体越容易匹配；另一方面取决于双边匹配的公平性，双方满意度差异越小，双边主体越容易形成匹配对。

双边匹配问题主要包括双边主体、匹配中介、偏好信息和优化目标四个要素，其中，双边主体是双边匹配问题的参与者，由两个不同有限集合中的主体构成；双边匹配一般是通过中介来进行匹配，所谓中介是负责双边主体进行匹配的个人、机构或决策支持系统；偏好信息是匹配主体对对方主体的期望及要求，或对对方主体的喜好，即反映决策者对决策方案的态度，且能被认识和利用的新的消息、情报和知识；优化目标是匹配中介从有限个匹配方案中选择出最优匹配方案的准则。

双边匹配决策是指在决策过程中需要充分考虑各方匹配主体的满意度要求，尽可能使双方主体间形成科学稳定的匹配对，通过这种合理的匹配手段，使匹配双方主体都尽可能得到满意的结果，如图2－1所示。

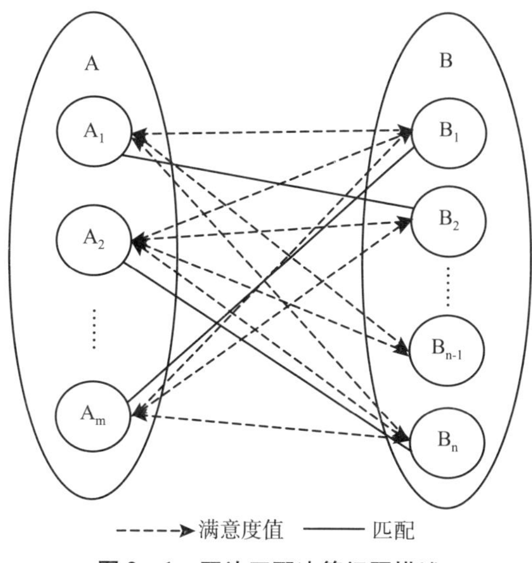

图2－1　双边匹配决策问题描述

设参与双边匹配的甲方主体集合为 $A=\{A_1, A_2, \cdots, A_m\}$，$m\geq 2$，其中 A_i 表示第 i 个甲方主体 $i=1, 2, \cdots, m$，乙方主体集合为 $B=\{B_1, B_2, \cdots, B_n\}$，$n\geq 2$，其中 B_j 表示第 j 个乙方主体，$j=1, 2, \cdots, n$；为方便起见，令 $m\leq n$。主体 A 中的每个个体 A_i 对主体 B 中的每个个体 B_j 都有一个满意度偏好信息 $P(A_i)$，同理主体 B 中的每一个个体 B_j 对主体 A 中的每一个个体 A_i 也同样有一个满意度偏好信息 $P(B_j)$，图 2－1 中的有向虚线表示这个偏好的大小，即代表双方个体分别对对方个体的满意度大小。而双边匹配的目的就是匹配中介通过某种决策方法获得甲方主体和乙方主体的最优匹配方案 $U=\{(A_1, B_{p1}), (A_2, B_{p2}), \cdots, (A_m, B_{pm})\}$，其中 $\{p1, p2, \cdots, pm\}$ 为 m 的一个自然数排列，使得 A、B 两个主体的满意度之和尽可能实现最大，图 2－1 中每条实线代表链接双方形成一组匹配对，而没有被实线连接的个体，表示没能实现匹配，即被淘汰。双边匹配的目的就是确定连接双边主体的粗线，使得双边主体尽可能找到满意的匹配主体。

2.1.2 双边匹配决策规则

尽管双边匹配的决策方法多种多样，但要想得到一个稳定且使双方满意度最大的匹配结果，就必须遵从以下匹配规则。

设甲方主体中有 m 个个体，乙方主体中有 n 个个体，且 $m\leq n$，则匹配步骤如下。

第一轮：甲方中的每个主体根据自己对乙方个体的满意度评价排序，向乙方中满意度最高的个体发出匹配邀请。

第二轮：乙方受到邀请的主体根据自己对甲方主体的满意度排序，保留满意度最高的个体的匹配邀请，拒绝并退回其他匹配邀请。

第三轮：上一轮中被拒绝的甲方个体，在没拒绝过自己的乙方个体中选择满意度最高的发出匹配邀请。

第四轮：重复第二、第三轮。

终止条件：直到甲方中的个体中没有可发出的邀请时，该匹配过程终止。

乙方主体中的每个个体均有一份匹配邀请，并分别与发出邀请的甲方中的个体相匹配，而没有匹配的甲方主体被淘汰，此时的匹配结果就是最稳定且使甲、乙双方主体满意度之和最大的匹配方案。

2.1.3　双边匹配特征

依据上述分析，总结出双边匹配具有以下特征。

（1）双边匹配的参与者由两个不同的、数量有限的主体集合构成，每一个主体集合代表双边匹配的一类主体，如婚姻匹配中的男士和女士，医院与实习生匹配中的医院和实习生，家政服务中家政服务人员与雇主，大学录取中的学生和大学等。

（2）匹配中介作为双边匹配的组织者和决策者，主要功能包括聚合双边主体，为双边主体提供供需信息的发布场所，搭建双边主体交流和沟通的平台，帮助双边主体快速找到合适的匹配对象，提高双边匹配的效率。

（3）双边主体提供的偏好信息是匹配中介对双边主体进行匹配的依据，双边主体给出的偏好信息类型主要分为偏好序信息和多指标信息，而每种类型又具有多种形式，例如，偏好序信息包括严格偏好序、无差异偏好序、弱偏好序、序区间等；多指标信息包括实数、区间数、语言短语、模糊数等。此外，双边主体有时还会考虑同群偏好信息、协同偏好信息等。

（4）双边市场中稳定匹配的存在性是双边匹配的最典型特征，这一特性使其不仅成为度量双边主体对匹配结果是否满意的准则，也成为双边匹配理论研究的基石，最重要的是它为解决双边市场混乱、无序的问题提供了新的思路。

（5）双边匹配研究的是匹配中介如何通过协调双边主体利益需求，获得双边主体满意的匹配结果，因此，从经济学角度来看，双边匹配是一个考虑双边主体如何合作或结盟以获得双方更高利益的过程，属于合作博弈理论的研究范畴。

（6）双边匹配的依据是双边主体的偏好信息，而不是双边市场的价格，因此，双边匹配能够解决双边市场中一些在价格机制受到其他条件如法律、伦理道德等因素限制而不能很好发挥其配置资源功能的情形，例如，在大学录取问题中，学校不能根据学生给出的学费的高低来录取学生，即价格机制难以在大学录取市场中发挥有效作用。而合理的大学录取机制能够实现大学录取的公平性，提高录取的效率。

2.1.4 双边匹配流程

现实中存在大量的人岗双边匹配问题，所以首先要搜集这类问题，并对其进行总结和提炼，结合国内外文献中对典型例子的研究，明确要研究的双边匹配决策问题；然后选取相应的指标体系，得到双方匹配的满意度，构建多目标优化模型，提出相应的决策方法。依据上述双边匹配问题的描述和特征分析，下面给出双边匹配流程的详细描述。

1. 提炼双边匹配决策问题

双边匹配研究的目的是对双边市场中出现的问题进行解答并提出科学的解决方法，因此，发现和提出双边匹配问题是双边匹配研究过程中的首要工作。双边匹配问题的凝练和提出主要有两个来源：一是从现实双边市场需求中发现和提出重要的双边匹配问题。一方面，随着社会和科学技术的发展，出现一些新的双边匹配市场，从而产生一些新的双边匹配问题，如随着云技术的发展，出现了云环境下的用户与资源匹配问题；另一方面，在原有双边市场的不断发展过程中也产生了一些新问题，如 20 世纪 50 年代开始运行的医院与实习生匹配项目，在 70 年代出现了成对夫妻同时参与匹配的问题。二是目前为止已有研究尚未认识清楚或彻底解决的双边匹配问题，如具有无差异偏好的双边匹配问题。

2. 识别确定双边匹配主体

双边匹配主体作为双边匹配的主要参与者和被研究对象，它的准确识别是进一步开展双边匹配研究工作的前提。双边匹配主体的识别是由匹配中介从界定的双边市场中选择某个时间段内需要进行匹配的双方，例如，在中国的高考录取中，双边主体是某一年内在中国境内参加高考的所有学生和招收学生的所有中国高等学校；基于电子中介平台的家政服务人员与雇主匹配问题中，双边主体是某个时间段内（几小时、1 天、几天等）寻求工作的家政服务人员和雇佣家政服务人员的雇主。

3. 获取双边主体偏好信息

双边主体的偏好信息表达出的是双边主体的匹配意愿，是匹配中介进行匹配的主要依据。获取双边主体的偏好信息主要有两条途径：一是双边主体直接提交给匹配中介的偏好信息，如在医院与实习生匹配项目中，医院与实习生直接将偏好信息提交给美国医学院协会；二是匹配中介从双边主体提供的供需信息中进行提取，如在基于电子中介平台的家政服务人员与雇主匹配问题中，具有决策支持系统功能的电子中介平台作为匹配中介，需要从家政服务人员提交的个人简介和工作需求信息中提取家政服务人员偏好信息，同时从雇主提供的雇佣信息中提取雇主偏好信息；人岗匹配问题中应聘者考虑工作岗位的福利待遇、竞争压力等，招聘岗位考虑应聘者的英语水平、计算机能力等。

4. 确定双边匹配目标

双边匹配目标是在双边主体和匹配中介相互作用下，匹配中介期望达到的匹配结果。双边匹配目标的确定在双边匹配过程中起着非常重要的作用，为双边匹配方案的选择提供了方向指导。匹配中介需要在综合考虑双边市场的内外部环境、双边主体的利益诉求，以及自身利益的情形下，从稳定性、满意性、公平性、匹配对数量、防操纵性等目标中选择一个或若干个作为双边匹配目标。

5. 获得双边匹配方案

获得双边匹配方案是双边匹配研究过程中最为关键的步骤。依据双边主体提供的偏好信息，在双边匹配优化目标的指引下，使用恰当的方法获得匹配主体的总匹配满意度，进一步，匹配中介采用合理、有效地双边匹配方法从有限个匹配方案中选择最优的匹配方案。

2.2　双边匹配决策类型

本节从稳定双边匹配、不可交换双边匹配、基于偏好序的双边匹配、满意双边匹配、严格双边匹配、基于满意度的双边匹配和完全双边匹配的含义及其特征展开阐述。

2.2.1　稳定双边匹配

双边匹配有着很强的博弈论背景。博弈论解释的现象问题是：如果每个人的最优策略都依赖于他对其他人策略的（均衡的和非均衡的）判断，那么每个人应该如何选择自己的策略，如何使得所有人的策略同时达到某种“集体”均衡。从博弈论的视角来讲，稳定双边匹配的主要特征如下：在任一稳定双边匹配中，每个主体都不存在不损害其他主体利益下的行动。

盖尔和沙普利最早提出了婚姻匹配的概念，具体描述如下。

考虑 $m \times n$ 婚姻匹配问题，设男士主体集合为 $M=\{m_1, m_2, \cdots, m_n\}$，$i=1, 2, \cdots, n$，女士主体集合为 $W=\{w_1, w_2, \cdots, w_n\}$，$j=1, 2, \cdots, n$；男士 m_i 给出 W 中所有女士的偏好序信息 $R=\{r_{i1}, r_{i2}, \cdots, r_{in}\}$，其中 r_{ij} 表示男士 m_i 把女士 w_j 排在第 r_{ij} 位，$r_{ij} \in \{1, 2, \cdots, n\}$；女士 w_j 给出中所有男士的偏好序信息 $T_j=[t_{1j}, t_{2j}, \cdots, t_{mj}]^T$，其中 t_{ij} 表示女士 w_j 把男士 m_i 排在第 t_{ij} 位，$t_{ij} \in \{1, 2, \cdots, n\}$。对于婚姻匹配 μ，若存在男士 m_i 和女士 w_q，其中 m_i 的匹配主体为 w_p[即 $\mu(m_i)=w_p$]，$p \neq q$，w_q 的匹配主体为 m_k $\mu(w_q)=m_k$，$k \neq i$，此时 m_i 较女士 w_p 更偏爱女士 w_q，w_q 较男士 m_k 更偏爱男士 m_i，则称该婚姻匹配 μ 是不稳定的（unstable），否则称 μ 为稳定匹配（stable matching）。

在此基础上，许多学者从弱稳定性、强稳定性、超稳定性等多个视角进行了深入研究，下面给出稳定双边匹配的一般性定义。

设 $R_i=\{r_{i1}, r_{i2}, \cdots, r_{in}\}$ 为甲方主体 A_i 给出的关于乙方主体集合 B 的偏好序向量，其中 r_{ij} 表示甲方主体 A_i 把乙方主体 B_j 排在第 r_{ij} 位，$r_{ij} \in N$；设 $T_j=[t_{1j}, t_{2j}, \cdots, t_{mj}]^T$ 为乙方主体 B_j 给出的关于甲方主体集合 A 的偏好序向量，其中 t_{ij} 表示乙方主体 B_j 把甲方主体 A_i 排在第 t_{ij} 位，$r_{ij} \in M$。依据文献，给出稳定双边匹配的数学符号描述如下。

定义 2.1 对于双边匹配 μ，若 $\exists A_{i_0}$，B_{j_1}，$i_0 \in M$，$j_1 \in N$，其中，$\mu(A_{i_0}) \in B_{j0}$，$\mu(A_{i_0})=B_{j_1}$，$i_1 \in M$，$j_1 \in N$，$i_0 \neq i_1$，$j_0 \neq j_1$，满足 $r_{i_0j_1} < r_{i_0j_0}$，$t_{i_0j_1} < t_{i_1j_1}$，则称 μ 是不稳定的，否则称 μ 为稳定双边匹配。

若主体 A_i 给出主体 B_j 的偏好序信息，则蕴含着 A_i 与 B_j 是相互可接受的。

定义 2.1 是从主体偏好信息为严格偏好序的角度给出的，若偏好序信息包含无差异偏好或不确定偏好序，稳定双边匹配的定义如下：

定义 2.2 对于双边匹配 μ，若 $\exists A_{i_0}$，B_{j_1}，$i_0 \in M$，$j_1 \in N$，其中，$\mu(A_{i_0})=B_{j0}$，$\mu(A_{i_1})=B_{j_1}$，$i_1 \in M$，$j_1 \in N$，$i_0 \neq i_1$，$j_0 \neq j_1$，满足 $r_{i_0j_1} < r_{i_0j_0}$，$t_{i_0j_1} < t_{i_1j_1}$，且等式不同时成立，则称 μ 是不稳定的，否则称 μ 为稳定双边匹配。

由上述分析可知，稳定双边匹配的界定主要从阻碍主体对的存在性角度来认识的，但其并不能精确反映双边主体之间的满意程度。

2.2.2　不可交换双边匹配

为了能更清晰地阐述不可交换双边匹配的含义，首先分析下面的具体实例。

例 2.1　设 $m=3$，$n=3$，$R=\begin{matrix} & B_1 & B_2 & B_3 \\ A_1 & 1 & 2 & 3 \\ A_2 & 2 & 3 & 1 \\ A_3 & 3 & 2 & 1\end{matrix}$，$R=\begin{matrix} & B_1 & B_2 & B_3 \\ A_1 & 3 & 2 & 3 \\ A_2 & 2 & 1 & 1 \\ A_3 & 1 & 3 & 2\end{matrix}$，$\mu_1=\{(A_1, B_1),(A_2, B_2),(A_3, B_3)\}$，$\mu_2=\{(A_1, B_1),(A_2, B_3),(A_3, B_2)\}$。

对于双边匹配 $\mu_1=\{(A_1, B_1), (A_2, B_2), (A_3, B_3)\}$，$\exists A_2, B_3$，满足 $r_{23}=1<3=r_{22}$，$t_{23}=1<3=t_{33}$，即 A_2 较 B_2 更偏爱 B_3，B_3 较 A_3 更偏爱 A_2，因此 μ_1 是不稳定双边匹配。若把 μ_1 变换为 $\mu_2=\{(A_1, B_1),(A_2, B_3),(A_3, B_2)\}$，则通过定义 2.2 可知，$\mu_2$ 是稳定双边匹配，但 $r_{33}=1<3=r_{32}$，$t_{22}=1<3=t_{32}$，即 A_3 较 B_2 更偏爱 B_3，B_2 较 A_3 更偏爱 A_2。

例 2.1 说明了 μ_1 变换为 μ_2 增大了匹配主体对（A_2，B_3）式之间的满意程度，但减小了匹配主体对（A_3，B_2）之间的满意程度。为此，给出不可交换双边匹配的定义如下。

定义 2.3　对于双边匹配 μ，若 $\exists A_{i_0}$，A_{i_1}，B_{j_0}，B_{j_1}，i_0，$i_1\in M$，j_0，$j_1\in N$，$i_0\neq i_1$，$j_0\neq j_1$，其中，$\mu(A_{i_0})=B_{j_0}$，$\mu(A_{i_1})=B_{j_1}$，满足 $r_{i_0j_1}+r_{i_1j_0}\leqslant r_{i_0j_0}+r_{i_1j_1}$，$t_{i_0j_1}+t_{i_1j_0}\leqslant t_{i_0j_0}+t_{i_1j_1}$，且等式不同时成立，则称 μ 是可交换的，否则称 μ 为不可交换双边匹配。

定义 2.4　对于不可交换双边匹配 μ，若所有匹配主体对之间的偏好序都小于等于 η，$\eta=[n/2]=\begin{cases} n/2 & n\text{ 为偶数} \\ (n-1)/2 & n\text{ 为奇数}\end{cases}$，即 $r_{i,f(i)}\leqslant[n/2]$，$t_{i,f(i)}\leqslant[n/2]$，$\forall i\in M$，则称 μ 为强不可交换的，否则称 μ 为弱不可交换双边匹配。

根据定义 2.4 可知，强不可交换双边匹配表示每个主体都与排在前［n/2］位的另一方主体匹配。

2.2.3　基于偏好序的双边匹配

偏好序也称偏好排序，即个人或群体根据其喜好，对若干个决策方案进行选择，排列出先后顺序。为了对基于偏好序的双边匹配类型进行分析，下面通过一个例子说明稳定双边匹配与不可交换双边匹配之间不存在直接关系。

例 2.2 设 $m=4$，$n=4$，$R=\begin{array}{c}\\ A_1\\ A_2\\ A_3\\ A_4\end{array}\begin{array}{c}\begin{array}{cccc}B_1 & B_2 & B_3 & B_4\end{array}\\ \begin{bmatrix}2 & 1 & 4 & 3\\ 4 & 2 & 1 & 3\\ 3 & 4 & 1 & 2\\ 2 & 4 & 3 & 1\end{bmatrix}\end{array}$，$T=\begin{array}{c}\\ A_1\\ A_2\\ A_3\\ A_4\end{array}\begin{array}{c}\begin{array}{cccc}B_1 & B_2 & B_3 & B_4\end{array}\\ \begin{bmatrix}1 & 2 & 2 & 3\\ 3 & 3 & 4 & 2\\ 2 & 4 & 1 & 4\\ 4 & 1 & 3 & 1\end{bmatrix}\end{array}$，

$\mu_3=\{(A_1,B_1),(A_2,B_2),(A_3,B_3),(A_4,B_4)\}$，$\mu_4=\{(A_1,B_2),(A_2,B_1),(A_3,B_3),(A_4,B_4)\}$。

根据定义 2.2 和定义 2.3 可知，μ_3 是不可交换双边匹配，但不是稳定双边匹配，μ_4 是稳定双边匹配，但不是不可交换双边匹配。因此，稳定双边匹配与不可交换双边匹配不存在直接的导出关系。

定义 2.5 对于不可交换双边匹配 μ，若它又是稳定的，则称 μ 为最优双边匹配。

定义 2.6 对于强不可交换双边匹配 μ，若它又是稳定的，则称 μ 为强最优双边匹配。

定义 2.7 对于弱不可交换双边匹配 μ，若它又是稳定的，则称 μ 为弱最优双边匹配。

根据定义 2.2～定义 2.7 可知，不可交换双边匹配分为强不可交换双边匹配和弱不可交换双边匹配，最优双边匹配分为强最优双边匹配和弱最优双边匹配。因此，基于偏好序的各种类型双边匹配的相互关系。针对基于偏好序信息的双边匹配决策问题，通过判断双边匹配的稳定性和不可交换性，进而可从偏好序的角度判断任意双边匹配的类型。

2.2.4 满意双边匹配

在双边匹配决策问题中，不失一般性，若甲方主体 A_i 把乙方主体 B_j 排在第一位，即 $r_{ij}=1$，则 A_i 对 B_j 的满意程度最高；若甲方主体 A_i 把乙方主体 B_k 排在最后一位，即 $r_{ik}=n$，则 A_i 对 B_k 的满意程度最低。这里，把主体对另一方主体的满意程度称为满意度，满意度界定在［0，1］区间上。

定义2.8　设α_{ij}为甲方主体A_i对乙方主体B_j的满意度，β_{ij}为乙方主体B_j对甲方主体A_i的满意度，则满意度α_{ij}与β_{ij}分别表示为：

$$\alpha_{ij}=l(r_{ij}),\ i=1,\ 2,\ \cdots,\ m;\ j=1,\ 2,\ \cdots,\ n \tag{2.1}$$

$$\beta_{ij}=g(t_{ij}),\ i=1,\ 2,\ \cdots,\ m;\ j=1,\ 2,\ \cdots,\ n \tag{2.2}$$

式（2.1）、式（2.2）中，$l(x)$与$g(y)$为单调递减函数，$0\leqslant l(n)$，$l(1)\leqslant 1$，$0\leqslant g(m)$，$g(1)\leqslant 1$。

在定义2.8中，函数$l(x)$与$g(y)$具有多种表示形式，这反映了主体的满意度在实际问题上具有不同的偏好类型。例如，$l(x)=\frac{n-x}{n-1}$和$g(y)=\frac{m-y}{m-1}$，$l(x)=\frac{n+1-x}{n}$和$g(y)=\frac{m+1-y}{m}$，若为前者，则式（2.1）和式（2.2）转化为：

$$\alpha_{ij}=\frac{n-r_{ij}}{n-1},\ i=1,\ 2,\ \cdots,\ m;\ j=1,\ 2,\ \cdots,\ n \tag{2.3}$$

$$\beta_{ij}=\frac{m-t_{ij}}{m-1},\ i=1,\ 2,\ \cdots,\ m;\ j=1,\ 2,\ \cdots,\ n \tag{2.4}$$

例2.3　对于$m=9$，$n=11$的双边匹配决策问题，若甲方主体A_1把乙方主体B_8排在第3位，即$r_{18}=3$，则依据式（2.3），可得$\alpha_{18}=\frac{11-3}{11-1}=0.8$；若乙方主体$B_5$把甲方主体$A_3$排在第5位，即$t_{35}=5$，则依据式（2.4），可得$\beta_{35}=\frac{9-5}{9-1}=0.5$。

定理2.1　设甲方主体集合为$A=\{A_1,\ A_2,\ \cdots,\ A_m\}$，$m\geqslant 2$，其中$A_i$表示第i个甲方主体$i=1,\ 2,\ \cdots,\ m$，乙方主体集合为$B=\{B_1,\ B_2,\ \cdots,\ B_n\}$，$n\geqslant 2$，其中$B_j$表示第j个乙方主体，$j=1,\ 2,\ \cdots,\ n$；为方便起见，令$M=\{1,\ 2,\ \cdots,\ m\}$，$N=\{1,\ 2,\ \cdots,\ n\}$，$m\leqslant n$。若每个主体对于另一方任意主体都是可接受的，则共有$\frac{n!}{(n-m)!}$个可行的双边匹配。

证明：不失一般性，假设双边匹配的确定过程是从甲方到乙方，进一步假设每个甲方主体顺次选择乙方主体，即主体A_1首先选择，主体A_2其次选择，……，主体A_m最后选择。由于每个主体对于另一方任意主体都是可接受的，则任意主体对（A_i，B_j）都是兼容的。

对于主体 A_1，任意主体对（A_1，B_j）都是兼容的，则主体 A_1 有 n 个乙方主体可选择，不妨设 $\mu(A_1)=B_{f(1)}$；根据双边匹配定义的条件可知，对于主体 A_2，任意主体对（A_2，B_j）$[j\neq f(1)]$，都是兼容的，则主体 A_2 有 n ~ 1 个乙方主体可选择，不妨设 $\mu(A_2)=B_{f(2)}$，$f(2)\neq f(1)$；…；对于主体 A_{m-1}，任意主体对（A_{m-1}，B_j）$[j\neq f(1)\neq\cdots\neq f(m-2)]$ 都是兼容的，则主体 A_{m-1} 有 $n-m+2$ 个乙方主体可选择，不妨设 $\mu(A_{m-1})=B_{f(m-1)}$，$f(m-1)\neq f(m-2)\neq\cdots\neq f(1)$；对于主体 A_m，任意主体对（A_m，B_j）$j\neq f(1)\neq\cdots\neq f(m-2)\neq f(m-1)$ 都是兼容的，则主体 A_m 有 $n-m+1$ 个乙方主体可选择，不妨设 $\mu(A_m)=B_{f(m)}$，$f(m)\neq f(m-1)\neq\cdots\neq f(1)$。

因此，在考虑甲方和乙方主体数目分别为 m 和 n 的情形下，共有 $n\times(n-1)\times\cdots\times(n-m+1)=\frac{n!}{(n-m)!}$个双边匹配。

根据定理 2.1 可知，对于任意双边匹配决策问题，双边匹配的数目是有限的。

定义 2.9 设双边匹配集合为 $C_\mu=\{\mu_1,\ \mu_2,\ \cdots,\ \mu_s\}$，$s\geqslant 2$，其中 μ_k 表示第 k 个双边匹配，$k=1,\ 2,\ \cdots,\ s$，若 $SD(\mu_p)=\max\limits_{k=1,2,\cdots,s}\{SD(\mu_k)\}$，其中，$SD(\mu_k)$ 表示双边匹配 μ_k 的所有匹配主体对中双边主体的满意度之和（称 $SD(\mu_k)$ 为双边匹配 μ_k 的满意度），则称 μ_p 为集合 C_μ 中的满意双边匹配。

在定义 2.9 中的 $SD(\mu_k)$ 计算公式具有多样性，这与每个主体的重要程度有关。例如 $SD(\mu_k)=\sum_{i=1}^{m}w_i\alpha_{i,f(i)}^{k}+\sum_{i=1}^{m}w_{f(i)}\beta_{i,f(i)}^{k}$，其中，$\alpha_{i,f(i)}^{k}$ 表示双边匹配 μ_k 中主体 A_i 对其匹配主体 $B_{f(i)}$ 的满意度，$\beta_{i,f(i)}^{k}$ 表示双边匹配 μ_k 中主体 $B_{f(i)}$ 对其匹配主体 A_i 的满意度，权重 w_i 表示主体 A_i 的重要程度，$w_{f(i)}$ 表示主体 $B_{f(i)}$ 的重要程度，满足 $\sum_{i=1}^{m}w_i+\sum_{i=1}^{m}w_{f(i)}=1$；若考虑到每个主体的平等性，则 $SD(\mu_k)=\sum_{i=1}^{m}\alpha_{i,f(i)}^{k}+\sum_{i=1}^{m}\beta_{i,f(i)}^{k}$。

定义 2.10 针对基于偏好序信息的双边匹配决策问题，若 $C_\mu=\{\mu_1,\ \mu_2,\ \cdots,\ \mu_s\}$ 为该问题所有双边匹配的集合（若偏好序信息为完全偏好序形式），则 $s=\frac{n!}{(n-m)!}$，且 $SD(\mu^*)=\max\limits_{k=1,2,\cdots,s}\{SD(\mu_k)\}$，则称 μ^* 为该双边匹配决策问

题的全局满意双边匹配，简称满意双边匹配；若 $SD(\mu^{**}) = \max_{k=1,2,\cdots,s}\{SD(\mu_k)\}$，$s < \frac{n!}{(n-m)!}$，则称 μ^{**} 为该双边匹配决策问题的局部满意双边匹配。

对于基于偏好序信息的双边匹配决策问题，根据定义 2.8 可知，通过式（2.1）和式（2.2），该问题就转化为基于满意度信息的双边匹配决策问题，且由于其双边匹配的数目是有限的，则一定可以在所有可行双边匹配集合中至少找到一个满意双边匹配。因而，就可从双边主体的满意度的角度获得满意双边匹配。

为了能更清晰的阐述局部满意双边匹配的含义，下面给出严格双边匹配概念。

2.2.5　严格双边匹配

定义 2.11　设 d_i 为甲方主体 A_i 通过中介协商给出的最高可接受偏好序，$d_i \in [1, n]$，设 h_j 为乙方主体 B_j 通过中介协商给出的最高可接受偏好序，$h_j \in [1, m]$，则甲方主体 A_i 的最低可接受满意度 γ_i 与乙方主体 B_j 的最低可接受满意度分别表示为：

$$\gamma_i = l(d_i),\ i = 1, 2, \cdots, m \tag{2.5}$$

$$\eta_j = g(h_j),\ j = 1, 2, \cdots, n \tag{2.6}$$

式（2.5）、式（2.6）中，$l(x)$ 与 $g(y)$ 为定义 2.9 中引入的函数。

在定义 2.11 中，双边主体如何通过中介协商确定 d_i 与 h_j；若 $l(x) = \frac{n-x}{n-1}$，$g(x) = \frac{m-y}{m-1}$，则式（2.5）和式（2.6）转化为：

$$\gamma_i = \frac{n-d_i}{n-1},\ i = 1, 2, \cdots, m \tag{2.7}$$

$$\eta_j = \frac{m-h_j}{m-1},\ j = 1, 2, \cdots, n \tag{2.8}$$

例 2.4　对于 $m = 9$，$n = 11$ 的双边匹配决策问题，若经中介协商甲方主体 A_2 要求跟排在前 5 位的乙方主体匹配，即 $d_2 = 5$，则依据式（2.7），可得 $\gamma_2 = \frac{11-5}{11-1} = 0.6$；若经中介协商乙方主体 B_6 要求跟排在前 4 位的甲方主体匹配，即 $h_6 = 4$，则依据式（2.8），可得 $\eta_6 = \frac{9-4}{9-1} = 0.625$。

定义 2.12　对于双边匹配 μ，$\mu = \mu_t \cup \mu_s$，若在匹配主体对 $[A_i, B_{f(i)}]$ 中，

A_i 对 $B_{f(i)}$ 的满意度大于等于 γ_i，$B_{f(i)}$ 对 A_i 的满意度大于等于 $\eta_{f(i)}$，即 $\alpha_{i,f(i)} \geqslant \gamma_i$，$\beta_{i,f(i)} \geqslant \eta_{f(i)}$，$i=1, 2, \cdots, m$，则称 μ 为严格双边匹配。这里 $B_{f(i)} = \mu(A_i)$，$f(i) = S[\mu(A_i)] \in N$，其中 $S[\mu(A_i)]$ 为取下标函数，即若 $\mu(A_i) = B_k$，则 $S[\mu(A_i)] = k$。

在一些现实的多指标群决策问题中，由于决策的复杂性和不确定性以及决策者对问题认识的局限性，决策者在决策分析中可能会采用不确定偏好序形式对方案的排序做出判断。例如，某风险投资公司欲选择一个企业进行项目投资，有 5 个企业备选，决策者认为其中的两个企业应排在前 2 位，而“前 2 位”的含义即为不确定偏好序。本书仅研究基于完全偏好序信息的局部满意严格双边匹配决策方法，基于不确定偏好序信息和基于不完全偏好序信息的局部满意严格双边匹配决策方法有待进一步研究。

对于基于完全偏好序信息的双边匹配决策问题，设 $C_\mu^y = \{\mu_1^y, \mu_2^y, \cdots, \mu_s^y\}$ 为所有严格双边匹配集合，$1 \leqslant s \leqslant \frac{n!}{(n-m)!}$，其中，$\mu_k^y$ 表示第 k 个严格双边匹配，$k=1, 2, \cdots, s$，若 $SD(\mu_p^y) = \max\limits_{k=1,2,\cdots,s} \{SD(\mu_k^y)\}$，$p \in \{1, 2, \cdots, s\}$，则称 μ_p^y 为该问题的局部满意严格双边匹配。设 μ^* 为该问题的满意双边匹配，则 $SD(\mu^*) = \max\left\{SD(\mu_k) \,\middle|\, k=1, 2, \cdots, \frac{n!}{(n-m)!}\right\}$。若 $SD(\mu_p^y) = SD(\mu^*)$，则称 μ_p^y 为该问题的满意严格双边匹配。

2.2.6 基于满意度的双边匹配

为了对基于满意度的双边匹配类型进行分析，下面通过一个例子说明满意双边匹配与严格双边匹配之间不存在直接关系。

例 2.5 设 $m=4$，$n=4$，$R = \begin{array}{c|cccc} & B_1 & B_2 & B_3 & B_4 \\ \hline A_1 & 2 & 1 & 4 & 3 \\ A_2 & 3 & 2 & 1 & 4 \\ A_3 & 1 & 4 & 3 & 2 \\ A_4 & 2 & 1 & 3 & 4 \end{array}$，$T = \begin{array}{c|cccc} & B_1 & B_2 & B_3 & B_4 \\ \hline A_1 & 2 & 1 & 3 & 3 \\ A_2 & 3 & 3 & 1 & 2 \\ A_3 & 1 & 4 & 2 & 4 \\ A_4 & 4 & 2 & 4 & 1 \end{array}$，

$\mu_3 = \{(A_1, B_2), (A_2, B_3), (A_3, B_1), (A_4, B_4)\}$，$\mu_4 = \{(A_1, B_4), (A_2,$

B_1)，(A_3，B_3)，(A_4，B_2)}。

若采用式（2.3）和式（2.4）的满意度计算公式，采用式（2.7）和式（2.8）的最低可接受满意度计算公式，其中，$d_i = h_j = 3$，i，j = 1，2，3，4，则根据定义2.10和定义2.12可知，μ_5是满意双边匹配，但不是严格双边匹配，μ_6是严格双边匹配，但不是满意双边匹配。因此，满意双边匹配与严格双边匹配不存在直接的导出关系。

定义2.13　对于满意双边匹配μ，若它又是严格的，则称μ为严格满意最优双边匹配（满意度最优双边匹配）。

定义2.14　对于严格双边匹配μ，若它又是满意的，则称μ为满意严格最优双边匹配（满意度最优双边匹配）。

依据定义2.10、定义2.12：定义2.13和定义2.14是等价的，因此均可称为满意度最优双边匹配。

根据定义2.10和定义2.12～定义2.14，可得基于满意度的各种类型双边匹配的相互关系。针对基于偏好序信息的双边匹配决策问题，通过式（2.1）和式（2.2），该问题就转化为基于满意度信息的双边匹配决策问题，通过判断双边匹配的满意性和严格性，进而可从满意度的角度判断任意双边匹配的类型。

2.2.7　完全双边匹配

对于基于偏好序信息的双边匹配决策问题，若主体给出的偏好均为完全偏好序信息，则对于任意双边匹配 $\mu = \mu_t \cup \mu_s$，μ_t 包含 min{m，n} 个匹配主体对；若主体给出的偏好包括不完全偏好序信息，则中 μ_t 可能仅包含少于 min{m，n} 个匹配主体对，因而给出完全双边匹配定义如下：

定义2.15　对于任意双边匹配μ，$\mu = \mu_t \cup \mu_s$，若 μ_t 中包含 min{m，n} 个匹配主体对，则称μ为完全双边匹配。

2.3　评价指标的处理方法

人岗双边匹配决策既是多目标决策又是多属性决策，而在进行任何决策之前，首先都要对备选方案进行评价，评价中将涉及对多种类型的评价指标的处理，在人岗匹配决策过程中，通常会涉及诸多不同的指标类型。为了便于研究具有多种形式评价信息的双边匹配决策问题，分别给出了特征信息、区间数、语言评价等信息形式的描述及相关概念。

2.3.1 0~1 判断信息型指标

0~1 特征信息是指在集合中明确规定对象的类属或状态，对事物的评价判断要么属于集合，要么不属于集合，二者必居其一，从属与不从属的界限绝对分明。集合是对事物的类属、状态的描述，建立在“是”和“否”的绝对属于或绝对不属于的基本方式上。即在特征信息与{0，1}之间存在一个双射函数。规定 x 属于集合 A 的从属程度为 1，x 不属于集合 A 的从属程度为 0，则特征信息可以用函数形式表达为：

$$V_{A(x)}=\begin{cases}1 & x\in A\\ 0 & x\notin A\end{cases} \tag{2.9}$$

式（2.9）中，$V_{A(x)}$表示被评价个体在 A 这一 0~1 判断信息型指标上的评价结果。显然，被评价个体在此类评价指标上的最终得分只能是 0 或 1 两个值。

在人岗匹配决策具体问题中，类似于员工“是否有相关工作经验”，岗位“是否提供食宿”“是否需要出差”等这类只能用“是”或“否”两种确定答案来回答的指标，均属于 0~1 判断信息型指标。

2.3.2 区间数信息型指标

区间数信息型指标，是指被评价主体中的个体在某些特定指标上的回答，不能够直接用严格的是或否来评判，也不能准确的给定某一具体量化的数值，而只能是在某一范围内的取值。

在实际的匹配决策中，所评价的指标所涉及的物理量纲是不同的，因此区间数所涉及的数值彼此差距很大，为消除这种不同物理量纲的影响，可以将区间数 $\tilde{x}$ 进行规范化处理，如果用 $\tilde{x}_{ij}=[x_{ij}^{L}, x_{ij}^{U}]$ 来表示第 i 个评价个体在第 j 项评价指标上的评价结果，其中 i=1，2，…，m，j=1，2，…，n，且 $x_{ij}^{L}\leqslant x_{ij}^{U}$，那么规范化处理公式可表示为：

$$\tilde{x}_{ij}=\begin{cases}[x_{ij}^{L}/x_j^{U+},\ x_{ij}^{U}/x_j^{U+}] & 效益型\\ [1-x_{ij}^{U}/x_j^{U+},\ 1-x_{ij}^{U}/x_j^{U+}] & 成本型\end{cases}\tag{2.10}$$

式（2.10）中，$\tilde{x}_{ij}$表示被评价主体中第 i 个个体在第 j 项指标上的评价结果，x_j^{U+} 表示该评价指标下，所有被评价个体给出的区间数上限的最大值。x_{ij}^{L}表示第 i 个被评价个体在第 j 项区间数信息型指标上的区间数取值下限，x_{ij}^{U}表示第 i 个被评价个体在第 j 项区间数信息型指标上的区间数取值上限。效益型指标是指那些区间数取值越大对于评价者来说越有利的指标，相反，成本型指标是指区间数取值越小对评价者越有利的指标。

假设 R 表示实数域，并称［x^L，x^U］为一个区间数，这个区间数通常用 $\tilde{x}$ 表示。其中 $x^L\in R$，$x^U\in R$ 且 $x^L\leqslant x^U$，x^L 称为区间数 $\tilde{x}$ 的下限，x^U 称为区间数 $\tilde{x}$ 的上限，而当 $x^L=x^U$ 时，$\tilde{x}$ 就会退化成一个实数。令 $\tilde{a}=[a^L,\ a^U]$，$\tilde{b}=[b^L,\ b^U]$ 为两个不同的区间数，则这两个区间数之间的距离公式可定义为：

$$D_{\tilde{a}\tilde{b}}=\sqrt{\frac{1}{2}[(a^U-b^U)^2+(a^L-b^L)^2]}\tag{2.11}$$

在人岗匹配决策问题中，诸如员工的“期望薪酬范围”、员工的“期望休假频率”等指标，通常都是无法用固定的具体实数来表示的，其取值常常是在一个区间内，这类指标均属于区间数信息型指标。

2.3.3　语言评价信息型指标

语言评价信息型指标是指在评价中常常涉及既无法用“是”或“否”来表示，也无法用某一具体的区间取值范围来表示结果的指标，而是常常会用表现得“很好”、干得“不错”、能力素质“较差”等语言描述或评价的方法来表示评价结果，这类指标的评价结果虽然没有具体的数值或者范围，但却有在某一范围内，有越大越好或者越小越好的趋向性。在处理这一类指标时，可以借助三角模糊数来进行表达和处理。

1. 三角模糊数

设每一个类似于“很好”“不错”等具有趋向性的评价短语为一个评价元素，而 S 是由奇数个这种评价元素构成的有序集合，令 $s_i=\{s_0,\ s_1,\ \cdots,\ s_t\}$，其中 $s_i\in S$ 表示第 i 个语言评价短语，其中 $i=\{0,\ 1,\ 2,\ \cdots,\ t\}$，“t+1”表示 S

中元素的个数，称“t+1”为评价集S的粒度。由于S是奇数个评价短语组成的有序集合，即t+1为奇数，则t取偶数，假设取t=6，则语言评价集可表示为s_0=AL(Absolute Low)，s_1=VL(Very Low)，s_2=L(Low)，s_3=M(Medium)，s_4=H(High)，s_5=VH(Very High)，s_6=AH(Absolute High)。

将语言评价短语s_i转化成为三角模糊数$\hat{a}=(a^l, a^m, a^u)$，如图2-2所示，$\mu_{\hat{a}}(x)$表示实数x隶属于三角模糊数的程度。

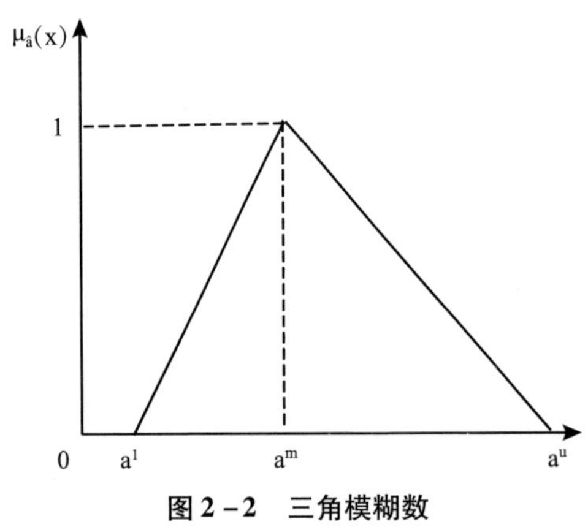

图2-2　三角模糊数

其隶属度函数$\mu_{\hat{a}}(x)$：R→[0, 1]，即：

$$\mu_{\hat{a}}(x)=\begin{cases}0 & x\leqslant a^l\\ \dfrac{x-a^l}{a^m-a^l} & a^l<x\leqslant a^m\\ \dfrac{x-a^u}{a^m-a^u} & a^m<x\leqslant a^u\\ 0 & x>a^u\end{cases} \tag{2.12}$$

式（2.12）中，R表示实数域，$x\in R$，$a^l\leqslant a^m\leqslant a^u$，且$a^l$和$a^u$为三角模糊数的上界和下界，$\mu_{\hat{a}}(x)$表示实数x隶属于三角模糊数的程度。定义其转换公式为：

$$\hat{a}=(a^l, a^m, a^u)=\left(\max\left\{\frac{i-1}{t}, 0\right\}, \frac{i}{t}, \min\left\{\frac{i+1}{t}, 1\right\}\right), \quad i=1, 2, \cdots, t \tag{2.13}$$

两个正三角模糊数$\hat{a}=(a^l, a^m, a^u)$，$\hat{b}=(b^l, b^m, b^u)$的欧几里得距离为：

$$D_{\hat{a}\hat{b}} = \sqrt{\frac{1}{3}[(a^l - b^l)^2 + (a^m - b^m)^2 + (a^u - b^u)^2]} \quad (2.14)$$

人岗双边匹配决策问题中涉及的如员工的“组织学习能力”“沟通表达能力”等指标，通常都属于语言评价信息型指标。

语言评价信息的粒度不同对应的三角模糊数也不同，例如，5 粒度和 7 粒度语言评价集均可以表示满意程度，但对应不同的三角模糊数。5 粒度的语言评价集合可以记为：$S^5 = \{s_0, s_1, s_2, s_3, s_4\}$；7 粒度语言评价集合可以记为：$S^7 = \{s_0, s_1, s_2, s_3, s_4, s_5, s_6\}$。如表 2 - 1 和表 2 - 2 所示，可分别将 5 粒度和 7 粒度语言评价集合中的元素转换为对应的三角模糊数。

表 2 - 1　　5 粒度语言评价集及其对应的三角模糊数

语言短语	对应三角模糊数
s_0 = AL（很差/很不满意）	(0, 0, 0.25)
s_1 = L（差/不满意）	(0, 0.25, 0.25)
s_2 = M（中等/一般）	(0.25, 0.5, 0.75)
s_3 = H（高/满意）	(0.5, 0.75, 1)
s_4 = VH（很高/很满意）	(0.75, 1, 1)

表 2 - 2　　7 粒度语言评价集及其对应的三角模糊数

语言短语	对应三角模糊数
s_0 = AL（非常差/非常不满意）	(0, 0, 0.167)
s_1 = VL（很差/很不满意）	(0, 0.167, 0.333)
s_2 = L（差/不满意）	(0.167, 0.333, 0.5)
s_3 = M（中等/一般）	(0.333, 0.5, 0.667)
s_4 = H（高/满意）	(0.5, 0.667, 0.833)
s_5 = VH（很高/很满意）	(0.667, 0.833, 1)
s_6 = AH（非常高/非常满意）	(0.833, 1, 1)

S = {s_0 = AL(Absolute Low), s_1 = VL(Very Low), s_2 = L(Low), s_3 = M(Medium), s_4 = H(Hight), s_5 = VH(Very Hight), s_6 = AH(Absolute Hight)},

给定两个三角模糊数 $\hat{a}=(a^1, a^2, a^3)$ 和 $\hat{b}=(b^1, b^2, b^3)$，$a^1\geqslant 0$，$b^1\geqslant 0$，则相关的三角模糊数的运算被定义如下：

$$\begin{cases}\hat{a}\oplus\hat{b}=(a^1+b^1,\ a^2+b^2,\ a^3+b^3)\\ \hat{a}\otimes\hat{b}=(a^1b^1,\ a^2b^2,\ a^3b^3)\\ k\hat{a}=(ka^1,\ ka^2,\ ka^3),\ k\geqslant 0\end{cases} \tag{2.15}$$

式（2.15）中，用“⊕”表示加法运算，用“⊗”表示乘法运算。

2. **直觉模糊数**

目前，关于语言评价信息型指标等信息的双边匹配理论和方法已较为完善。但考虑到双边匹配问题和决策环境的复杂性、双方主体认知的模糊性和局限性等，双方主体的偏好可能是以直觉模糊集信息形式给出的。

直觉模糊集是由保加利亚学者阿塔纳索夫教授（Atanassov，1986）在模糊集的基础上提出的。直觉模糊集和模糊集区别在于，它在隶属度和不确定程度两方面描述信息增加了一个新的参数——非隶属度，能更加细腻地描述和刻画客观事物的模糊本质。直觉模糊集理论已大量应用于决策领域，也应用于双边匹配决策领域。

定义 2.16 设 E 是一个非空集合，则 E 上的一个直觉模糊集 I 定义为：

$$I=\{\langle x,\ \mu_I(x),\ \gamma_I(x)\rangle \mid x\in E\} \tag{2.16}$$

其中，$\mu_I(x)$：$E\rightarrow[0, 1]$，$\gamma_I(x)$：$E\rightarrow[0, 1]$，满足 $0\leqslant\mu_I(x)+\gamma_I(x)\leqslant 1$，$\forall x\in E$，$\mu_I(x)$ 和 $\gamma_I(x)$ 分别为 E 中元素 x 属于 I 的隶属度和非隶属度；$\pi_I(x)=1-\mu_I(x)-\gamma_I(x)\leqslant 1$ 为 E 中元素 x 属于 I 的犹豫度。特别地，若 $\pi_I(x)=0$，则 I 退化为传统的模糊集。为方便起见，当 $|I|=1$ 时，称 I 为直觉模糊数，记为 $I=\langle\mu, \gamma\rangle$。

针对直觉模糊数 $I=\langle\mu, \gamma\rangle$，依据分值函数，可计算 $I=\langle\mu, \gamma\rangle$ 的分值为 $s_I=\mu_I-\gamma_I$。显然，$-1\leqslant s_I\leqslant 1$，分值 s_I 随着差值 $\mu_I-\gamma_I$ 的增大而增大。因此，分值 s_I 可作为衡量直觉模糊数 $I=\langle\mu, \gamma\rangle$ 大小的一个重要指标。

在双边匹配问题中，记 $A=\{A_1, A_2, \cdots, A_m\}$ 和 $B=\{B_1, B_2, \cdots, B_n\}$（$m, n\geqslant 2$）为双方主体集合，其中 A_i 和 B_j 表示第 i 个 A 方和第 j 个 B 方主体；设 $m\leqslant n$，$i=1, 2, \cdots, m$，$j=1, 2, \cdots, n$。μ_I、γ_I 和 π_I 分别表示匹配双方的认可度、不认可度和不知道程度。例如，在人岗匹配问题中，双方主体认可程度

分为“认可”“不认可”“不知道”三个层次，岗位 A_1 对应聘者 B_2 在“工作经验”“专业知识”指标的认可程度为“认可”；在“沟通表达”指标的认可程度为“不认可”；在“身体素质”指标的认可程度为“不知道”。假定4个指标权重分别为0.3、0.3、0.2、0.2，此时，岗位 A_1 对应聘者 B_2 最终认可程度为 $\mu_{I_{12}}=0.3+0.3=0.6$，最终不认可程度为 $\gamma_{I_{12}}$ 为0.2，因此，企业对应聘者的直觉模糊集可表示为 $I_{12}=\langle 0.6,\ 0.3\rangle$。

设 $I_1=(\mu_1,\ \gamma_1)$ 和 $I_2=(\mu_2,\ \gamma_2)$ 是两个直觉模糊数，则直觉模糊数 I_1 与 I_2 中间的距离测度 $D_{I_1I_2}$ 定义如下：

$$D_{I_1I_2}=\sqrt{\frac{1}{3}[(\mu_1-\mu_2)^2+(\gamma_1-\gamma_2)^2+(\pi_1-\pi_2)^2]} \tag{2.17}$$

式（2.17）中，$\pi_1=1-\mu_1-\gamma_1$，$\pi_2=1-\mu_2-\gamma_2$ 为犹豫度。

2.4 指标评价数据的归一化处理

2.4.1 常用的归一化方法

在数据分析之前，数据标准化（归一化）处理是数据挖掘的一项基础工作，不同评价指标往往具有不同的量纲和量纲单位，这样的情况会影响到数据分析的结果，为了消除指标之间的量纲影响，需要进行数据标准化处理，以解决数据指标之间的可比性。原始数据经过数据标准化处理后，各指标处于同一数量级，适合进行综合对比评价。数据标准化的方法有很多种，常用的有“最小—最大标准化”“Z-score标准化”和“按小数定标标准化”等。经过上述标准化处理，原始数据均转换为无量纲化指标测评值，即各指标值都处于同一个数量级别上，可以进行综合评价分析。以下是两种常用的归一化方法。

1. **最小—最大标准化**（min-max normalization）

最小—最大标准化也称为离差标准化，是对原始数据的线性变换，使结果值映射到［0，1］之间。转换函数如下：

$$x_i^*=\frac{x_i-x_{min}}{x_{max}-x_{min}} \tag{2.18}$$

式（2.18）中，x_{max}为样本数据的最大值，x_{min}为样本数据的最小值。

这种方法有个缺陷就是当有新数据加入时，可能导致 x_{max}和 x_{min}的变化，需要重新定义。

2. 零—均值规范化（Z-score 标准化）方法

零—均值规范化也称标准差标准化，这种方法给予原始数据的均值（mean）和标准差（standard deviation）进行数据的标准化。经过处理的数据符合标准正态分布，即均值为0，标准差为1，转化函数为：

$$x_i^* = \frac{x_i - \mu}{\sigma} \tag{2.19}$$

式（2.19）中，μ 为所有样本数据的均值，σ 为所有样本数据的标准差。

2.4.2 双边匹配评价信息的归一化处理

人岗双边匹配决策中各种指标的评价值需要进行规范化处理，以消除不同物理量纲对决策结果的影响。在本书的研究中采用极值化方法中的取最大值方法将原始数据转化为介于某一特定范围的数据。

1. 0~1 特征型指标

0~1 特征型指标是双方根据实际情况，给出“是”或“否”的判断信息，对应的评价结果只有两个值：0 和 1。例如，公司岗位对求职者的满意度会考虑英语水平是否过了大学英语六级，决策者根据实际情况作出“是”或“否”的评价信息，如果求职者过了则判断为 1，如果没过则判断为 0，因此，0~1 特征型指标无须规范化。

2. 区间数型指标

区间数型指标归一化的方法可采用最小—最大标准化方法。该方法直接即可将精确数也可将区间数规范化为属于［0，1］之间的精确数，因此尤其适应于既有区间数又有精确数的混合多属性决策问题。该方法适应于效益型和成本型指标。

3. 语言评价型指标

语言评价型指标，如房屋租赁问题中，租户对房子采光程度进行评价时，可能是“差”“一般”“好”等评价形式。在计算过程中，无法直接应用语言短语，所以为了方便计算将语言变量转化为量化的三角模糊数和直觉模糊数。

对于转化为三角模糊数的语言型评价指标一般可采用表 2－1 或者表 2－2 的 5 粒度语言评价集和 7 粒度语言评价集直接进行归一化处理。直觉模糊数可以用满意程度和不满意程度来表示，记为 $I=\langle \mu,\ \gamma \rangle$，其数值本身处于 0 与 1 之间，因此无须归一化。

本章对双边匹配决策的相关概念进行了分析与界定，给出了双边匹配决策的相关概念的数学符号描述，对所给出的双边匹配决策的不同类型，如稳定双边匹配、不可交换双边匹配、满意双边匹配、严格双边匹配和完全双边匹配从存在性、求解方法、最优性和判断方法等方面分别进行详细深入的理论探讨。最后给出了双边匹配决策方法研究中的评价指标的处理方法和数据归一化处理方法。通过本章的工作，初步介绍了解决相关问题的思路，奠定了本书后续章节研究工作的理论基础。

第3章　基于熵权理论的人岗双边匹配决策方法

基于多种评价信息的多目标双边匹配决策问题，是双边匹配决策研究中的一类重要问题。它是一类具有广泛应用背景的决策问题。该类决策问题中，匹配主体针对匹配满意度评价指标给出各种评价信息是较为常见的。在本章的研究问题中，考虑了匹配主体给出的0~1判断型评价信息和语言型评价信息并给出了相应的决策方法。首先，基于0~1变量与语言变量，给出了一种多目标双边匹配决策的基本方法，针对评价信息的特点，构建了多目标优化模型，并针对所建立模型的特点给出了模型转化和求解方法；其次，利用运筹学相关理论，将熵权法引入多属性多目标规划模型之中，给出了另一种基于熵权理论的多目标双边匹配决策方法，构建了多目标优化模型，根据模型的自身特点将模型进行转化和求解。

3.1　人岗双边匹配决策问题概述

3.1.1　双边匹配决策问题的主要特征

双边匹配决策是指在决策过程中需要充分考虑各方匹配主体的满意度要求，尽量使双方主体间形成稳定的匹配对，其目的在于通过合理的匹配方法，使双方主体都达到满意的结果。通过对双边匹配决策问题相关研究的回顾，在双边匹配概念界定的基础上，总结出双边匹配决策的特征如下。

（1）双边匹配决策的过程中存在着两个不同有限的主体集合。匹配过程是参与匹配的双方中不同个体间进行满意度匹配的过程，可能是双方中两个不同的独立个体也可能是多个不同的独立个体。例如，婚姻匹配中的男士和女士、人力资源管理中的求职者与工作岗位、商品买卖问题中的买方和卖方、风险投资活动中的风险投资商与风险企业、高考录取问题中的学生与学校、报刊行业中的读者与广告商等。

（2）双边匹配决策的过程中通常存在第三方中介的操作，中介能够为双边主体信息的沟通提供平台，有利于双边主体给出合理的偏好信息，提高匹配效率。需要指出的是，一方主体也可以同时具有中介的功能，此时不需第三方中介的参与。例如，房屋租赁问题，租赁平台作为中介参与匹配过程，为户主和租户提供满意的需求服务。但有的时候双方主体不需要中介的参与，双方自身具有中介的功能。例如，在人岗匹配的过程中，企业的人力资源部门以及网申平台可以与求职者直接沟通。

（3）双边匹配决策的依据是每个主体对另一方主体的偏好信息，需要依据双边主体给出的偏好序信息，采用合适的决策方法来获得双边匹配结果。不同形式的评价信息有不同的处理方式，将采用不同的决策方法。偏好信息可以是一种形式的，例如，语言型评价信息，也可以是多种形式混合的，例如，0 ~ 1 判断型、区间数型、语言型和模糊数型等混合评价的。

（4）双边匹配决策的目的是尽量使每个主体匹配到满意的另一边主体，即形成双方满意的匹配对，使每个主体关于其匹配主体的满意度都尽可能高。参与匹配的双方中的每一个个体根据自身的需求寻找满意的另一边主体进行匹配，形成尽可能多地匹配对，最终使双方的满意度都尽可能达到最大。

（5）双边匹配决策是典型的多目标决策问题。双边匹配决策的目标包括尽可能使所有甲方主体对乙方主体的满意度最高和尽可能使所有乙方主体对甲方主体的满意度最高。在某些情形下，还需要考虑中介的利益要求，因此需要建立包含匹配双方的、中介的多目标优化模型。而且，双方主体根据自身的要求，多方位考虑匹配对象的条件，所以就需要考虑多个目标，然后对评价信息进行处理，进而构建合理得多目标优化模型来解决相应的双边匹配决策问题。

3.1.2 双边匹配决策问题的分类

双边匹配常见分类标准有以下四种。

1. **按照有无中介参与分类**

（1）有中介参与的匹配，例如，婚姻匹配过程中，婚介所或一些婚恋网站作为第三方中介参与到匹配过程中，所以在匹配过程中，除了考虑双方利益外，还要考虑中介利益最大化；（2）无中介参与的匹配，即在匹配过程中，不需要中介或者不需要考虑中介利益的情况。

2. **按照匹配结果中个体的数目分类**

（1）一对一匹配，如婚姻匹配，每个男方只能匹配一个女方，同样每个女方也只能匹配一个男方；（2）一对多匹配，如人岗匹配过程中，每个求职者只能匹配一个岗位，而每个岗位可以匹配多个求职者；（3）多对多匹配，如招商匹配问题，每个招商项目可以匹配多家投资商，每个投资商也可以投资多个项目。

3. **按照评价信息的类型分类**

（1）一种类型评价信息的匹配，如语言型评价信息、直觉模糊数评价信息等单一一种类型评价的；（2）多种形式评价信息的匹配，例如，0～1 判断型、区间数型、语言型和模糊数型等混合评价的。

4. **按照评价指标体系不同分类**

（1）匹配双方共同使用相同的一套评价体系，如男女婚配问题；（2）匹配双方各自使用自己的一套不同的评价体系，例如人岗匹配问题；（3）匹配双方中每一个个体，都可以根据自己的需求划定不同的评价标准，形成不同的评价体系。

3.1.3 求解双边匹配决策问题的原则

双边匹配实际上是一个合作的过程，好的匹配结果代表合作顺利、快速地进行，双边主体的合作关系也会更加稳定；差的双边匹配结果代表合作艰难或合作的失败，因此，在进行双边匹配的过程中要把握以下原则。

1. **满意度最大化原则**

在双边匹配过程中，双边主体根据自身的需求提出要求和表达自己的期望水平，只有当双方的这些要求和期望都达到一定的满意度时，双方才愿意进行匹配，所以在双边匹配过程中应该尽可能满足双方的要求，最大化双边主体的满意度，从而形成更好的匹配结果。

2. **利益最大化原则**

有中介参与的双边匹配，就要考虑三方的利益最大化，为了使双边主体顺利地匹配，就要最大化各方利益。

3. **公平原则**

首先，信息要对等，这样双方主体才能做出合理的满意度评价；其次，双方匹配主体的匹配关系应建立在平等的基础上；最后，要公平处理双方主体提出的要求，不偏袒任一方，使双方尽可能都满意。

3.1.4　求解双边匹配决策问题的关键

在双边匹配决策过程中，最主要和最关键的因素就是匹配主体的满意度。甲方主体 A 和乙方主体 B 双方主体均达到各自的满意度，才能达到总体满意度，从而实现双方匹配结果。匹配满意度构成如图 3－1 所示。

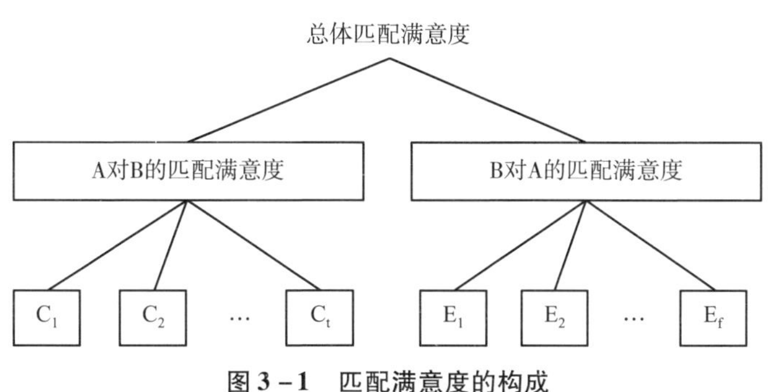

图 3－1　匹配满意度的构成

具体的，设匹配主体甲方 $A=\{A_1, A_2, \cdots, A_m\}$ 对匹配主体乙方 $B=\{B_1, B_2, \cdots, B_n\}$ 的匹配满意度评价指标集合为 $C=\{C_1, C_2, \cdots, C_t\}$，$C_b$ 表示第 b 个评价指标（$b=1, 2, \cdots, t$）；设其评价矩阵为 $\bar{P}_{bij}=[\bar{p}_{bij}]_{n\times m}$，其中 $\bar{p}_{bij}$ 表示匹配主体甲方 A 中的任一个体 A_i 对乙方匹配主体 B 中的任一个体 B_j 关于评价指标 E_b 的匹配满意度评价值，$i=1, 2, \cdots, m$，$j=1, 2, \cdots, n$。同理，设匹配主体乙方 B 对匹配主体甲方 A 的匹配满意度的评价指标集合 $E=\{E_1, E_2, \cdots,$

$E_f\}$，E_h 表示第 h 个评价指标（h = 1，2，…，f）；设其评价矩阵为 $\bar{Q}_{bij} = [\bar{q}_{bij}]_{n\times m}$，其中 $\bar{q}_{bij}$ 表示匹配主体乙方 B 中的任一个体 B_j 对匹配主体甲方 A 中的任一个体 A_i 关于指标 E_h 的匹配满意度评价值，i = 1，2，…，m，j = 1，2，…，n。关于评价值 $\bar{p}_{bij}$ 和 $\bar{q}_{bij}$ 可以是 0 ~ 1 判断型、区间数型、语言评价型等。以匹配主体甲方 A 对匹配主体乙方 B 的匹配满意度评价值为例，个体 A_i 对个体 B_j 的评价值如表 3 - 1 表示。

表 3 - 1　个体 A_i 对个体 B_j 的满意度评价值

岗位	B_1				B_2				…	B_n			
	C_1	C_2	…	C_t	C_1	C_2	…	C_t	…	C_1	C_2	…	C_t
A_1	$\bar{p}_{111}$	$\bar{p}_{211}$	…	$\bar{p}_{t11}$	$\bar{p}_{112}$	$\bar{p}_{212}$	…	$\bar{p}_{t12}$	…	$\bar{p}_{11m}$	$\bar{p}_{21m}$	…	$\bar{p}_{t1m}$
A_2	$\bar{p}_{121}$	$\bar{p}_{221}$	…	$\bar{p}_{t21}$	$\bar{p}_{122}$	$\bar{p}_{222}$	…	$\bar{p}_{t22}$	…	$\bar{p}_{12m}$	$\bar{p}_{22m}$	…	$\bar{p}_{t2m}$
⋮	⋮	⋮	…	⋮	⋮	⋮	…	⋮	…	⋮	⋮	…	⋮
A_m	$\bar{p}_{1n1}$	$\bar{p}_{2n1}$	…	$\bar{p}_{tn1}$	$\bar{p}_{1n2}$	$\bar{p}_{2n2}$	…	$\bar{p}_{tn2}$	…	$\bar{p}_{1nm}$	$\bar{p}_{2nm}$	…	$\bar{p}_{tnm}$

实际上，双边匹配决策问题就是求满意度最大化的问题。为了得到双方的满意度，首先，需要获得不同类型的匹配满意度评价信息；其次，采用适当的方法对不同类型的评价信息进行处理，构建满意度矩阵；最后，建立双边匹配决策优化模型，并对模型进行求解，得到最终的匹配结果。

3.2　双边匹配决策方法概述

3.2.1　双边匹配决策方法简介

双边匹配理论的实践应用离不开匹配决策方法的研究，学者们不断提出新的匹配决策方法和算法，从各方面丰富和完善了匹配决策方法体系，也逐渐形成了一套基本的匹配决策模式。在具体匹配决策时，首先，用数学语言对双方匹配的问题进行描述，一般用两个集合来表示匹配双边主体，集合的元素表示对应方的成员；其次，对匹配双方的相互评价指标进行设计与评估处理，并得到评估对象的综合评价值。其中对多个评价指标的综合指标评估方法，常用的有层次分析法、模糊数学评价法、灰色系统评价法、数据包络分析法等；最后，基于双方相互评价的综合指标值设计相应的匹配决策模型或算法，再用科学方法求得最优匹配结果。

具体匹配建模时，假设 A 和 B 是匹配双方主体的集合，其中一方主体集合 $A=\{A_1, A_2, \cdots, A_m\}$，$A_i$ 表示集合 A 中第 $i(i=1, 2, \cdots, m)$ 个成员，集合 $B=\{B_1, B_2, \cdots, B_n\}$，$B_j$ 表示集合 B 中第 $j(j=1, 2, \cdots, n)$ 个成员，$m\leqslant n$。然后对双方的相互评价指标进行设计与评估，假设 A 对 B 的评价指标集为 $X=\{X_1, X_2, \cdots, X_f\}$，其中 X_h 表示第 h 个评价指标（$h=1, 2, \cdots, f$），对应指标的权重为 $W=(w_1, w_2, \cdots, w_f)$，其中 w_h 为指标 X_h 的权重，反映 A 对 X_h 指标的重视程度或偏好，$0\leqslant w_h\leqslant 1$，$\sum_{h=1}^{f} w_h = 1$。这里用一般加权平均方法来计算 A_i 对 B_j 的综合评估值 r_{ij}，即：$r_{ij} = \sum_{h=1}^{f} w_{ijh}X_{ijh}$，其中，$h=1, 2, \cdots, f$。

同理，假设集合 B 对集合 A 的评价指标集为 $Y=\{Y_1, Y_2, \cdots, Y_g\}$，其中 Y_k 表示第 $k(k=1, 2, \cdots, g)$ 个评价指标；与 Y 对应的权重向量为 $U=(u_1, u_2, \cdots, u_g)$，其中 u_k 表示指标 Y_k 的权重，反映 B 对指标 Y_k 的重视程度或偏好，$0\leqslant u_k\leqslant 1$，$\sum_{k=1}^{g} u_k = 1$。则可得到 B_j 对 A_i 综合评价值 t_{ij}，即：$t_{ij} = \sum_{k=1}^{g} u_{ijh}Y_{ijh}$，其中 $k=1, 2, \cdots, g$。

由此可以得到匹配双方的综合评价值。在此基础上，匹配主体 A 和 B 进行具体的双边最优匹配决策。按 G-S 匹配算法，可以通过比较匹配对象的综合评估值，将潜在匹配对象按自己的交易意愿进行排序。假设 A_i 对 B_j 的总体评估值 r_{ij} 反映了 A_i 对 B_j 的满意度，则 A_i 对集合 B 的成员依据综合评价值 r_{ij}，或交易意愿从大到小排序；B_j 对集合 A 中的所有成员也依据综合评价值 t_{ij} 的大小进行排序。基于这些序值信息，确定优先行动者进行匹配邀请。按照 G-S 匹配算法，最终将得到双边满意匹配。

基于评估综合值的具体匹配决策方法大致有两类，一类直接用计算机编程来实现匹配算法并自动输出匹配结果，如著名的 G-S 机制中 Man-optimal 匹配算法，罗斯的医院实习生（hospital-resident）算法等。另一类匹配决策方法则是应用运筹学相关数理知识构建数理模型，通过科学合理的求解方法得到最后匹配结果。

3.2.2 常用双边匹配算法简介

20世纪60年代以来，学者们对各种不同情形下的双边匹配决策问题进行了深入研究。通过对现有文献的分析与总结，针对各种情形下的双边匹配决策问题，许多学者通过直接提出匹配算法来获得稳定匹配结果，这里主要介绍如下四类著名的匹配算法。

1. Gale – Shapley 匹配算法

一般将1962年由盖尔和沙普利合著的《大学录取与婚姻稳定》（*College Admissions and the Stability of Marriage*）一文视为双边匹配理论的奠基之作。文章通过大学录取和男女婚姻匹配说明了双边匹配问题，同时针对该匹配问题提出了有名的 Gale – Shapley 算法。具体匹配时将婚配市场中的男女嘉宾视为交易市场中双方主体的集合，假设女士集合为 $W = \{w_1, w_2, \cdots, w_m\}(i = 1, 2, \cdots, m)$，男士集合为 $M = \{m_1, m_2, \cdots, m_n\}(j = 1, 2, \cdots, n)$。如果每个参与者的信息公开，则每个参与者可以对另一交易方成员依据自己的偏好进行满意度排序，即每位女士 w_i 对 M 中的所有男士都有一个满意度排序，每位男士 m_j 对 W 中的所有女士也有一个满意度排序。在此基础上按照择优匹配的原则，任一方先动都可以生产稳定的“男士最优”或“女士最优”的匹配结果。具体算法是在计算机编程技术的协助下，从数理科学的角度将市场交易双方间的匹配简化为从一个集合的元素到另一个集合元素的映射。“稳定”的条件就是两个集合中的某些元素不会对另一集合中除了和自己配对外的元素感兴趣。然后通过递延接受算法（deferred-acceptance algorithm）得到双边满意的稳定匹配。以男士先动为例，递延接受算法的设计如下。

步骤1：每个男士向他最喜欢的女士提出邀请。收到多于一个邀请的女士从收到的邀请中选择其最爱，拒绝其余。

步骤2：被拒绝的男士向他下一个喜欢的女士提出邀请，上轮没有被拒绝的男士则向同一个女士再次提出邀请。收到多于一个邀请的女士从收到的邀请中选择其最爱，拒绝其余。

……

步骤k：上轮被拒绝的男士继续向他偏好列表中下一个女士提出邀请，而没有被拒绝的男士则向同一个女士提出邀请。收到多于一个邀请的女士从收到的邀请中选择最爱，拒绝其余。

停止：如果所有的男士都被拒绝，则算法终止。

上述算法通过电脑编程与运算，得到最终输出的匹配结果。这一匹配算法又简称G-S算法或G-S匹配机制。

2. 医院实习生匹配算法

针对医院与医学院实习生的匹配问题，学者们提出了学生最优（student-optimal）匹配算法和医院实习生（hospital-resident）匹配算法。这些匹配算法是在Gale-Shapley匹配算法的基础上给出的有意义扩展，为后续相关匹配算法的研究奠定了理论基础。在医院实习生（hospital-resident）匹配问题中，设 s_i 表示第i个实习生，i=1，2，…，m，h_j 表示第j家医院，j=1，2，…，n，医院 h_j 提供的职位数为 c_j，则hospital-resident算法可表示为：

当医院中有空余职位存在

（s_i 是 h_j 意向列表中没有邀请过的最前面的实习生，且 s_i 意向列表中有 h_j）

如果　s_i 还没有

　　　s_i 匹配 h_j

　　　其他

如果　s_i 认为 $h_j > h_l$（h_l 为 s_i 的原匹配）

　　　s_i 匹配 h_j，s_i 与 h_l 解除匹配关系

　　　其他

　　　s_i 拒绝 h_j，h_j 继续邀请意向列表中下一个学生

终止

3. 基数匹配算法

根据匹配的目标不同，双边匹配决策问题可以转化为偶图中的基数匹配问题。基数匹配问题是指两边节点（节点代表不同的主体）间的连线上没有权值，即重要性相同，优化的目标是所得匹配数量最多。

基数匹配算法所依托的理论依据是 Hall 定理：设 G 是具有二部划分（V_1，V_2）的偶图，则 G 含有饱和 V_1 的每个顶点的匹配 M 的充分条件是，对 $\forall S \in V_1$，$|N(S)| \geqslant |S|$。其中，S 是图 G 的任一顶点子集，N(S) 是与 S 邻接的所有顶点集合。基数匹配算法可描述如下：

步骤 1：任意给图 G 的一个初始匹配 M；

步骤 2：如 M 已饱和 V_1 的所有顶点，计算结束，否则进行下一步；

步骤 3：找 V_1 中任一非 M 饱和点 v_0，令 $A \leftarrow \{v_0\}$，$B \leftarrow \varphi$；

步骤 4：若 $N(A) = B$，则停止，否则任选一点 $y \in N(A) - B$；

步骤 5：若 y 为 M 已饱和点，转步骤 6，否则作一条从 v_0 到 y 的可增广路 P，置 $M = M \oplus P$，转步骤 2；

步骤 6：由于 y 为 M 已饱和点，故 M 中有一边 {y，u}，置 $A = A \cup \{u\}$，$B = B \cup \{y\}$，转步骤 4。

4. 权匹配算法

根据匹配的目标不同，双边匹配决策问题还可以转化为偶图中的权匹配问题。权匹配问题是指两边节点（节点代表不同的主体）间的连线上有权值，即连线之间的重要性不同，优化的目标是所得匹配的权值总和最大。

设 $G = (V, E)$ 带权完全偶图，若在结点集合 $U = V_1 \cup V_2$ 上给出一个实数函数 l，使对所有的 $x_i \in V_1$ 及 $y_j \in V_2$ 均有：$l(x_i) + l(y_j) \geqslant w(x_i, y_j)$，则称 l 为 G 的一个可行结点标号，并称 $l(v)$ 为结点 v 的标号，$v \in V$。

定理 3.1 若 l 是 G 的一个可行结点标号，如果等价子图 G_l 有一个完全匹配 M^*，则 M^* 就是 G 最优匹配。

求偶图最大权匹配的匈牙利算法（Kuhn – Munkres 算法），描述如下：

步骤 1：给初始标号 $l(b_i) = \max w_{ij}$，$l(s_j) = 0$，i，j = 1，2，…，m；

步骤 2：求出边集 $E_l = \{(b_i, s_j): l(b_i) + l(s_j) = w_{ij}\}$，以边集 E_l 构造子图 $G_l = (V, E_l)$，求出匹配 M；

步骤 3：如 M 已饱和 V_1 所有点，则 M 即为 G 最优匹配，结束，否则转步骤 4；

步骤 4：在 V_1 中找一 M 非饱和点 v_0，令 $A \leftarrow \{v_0\}$，$B \leftarrow \{\phi\}$；

步骤 5：若 $N_{Gl}(A) = B$，转步骤 9，否则转步骤 6；

步骤 6：找一节点 $y \in N_{Gl}(A) - B$；

步骤7：若 y 是 M 饱和点，找出 y 的配对点 z，令 $A \leftarrow A \cup \{z\}$，$B \leftarrow B \cup \{y\}$ 转步骤5，否则进行下一步；

步骤8：存在一条从 v_0 到 y 可增广路 p，令 $M \leftarrow M \oplus E(p)$，转步骤3；

步骤9：计算 $a = \min\{l(b_i) + l(s_j) - w_{ij}\}$，其中 $b_i \in A$，$s_j \notin N_{Gl}(A)$；修改标号：$v \in A$，若 $v \in A$，则 $l'(v) = l(v) - a$，若 $v \in B$，则 $l'(v) = l(v) + a$，其他 $l(v)$ 不变；根据 l' 求 $E_{l'}$ 及 $G_{l'}$。

步骤10：$l \leftarrow l'$，$G \leftarrow G_{l'}$，转步骤6。

3.2.3　双边匹配决策方法的基本特征

从文献理论和双边匹配决策模型方法的分析发现，双边匹配决策方法有以下基本特征。

（1）存在两个有限且不相交的双边匹配主体的集合，且双方个体的匹配决策出于自愿自主原则。

（2）双边匹配决策的目的就是使匹配双方的成员通过自由选择实现满意的匹配，同时也提高匹配双方整体上的满意度和稳定性，即实现帕累托改进。反映在模型方法上即为两个集合中一个集合元素到另一集合元素的映射。

（3）双边匹配决策的依据是不同匹配个体对对方成员的综合评价的信息，这也是决策成功的关键因素。所以双方的信息必须完备，评价方法要科学合理。

（4）双边匹配决策的模型方法应科学合理。由于双边匹配决策具有较强的实践应用性，所以匹配模型方法的设计必须科学，且与实际情况吻合，能通过实际案例的演算验证。

此外，在实际匹配决策中有些会存在第三方中介。中介主要为双方匹配主体提供信息沟通的平台，有利于双边匹配主体给出合理的匹配满意度评价信息，提高匹配效率。在匹配算法编程时，针对不同的匹配类型和匹配目标，也有不同的特征要求，如一对一婚配算法中要求有单向邀约、严格偏好排序和竞争性等要求。

3.2.4　求解双边匹配决策问题的一般算法步骤

现实中存在大量的双边匹配问题，所以首先要搜集这类问题，并对其进行总结和提炼，结合国内外文献中对典型双边匹配问题实例的研究，明确要研究的双边匹配决策问题；然后选取相应的指标体系，得到双方匹配的满意度，构建多目标优化模型，提出相应的决策方法。

本章对基于语言评价型、直觉模糊数信息型和针对多种类型评价信息环境下的多指标双边匹配决策模型进行分析研究。具体包括以下步骤。

步骤1：明确双边匹配决策问题。总结国内外学者研究双边匹配的典型例子，结合现实中的实际情况，明确所要研究的匹配问题、涉及的评价信息的类型及处理方式、是否含有中介等问题。

步骤2：确定双边匹配主体。根据选择研究的决策问题，找出匹配的双方主体。

步骤3：构建双边匹配主体的评价指标体系。针对实际背景，通过阅读文献归纳总结，以及结合双边匹配主体各自的要求期望，构建评价指标体系。双方主体可以选择同一组评价指标体系，如婚姻匹配问题中男方和女方均可以选择年龄、身高、薪资等指标，也可以选择不同的指标评价体系，如人岗匹配问题中应聘者考虑工作岗位的福利待遇、竞争压力等，招聘岗位考虑应聘者的英语水平、计算机能力等。

步骤4：获取双边匹配主体给出的评价信息。可以通过模拟案例、调查问卷、中介机构或者招聘网站登出的招聘条件来获取评价信息。

步骤5：双边匹配决策方法。本书主要对基于语言评价型、直觉模糊数信息型和针对多种类型评价信息环境下的多指标双边匹配决策问题进行研究，其中基于一种类型评价信息的决策问题主要考虑了语言评价信息和直觉模糊数评价信息，并提出了相应的多目标优化模型。基于多种类型评价信息的决策问题主要考虑了0~1判断信息、区间数信息、语言信息和模糊数信息，通过对多种形式评价信息的处理，使用恰当的方法获得匹配主体的总匹配满意度，进一步，通过优化模型的求解得出匹配结果。

3.3 人岗双边匹配决策基本方法

在人岗双边匹配中，岗位和求职者匹配结果的满意度是衡量匹配方案优劣的重要准则，因此，本章在构建人岗双边匹配优化模型时考虑了求职者满意度最大和岗位满意度最大这两个目标。本章基于双边匹配决策的定义与研究方法，将基本双边匹配决策方法应用到基层银行的员工招录过程中，通过对招聘岗位与应聘者双方的指标评价与双边匹配决策，最终得到使双方满意度达到最大化的匹配决策方案。

3.3.1 人岗双边匹配基本问题描述

（1）设在基层银行员工招录工作中，某中心支行有 $A=\{A_1, A_2, A_3, A_4\}$ 4 个岗位空缺，通过网审、笔试等甄选环节，最终决定通过面试，从 8 名优秀的应聘者 $B=\{B_1, B_2, \cdots, B_8\}$ 中录取 4 人，并将这 4 人安置到上述的 4 个不同的岗位之中。

（2）已知这 4 个岗位的决策者对各个岗位均设置 6 项面试评价指标 $C=\{C_1, C_2, \cdots, C_6\}$，分别为：$C_1$ 工作经验，C_2 沟通表达能力，C_3 组织协调能力，C_4 团队合作意识，C_5 应变抗压能力，C_6 责任心。

（3）通过岗位描述书和专家评价，得到决策者对不同岗位在这 6 项指标上给出的权重 $W_{ih}=(w_{11}, w_{12}, \cdots, w_{45}, w_{46})$，如表 3－2 所示。

表 3－2　岗位决策者对各项指标给出的权重

岗位	C_1	C_2	C_3	C_4	C_5	C_6
A_1	0.1	0.2	0.1	0.3	0.1	0.2
A_2	0.1	0.3	0.2	0.2	0.1	0.1
A_3	0.2	0.1	0.3	0.1	0.1	0.2
A_4	0.1	0.3	0.1	0.1	0.3	0.1

（4）通过对员工的访谈和问卷调查，得到 8 名应聘者对岗位的评价指标主要集中于 $E=\{E_1, E_2, E_3, E_4\}$ 这 4 项，分别为：E_1 薪酬待遇，E_2 休息休假，E_3 工作环境，E_4 职业前景，且不同应聘者对这 4 项指标所给出的权重各不相同，具体如表 3－3 所示。

表 3-3　　员工对各项指标给出的权重

应聘者	E_1	E_2	E_3	E_4
B_1	0.6	0.1	0.1	0.2
B_2	0.4	0.2	0.1	0.3
B_3	0.2	0.2	0.2	0.4
B_4	0.4	0.2	0.1	0.3
B_5	0.3	0.3	0.3	0.1
B_6	0.2	0.4	0.3	0.1
B_7	0.5	0.2	0.1	0.2
B_8	0.4	0.3	0.2	0.1

（5）现在要解决的问题是：应用一种决策手段，从 8 名应聘者中淘汰 4 名，将留下的 4 名拟录用员工安置到 4 个用人岗位上，并使各个用人岗位决策者和应聘者的满意度之和达到最大。

3.3.2　满意度评价及满意度矩阵构建

在进行匹配决策之前，首先要对双方进行满意度评价。这里借助"理想点"来表示岗位对某一指标最满意的状态，不同类型信息的指标，其理想点的表达方式各有不同。在人岗匹配中所涉及的指标大致可分为两类。一类为 0~1 判断型指标，另一类为语言评价型指标。0~1 判断型指标的评价结果只能取 0 或 1，当满足指标要求条件时，记为"1"，若不满足指标要求，记为"0"；语言评价指标是指不能直接用量化的数字来表示，而只能用"好""强""很好""一般""差"等语言描述性的文字来表示的指标，这类指标虽不能量化，但在一定的范围内是有定向的趋势和轻重程度变化的，依据相关文献资料，将这类指标转换成三角模糊数进行处理。

指标的理想点可用公式表示为：

$$v_h^* = \begin{cases} [1] & 0\sim1\text{ 判断型指标} \\ [1,\ 1,\ 1] & \text{语言评价型指标} \end{cases} \tag{3.1}$$

应聘者 B_j 在指标 C_h 上得到的评价结果可表示为：

$$v_{jh}=\begin{cases}\bar{v}_{jh} & 0\sim1\text{ 判断型指标}\\ [v_{jh}^{l},\ v_{jh}^{m},\ v_{jh}^{d}] & \text{语言评价型指标}\end{cases} \tag{3.2}$$

而应聘者 B_j 在指标 C_h 上的实际表现与该指标理想点之间的距离可用公式表示为：

$$d(v_{jh},\ v_h^*)=\begin{cases}|\bar{v}_{jh}-1|\\ \sqrt{\frac{1}{3}[(v_{jh}^{l}-1)^2+(v_{jh}^{m}-1)^2+(v_{jh}^{d}-1)^2]}\end{cases} \tag{3.3}$$

在式（3.3）的基础上，可得到应聘者 B_j 与岗位 A_i 的理想员工的加权距离，其计算公式为：

$$D_{ij}=\sum_{h=1}^{6}W_{ih}d(v_{jh},\ v_h^*) \tag{3.4}$$

显然，$\eta_{ij}\in[0,\ 1]$，且 D_{ij}越大，表示应聘者 B_j 与岗位 A_i 的理想银行员工的差距越大，则应聘者对岗位的满意度公式可表示为：

$$\alpha_{ij}=1-D_{ij} \tag{3.5}$$

式（3.5）中，$\alpha_{ij}\in[0,\ 1]$，且 α 越大，岗位决策者对应聘者的满意度越高。

通过上述计算过程，可得到岗位决策者对应聘者的满意度矩阵 $\alpha_{ij}=[\alpha_{11},\ \alpha_{12},\ \cdots,\ \alpha_{47},\ \alpha_{48}]$；同理亦可求出应聘者对岗位的满意度矩阵 $\beta_{ij}=[\beta_{11},\ \beta_{12},\ \cdots,\ \beta_{47},\ \beta_{48}]$。

在该银行招聘实例中的“C_1 工作经验”因其只有“是”或“否”两种评价结果，因此属于0~1判断型指标，而其他各项指标均为语言评价指标。

已知该行由人事部门工作人员、用人部门负责人及外聘专家组成招聘专家小组，对8名应聘者在6项评价指标上的表现进行评价，对于语言评价型信息，这里采用7粒度语言评价集，其评价结果如表3-4所示。而4个不同招聘岗位在评价指标 $E=\{E_1,\ E_2,\ E_3,\ E_4\}$ 上的实际情况，如表3-5所示。

表3-4　应聘者B在各项指标上的评价结果

应聘者	C_1	C_2	C_3	C_4	C_5	C_6
B_1	0	H	AH	VH	VH	AH
B_2	0	VH	VH	H	AH	H

续表

应聘者	C_1	C_2	C_3	C_4	C_5	C_6
B_3	1	AH	AH	VH	VH	VH
B_4	0	VH	AH	VH	VH	VH
B_5	1	VH	H	AH	H	AH
B_6	0	AH	AH	H	VH	VH
B_7	0	AH	VH	VH	AH	AH
B_8	1	VH	VH	H	VH	AH

表 3－5　　　　招聘岗位 A 在各项指标上的实际情况

岗位	E_1	E_2	E_3	E_4
A_1	AH	AH	H	VH
A_2	VH	AH	VH	AH
A_3	H	VH	H	VH
A_4	VH	H	AH	H

依据式（3.5）求出应聘者 B 在指标 C 上的实际表现与该指标理想点之间的距离，如表 3－6 所示；同理求得岗位评价信息到理想点的距离，如表 3－7 所示。

表 3－6　　　　应聘者 B 对岗位 A 的评价信息到理想点的距离

应聘者	C_1	C_2	C_3	C_4	C_5	C_6
B_1	1	0.3600	0.0964	0.2151	0.2151	0.0964
B_2	1	0.2151	0.2151	0.3600	0.0964	0.3600
B_3	0	0.0964	0.0964	0.2151	0.2151	0.2151
B_4	1	0.2151	0.0964	0.2151	0.2151	0.2151
B_5	0	0.2151	0.3600	0.0964	0.3600	0.0964
B_6	1	0.0964	0.0964	0.3600	0.2151	0.2151
B_7	1	0.0964	0.2151	0.2151	0.0964	0.0964
B_8	0	0.2151	0.2151	0.3600	0.2151	0.0964

表3-7　岗位A对应聘者B的评价信息到理想点的距离

岗位	E_1	E_2	E_3	E_4
A_1	0.0964	0.0964	0.3600	0.2151
A_2	0.2151	0.0964	0.2151	0.0964
A_3	0.3600	0.2151	0.3600	0.2151
A_4	0.2151	0.3600	0.0964	0.3600

利用式（3.1）~式（3.6），可得到岗位决策者对应聘者的满意度矩阵以及应聘者对不同用人岗位的满意度矩阵，如表3-8和表3-9所示。

表3-8　岗位A对应聘者B的满意度矩阵

岗位	B_1	B_2	B_3	B_4	B_5	B_6	B_7	B_8
A_1	0.7130	0.6458	0.8420	0.7420	0.8368	0.6985	0.7657	0.7866
A_2	0.6985	0.6748	0.8657	0.7420	0.7985	0.7368	0.7657	0.7892
A_3	0.6728	0.5963	0.8754	0.6872	0.8056	0.6609	0.6754	0.8371
A_4	0.6866	0.7130	0.8538	0.7301	0.7722	0.7394	0.7895	0.8037

表3-9　应聘者B对招聘岗位A的满意度矩阵

岗位	B_1	B_2	B_3	B_4	B_5	B_6	B_7	B_8
A_1	0.8535	0.8416	0.8034	0.8416	0.8126	0.8126	0.8535	0.8390
A_2	0.8204	0.8442	0.8561	0.8442	0.8323	0.8442	0.8232	0.8232
A_3	0.6834	0.7124	0.7269	0.7124	0.6979	0.7124	0.6979	0.6979
A_4	0.7532	0.7243	0.7217	0.7243	0.7625	0.7480	0.7388	0.7506

3.3.3　双边匹配模型的建立与求解

根据人岗双方的满意度矩阵，可建立使双方满意度最大化的多目标规划模型，这里引入变量 x_{ij}，当 $x_{ij}=1$ 时，表示岗位 A_i 与应聘者 B_j 匹配，当 $x_{ij}=0$ 时，

表示岗位 A_i 与应聘者 B_j 不匹配，模型如下：

$$\max Z_1 = \sum_{i=1}^{m}\sum_{j=1}^{n}\alpha_{ij}x_{ij} \tag{3.6a}$$

$$\max Z_2 = \sum_{i=1}^{m}\sum_{j=1}^{n}\beta_{ij}x_{ij} \tag{3.6b}$$

$$\text{s.t.} \quad \sum_{j=1}^{n}x_{ij} = 1, i = 1, 2, \cdots, m \tag{3.6c}$$

$$\sum_{i=1}^{m}x_{ij} \leqslant 1, j = 1, 2, \cdots, n \tag{3.6d}$$

$$x_{ij} = 0 \text{ 或 } 1, i = 1, 2, \cdots, m, j = 1, 2, \cdots, n \tag{3.6e}$$

由于模型中的两个目标函数属于同一量纲，因此可将其线性加权，得到一个新的单目标规划函数，且此时需引入人岗双方在匹配决策中的权重 w_1 和 w_2，且 $0 \leqslant w_1 \leqslant 1$，$0 \leqslant w_2 \leqslant 1$，$w_1 + w_2 = 1$，为公平起见，令双方权重相等，即 $w_1 = w_2 = 0.5$。则模型可转化为：

$$\max Z = \omega_1\sum_{i=1}^{m}\sum_{j=1}^{n}\alpha_{ij}x_{ij} + \omega_2\sum_{i=1}^{m}\sum_{j=1}^{n}\beta_{ij}x_{ij} \tag{3.7a}$$

$$\text{s.t.} \quad \sum_{j=1}^{n}x_{ij} = 1, i = 1, 2, \cdots, m \tag{3.7b}$$

$$\sum_{i=1}^{m}x_{ij} \leqslant 1, j = 1, 2, \cdots, n \tag{3.7c}$$

$$x_{ij} = 0 \text{ 或 } 1, i = 1, 2, \cdots, m, j = 1, 2, \cdots, n \tag{3.7d}$$

对于单目标规划函数，存在多种求解方法，这里利用 LINGO 软件进行求解。将表 3－7 与表 3－8 的数据代入到式（3.7）进行求解，可得到如下求解结果：

$x_{11}=0$，$x_{12}=0$，$x_{13}=0$，$x_{14}=0$，$x_{15}=1$，$x_{16}=0$，$x_{17}=0$，$x_{18}=0$；

$x_{21}=0$，$x_{22}=0$，$x_{23}=1$，$x_{24}=0$，$x_{25}=0$，$x_{26}=0$，$x_{27}=0$，$x_{28}=0$；

$x_{31}=0$，$x_{32}=0$，$x_{33}=0$，$x_{34}=0$，$x_{35}=0$，$x_{36}=0$，$x_{37}=0$，$x_{38}=1$；

$x_{41}=0$，$x_{42}=0$，$x_{43}=0$，$x_{44}=0$，$x_{45}=0$，$x_{46}=0$，$x_{47}=1$，$x_{48}=0$；

可见岗位 A_1 与应聘者 B_5 匹配，岗位 A_2 与应聘者 B_3 匹配，岗位 A_3 与应聘者 B_8 匹配，岗位 A_4 与应聘者 B_7 匹配，而应聘者 B_1、B_2、B_4、B_6 淘汰。

专栏一　人岗双边匹配决策方法 LINGO 源程序

模式：

max = 0.5 × (0.7130 × x11 + 0.6458 × x12 + 0.8420 × x13 + 0.7420 × x14 +

```
0.8368 × x15 + 0.6985 × x16 + 0.7657 × x17 + 0.7866 × x18 + 0.6985 × x21 + 0.6748 ×
x22 + 0.8657 × x23 + 0.7420 × x24 + 0.7985 × x25 + 0.7368 × x26 + 0.7657 × x27 +
0.7892 × x28 + 0.6728 × x31 + 0.5963 × x32 + 0.8754 × x33 + 0.6872 × x34 + 0.8056 ×
x35 + 0.6609 × x36 + 0.6754 × x37 + 0.8371 × x38 + 0.6866 × x41 + 0.7130 × x42 +
0.8538 × x43 + 0.7301 × x44 + 0.7722 × x45 + 0.7394 × x46 + 0.7895 × x47 + 0.8037 ×
x48) + 0.5 × (0.8535 × x11 + 0.8416 × x12 + 0.8034 × x13 + 0.8416 × x14 + 0.8126 ×
x15 + 0.8126 × x16 + 0.8535 × x17 + 0.8390 × x18 + 0.8204 × x21 + 0.8442 × x22 +
0.8561 × x23 + 0.8442 × x24 + 0.8323 × x25 + 0.8442 × x26 + 0.8232 × x27 + 0.8232 ×
x28 + 0.6834 × x31 + 0.7124 × x32 + 0.7269 × x33 + 0.7124 × x34 + 0.6979 × x35 +
0.7124 × x36 + 0.6979 × x37 + 0.6979 × x38 + 0.7532 × x41 + 0.7243 × x42 + 0.7217 ×
x43 + 0.7243 × x44 + 0.7625 × x45 + 0.7480 × x46 + 0.7388 × x47 + 0.7506 × x48);
    x11 + x12 + x13 + x14 + x15 + x16 + x17 + x18 < = 1;
    x21 + x22 + x23 + x24 + x25 + x26 + x27 + x28 < = 1;
    x31 + x32 + x33 + x34 + x35 + x36 + x37 + x38 < = 1;
    x41 + x42 + x43 + x44 + x45 + x46 + x47 + x48 < = 1;
    x11 + x21 + x31 + x41 < = 1;
    x12 + x22 + x32 + x42 < = 1;
    x13 + x23 + x33 + x43 < = 1;
    x14 + x24 + x34 + x44 < = 1;
    x15 + x25 + x35 + x45 < = 1;
    x16 + x26 + x36 + x46 < = 1;
    x17 + x27 + x37 + x47 < = 1;
    x18 + x28 + x38 + x48 < = 1;
    @bin(x11);
    @bin(x12);
    @bin(x13);
    @bin(x14);
    @bin(x15);
    @bin(x16);
```

```
@bin(x17);
@bin(x18);
@bin(x21);
@bin(x22);
@bin(x23);
@bin(x24);
@bin(x25);
@bin(x26);
@bin(x27);
@bin(x28);
@bin(x31);
@bin(x32);
@bin(x33);
@bin(x34);
@bin(x35);
@bin(x36);
@bin(x37);
@bin(x38);
@bin(x41);
@bin(x42);
@bin(x43);
@bin(x44);
@bin(x45);
@bin(x46);
@bin(x47);
@bin(x48);
终止
```

本章节将双边匹配决策方法应用于基层银行员工招聘过程之中，将组织人事管理中的招聘选拔过程和双边匹配决策方法相结合，通过人岗双方的指标评价和匹配决策，得到使双方满意度之和最大的一组匹配结果，其量化的数据，较之传统的招聘过程更具科学和公正性，因而更能保证招聘结果的稳定性和有效性。

3.4　基于熵权法的人岗双边匹配决策方法

本章节对人岗双边匹配决策方法进行了深入的研究，并从基层银行干部管理和人才选拔实际出发，对人岗匹配评价指标进行科学选取，引入熵权法优化评价指标权重，用运筹学相关知识构建多目标规划模型，通过模型求解，得到使人岗双方满意度最大化的决策方案，从而提高基层银行人才利用率，为优化银行人才储备、提高履职效能提供了新思路和新方法。

3.4.1　熵权理论

“熵”源于希腊语，有“转化”之意。在热力学领域用来表示热运动的不可逆，后来被引入到信息论之中，用以度量随机事件的不确定性及所含信息量大小。一般而言，一个系统的有序程度越高，则熵越小，从中能得到的信息量也就越少，相反无序程度越大，则熵越大，而从中得到的信息量也就越多，故而熵的获得意味着信息的丢失。

美国数学家克劳德·E. 香农（Claude E. Shannon，1948）根据熵的性质，用概率来表示信息量的大小，并首次提出了信息熵的概念，设事件 x_i 发生的概率为 $P(x_i)$，则事件 x_i 的熵 $H(x)$ 可表示为：

$$H(x) = -C\sum_{i} P(x_i)\log P(x_i) \tag{3.8}$$

由于与热力学中的熵相比，信息熵被应用得更为普遍和广泛，因而又被称为广义熵。信息熵原理对推动信息论的发展意义重大，后又迅速应用于生态、经济、人文、决策等诸多领域。

众所周知，在进行评价和决策时，往往离不开指标体系，为区别指标的相对重要性，我们通常会对其设置权重或系数。要降低所设权重的主观性，提高决策的精度，就要用到“熵权”这一概念。熵权对于判断评价指标的必要性和相对重要性有着不可替代的实用价值。

假设在一项决策问题中，有 m 个备选方案，涉及 n 个评价指标，而 r_{ij} 表示第 i 个备选方案在第 j 个评价指标上的评价结果，则第 j 个评价指标的熵值为：

$$E_j = -k\sum_{i=1}^{m} f_{ij}\ln f_{ij},\ i = 1, 2, \cdots, m,\ j = 1, 2, \cdots, n \tag{3.9}$$

式（3.9）中，$f_{ij} = \frac{r_{ij}}{\sum_{i=1}^{m} r_{ij}}$，$k = \frac{1}{\ln m}$。则第 j 个评价指标的熵权为：

$$w_j = \frac{1 - E_j}{n - \sum_{j=1}^{n} E_j} \tag{3.10}$$

通过熵权的公式可以看出，熵权反映了各评价指标所提供的信息量的大小。各备选方案在某指标上的评价结果差别越大，则该指标的熵值越小，熵权越大；各备选方案在某指标上的评价结果差别越小，则该指标的熵值越大，熵权越小；各备选方案在某指标上的评价结果相同时，则该指标的熵值为 1，熵权为 0，此时该指标对决策没有价值，应将其删除。

3.4.2 基于熵权法的人岗双边匹配决策方法

1. 问题描述

所谓基层银行人岗匹配决策，就是要对现有待分配岗位员工的能力素质进行综合评价，并通过某种手段得到评价结果，最终将不同能力素质的员工分配到各自适合的岗位之上，从而达到人员整体效用的最大化。用公式语言可进行如下表述。

（1）设 $A = \{A_1, A_2, \cdots, A_m\}$ 表示某分行机构有 m 个空余岗位，A_i 表示岗位，$i = 1, 2, \cdots, m$；$B = \{B_1, B_2, \cdots, B_n\}$ 表示该分支机构有 n 个待分配员工，B_j 表示某员工 j，$j = 1, 2, \cdots, n$。

（2）设 $C = \{C_{j1}, C_{j2}, \cdots, C_{jp}\}$ 表示分行对员工 j 的指标评价集合，C_{jh} 表示员工 j 在指标 h 上所得到的评价结果，$h = 1, 2, \cdots, p$；$E = \{e_{i1}, e_{i2}, \cdots, e_{iq}\}$ 表示岗位 i 在各项指标上的实际情况，e_{ik} 表示岗位 i 在指标 k 上的现实情况，$k = 1, 2, \cdots, q$。

人岗匹配就是利用上述条件，通过一系列的手段和方法，得到一组使员工和分支机构整体效用最大化的匹配方案，且该方案要符合以下要求：

（1）$u(a_i) \in B$ 且 $u(b_j) \in A$，即只能将员工安置到空余岗位集合 B 中，且岗位用人也只能在员工集合 A 中选取。

（2）$u(a_i) = b_j$ 当且仅当 $u(b_j) = a_i$，即只有岗位集合 A 中的岗位 a_i 仅与员工集合 B 中的员工 b_j 匹配，且岗位 b_j 也仅与岗位 a_i 匹配时，a_i 与 b_j 才能形成一组匹配对。

（3）若 $u(a_i) = b_j$，则 $u(a_i) \neq b_l$，其中，$b_j \in B$，$b_l \in B$ 且 $j \neq l$。即若岗位 a_i 与员工 b_j 匹配，则不能再与其他员工 b_l 匹配。

2. 基于熵权法的满意度矩阵构建

（1）设置主观权重。

指标体系构建完成后，为区别各指标对不同岗位的影响程度，通常要对指标赋予权重。为简化流程，可由分支机构人事部门协助熟知各岗位工作内容的专业人员，运用“专家法”对不同岗位所涉及的评价指标给出主观权重 $W_{ih}^{\alpha} = \{w_{i1}^{\alpha}, w_{i2}^{\alpha}, \cdots, w_{ip}^{\alpha}\}$，其中 $i = 1, 2, \cdots, m$，$h = 1, 2, \cdots, p$。

（2）求指标熵值。

利用熵权法优化主观权重，首先要建立评价矩阵，并对其进行归一标准化处理。由人事部门人员协调相关专家对待分配员工在各指标上的表现进行评价打分，已知员工 B_j 在指标 C_h 上得到的评价结果为 c_{jh}，则通过对每一个员工的评价，可得到如下评价矩阵：

$$C_{ij} = \left\{\begin{matrix} c_{11} & c_{12} & \cdots & c_{1n} \\ c_{21} & c_{22} & \cdots & c_{2n} \\ \cdots & \cdots & \cdots & \cdots \\ c_{m1} & c_{m2} & \cdots & c_{mn} \end{matrix}\right\}, \ i = 1, 2, \cdots, m, \ j = 1, 2, \cdots, n \quad (3.11)$$

通过以下数学手段，可对评价结果进行归一化处理，进而得到归一化评价矩阵 $Y = (y_{jh})_{p \times n}$。

$$y_{jh} = \frac{c_{jh} - \min\limits_{h}(c_{jh})}{\max\limits_{h}(c_{jh}) - \min\limits_{h}(c_{jh})}, \ j = 1, 2, \cdots, n, \ h = 1, 2, \cdots, p \quad (3.12)$$

根据熵权法相关理论，在得到归一化矩阵后，利用如下公式便可计算出各评价指标的熵值。

$$E_h = -k\sum_{j=1}^{n} p_{jh}\ln p_{jh},\ j = 1, 2, \cdots, n,\ h = 1, 2, \cdots, p \tag{3.13}$$

式（3.13）中，$p_{jh} = \dfrac{Y_{jh}}{\sum_{j=1}^{n} Y_{jh}}$，$k = \dfrac{1}{\ln(n)}$；如果 $p_{jh} = 0$，则定义 $\lim\limits_{p_{jh}\approx 0} p_{jh}\ln p_{jh} = 0$。

（3）利用熵值优化主观权重。

要优化主观权重，首先要求得各评价指标之间的客观权重，这就需要用到上面所求得的熵值，利用熵值得到各评价指标间的差异系数 G_h：

$$G_h = 1 - E_h,\ h = 1, 2, \cdots, p \tag{3.14}$$

运用如下公式可得到各评价指标的客观权重：

$$w_h^{\beta} = \frac{G_h}{\sum_{h=1}^{p} G_h},\ h = 1, 2, \cdots, p \tag{3.15}$$

由各指标的客观权重得到客观权重集合：

$$W_h^{\beta} = (w_1^{\beta}, w_2^{\beta}, \cdots, w_p^{\beta}),\ h = 1, 2, \cdots, p \tag{3.16}$$

利用客观权重对主观权重进行如下优化：

$$w_{ih} = \frac{w_{ih}^{\alpha} w_h^{\beta}}{\sum_{h=1}^{p} w_{ih}^{\alpha} w_h^{\beta}},\ i = 1, 2, \cdots, n,\ h = 1, 2, \cdots, p \tag{3.17}$$

进而得到优化后的最终权重矩阵：

$$W_{ih} = \begin{Bmatrix} w_{11} & w_{12} & \cdots & w_{1p} \\ w_{21} & w_{22} & \cdots & w_{2p} \\ \cdots & \cdots & \cdots & \cdots \\ w_{i1} & w_{i2} & \cdots & w_{ip} \end{Bmatrix},\ i = 1, 2, \cdots, m,\ h = 1, 2, \cdots, p \tag{3.18}$$

（4）满意度矩阵构建。

通过对权重的优化，使现有评价体系更加客观。而某待分配员工在各指标上的评价结果与指标权重的加权求和，就是该员工在特定岗位上的最终表现，可以将其看作是该岗位对这一员工的满意度，计算公式如下：

$$u_{ij} = w_{ih} \cdot y_{jh},\ i = 1, 2, \cdots, m,\ j = 1, 2, \cdots, n,\ h = 1, 2, \cdots, p \tag{3.19}$$

以此类推，可得到全部空缺岗位对待分配员工的满意度矩阵 $U = (u_{ij})_{m\times n}$。

通过以上分析，可以了解到，双边匹配建立在人岗双方满意度的基础之上，为充分尊重待分配员工的主观意愿，调动员工工作积极性，可通过问卷和谈话等形式，得到待安置员工对岗位的满意度矩阵 $T=(t_{ij})_{m\times n}$。

3. **人岗双边匹配决策模型构建及求解**

（1）决策模型构建。

为使待安置员工与待分配岗位的满意度之和达到最大，可利用运筹学相关知识，建立如下多目标规划模型。

$$\max Z_A = \sum_{i=1}^{m}\sum_{j=1}^{n} u_{ij}x_{ij} \tag{3.20a}$$

$$\max Z_B = \sum_{i=1}^{m}\sum_{j=1}^{n} t_{ij}x_{ij} \tag{3.20b}$$

$$\text{s.t.} \sum_{i=1}^{m} x_{ij} \leqslant 1,\ j=1,2,\cdots,n \tag{3.20c}$$

$$\sum_{j=1}^{n} x_{ij} = 1,\ i=1,2,\cdots,m \tag{3.20d}$$

$$x_{ij}\in\{0,1\},\ i=1,2,\cdots,m,\ j=1,2,\cdots,n \tag{3.20e}$$

式（3.20a）~式（3.20e）中，x_{ij}表示0~1变量，在求解过程中，当 $x_{ij}=1$ 时，待分配岗位 A_i 与待安置员工 B_j 形成匹配对，当 $x_{ij}\neq 1$ 时，待分配岗位 A_i 与待安置员工 B_j 不相匹配；式（3.20a）和式（3.20b）为目标函数，式（3.20c）、式（3.20d）、式（3.20e）均为约束条件，式（3.20a）表示待分配岗位对待安置员工满意度之和的最大值，式（3.20b）表示待安置员工对待分配岗位满意度之和的最大值，式（3.20c）表示每个员工最多被安置到一个岗位上，式（3.20d）表示每个待分配岗位只能安置一名员工，式（3.20e）表示 x_{ij}的取值只能是1或0。

（2）模型求解。

鉴于式（3.20）中的式（3.20a）和式（3.20b）两个目标函数均代表双方的满意度，因此在双方属于同一量纲的基础上，可将目标函数进行线性加权，当双方不属于同一量纲时，可对其进行无量纲化处理后再进行线性加权，进而将多目标规划问题转化成单目标规划，便于计算和求解。

$$\max Z = \omega_A\sum_{i=1}^{m}\sum_{j=1}^{n} u_{ij}x_{ij} + \omega_B\sum_{i=1}^{m}\sum_{j=1}^{n} t_{ij}x_{ij} \tag{3.21a}$$

$$\text{s.t.} \quad \sum_{i=1}^{m} x_{ij} \leqslant 1, \ j = 1, 2, \cdots, n \tag{3.21b}$$

$$\sum_{j=1}^{n} x_{ij} = 1, \ i = 1, 2, \cdots, m \tag{3.21c}$$

$$x_{ij} \in \{0, 1\}, \ i=1, 2, \cdots, m, \ j=1, 2, \cdots, n \tag{3.21d}$$

式（3.21a）~式（3.21d）中，ω_A 和 ω_B 表示岗位和员工双方满意度在匹配中的权重系数。若 ω_A 大于 ω_B，则表示匹配决策时侧重考虑待分配岗位的满意度；若 ω_A 小于 ω_B，则表示匹配决策时侧重考虑待安置员工的满意度。但无论侧重于哪一方，作为权重系数，ω_A 和 ω_B 需满足 $0 \leqslant \omega_A \leqslant 1$，$0 \leqslant \omega_B \leqslant 1$ 且 $\omega_A + \omega_B = 1$。

对于式（3.21），可利用线性规划的方式进行求解，也可利用 MATLAB、LINGO 等相关数学软件进行计算。

3.4.3 实例分析

1. 实例描述

某银行某市分行年终考核有 4 个岗位 $A = \{A_1, A_2, A_3, A_4\}$ 空缺，分别为：办公室副主任（A_1）、会计财务处副处长（A_2）、金融稳定处副处长（A_3）、科技处副处长（A_4），为进一步完善人才队伍建设，提升分行履职能力，加强对干部职工的培养，需要调配提升 4 位干部。经过长期的考察与民主测评，由分行员工竞聘上岗，经过笔试、面试等考核环节，最后确定 6 名候选人 $B = \{B_1, B_2, \cdots, B_6\}$，拟从这 6 位候选人中选拔出 4 人担任上述 4 个职务，在尊重待分配员工主观意愿的前提下，使总体效用达到最大。

2. 数据获取

该银行人事部门工作人员结合机关用人需要和履职现状，在遵循指标选取原则的基础上，通过对以上四个岗位所在部门主要负责人和有经验的干部职工的访问，对相关信息进行整理汇总，最终确定以"工作经验（C_1）""学习创新能力（C_2）""人际沟通能力（C_3）""组织协调能力（C_4）"和"抗压应变能力（C_5）"5 项作为评价指标，并列出了各项指标的主观权重，如表 3－10 所示。

表3-10　　决策者对各项评价指标给出的权重

岗位	C_1	C_2	C_3	C_4	C_5
A_1	0.2	0.1	0.3	0.2	0.2
A_2	0.2	0.3	0.1	0.2	0.2
A_3	0.2	0.2	0.2	0.2	0.2
A_4	0.1	0.3	0.1	0.2	0.3

该分行人事处通过组织行内相关专业人员组成专业评价小组，并结合6位候选人以往的工作业绩和年度考核结果，对各位候选人在各评价指标上的表现进行百分制打分，并得到如表3-11所示的测评结果。

表3-11　　各候选人在不同指标上的百分制测评结果

候选人	C_1	C_2	C_3	C_4	C_5
B_1	80	80	95	90	90
B_2	80	95	90	85	75
B_3	80	60	90	85	80
B_4	80	90	85	85	90
B_5	80	75	85	85	60
B_6	75	95	80	80	95

3. 匹配决策过程

根据上述所得数据，对候选人进行科学评价，合理配置。首先要利用式(3.12)对评价结果进行归一化处理，从而得到如表3-12所示的归一化评价矩阵。再利用式(3.13)得到各指标的熵值，如表3-13所示。

表3-12　　各候选人在不同指标上的归一化结果

候选人	C_1	C_2	C_3	C_4	C_5
B_1	0.17	0.16	0.18	0.18	0.18
B_2	0.17	0.19	0.17	0.17	0.15

续表

候选人	C_1	C_2	C_3	C_4	C_5
B_3	0.17	0.12	0.17	0.17	0.16
B_4	0.17	0.18	0.16	0.17	0.18
B_5	0.17	0.15	0.16	0.17	0.12
B_6	0.16	0.19	0.16	0.16	0.19

表 3－13　　各评价指标的熵值

变量	C_1	C_2	C_3	C_4	C_5
熵值	0.9998	0.9933	0.9992	0.9997	0.9939

根据表 3－4 的熵值结果，利用式（3.14）求出各指标之间的差异系数，如表 3－14 所示。

表 3－14　　各评价指标间的差异系数

变量	C_1	C_2	C_3	C_4	C_5
差异系数	0.0002	0.0067	0.0008	0.0003	0.0061

在差异系数的基础上，可利用式（3.14）和式（3.15）得到各指标的客观权重，如表 3－15 所示。

表 3－15　　各评价指标间的客观权重

变量	C_1	C_2	C_3	C_4	C_5
权重	0.0112	0.4750	0.0595	0.0229	0.4314

结合各指标的主观权重和客观权重，利用式（3.17），即可得到优化后的最终权重矩阵，如表 3－16 所示。

表3-16 各评价指标间的最终权重

岗位	C_1	C_2	C_3	C_4	C_5
A_1	0.0141	0.2998	0.1127	0.0289	0.5445
A_2	0.0093	0.5899	0.0246	0.0190	0.3572
A_3	0.0112	0.4750	0.0595	0.0229	0.4314
A_4	0.0039	0.5025	0.0210	0.0162	0.4564

根据指标评价结果和最终权重，利用式（3.19），可得到4个待分配岗位对候选人的满意度矩阵，如表3-17所示。

表3-17 岗位决策者对候选人的满意度矩阵

岗位	B_1	B_2	B_3	B_4	B_5	B_6
A_1	87.42	83.05	75.28	89.15	68.32	92.59
A_2	84.13	87.40	68.54	89.69	70.12	94.16
A_3	85.44	85.68	71.21	89.48	69.41	93.54
A_4	85.04	85.55	70.24	89.77	68.55	94.36

为充分尊重各候选人的主观意愿，体现人本管理思想，该分行请6位候选人分别对各岗位进行了百分制的满意度打分，整理后得到如表3-18所示的满意度矩阵。

表3-18 各候选人对岗位的满意度矩阵

岗位	B_1	B_2	B_3	B_4	B_5	B_6
A_1	97	97	95	98	99	99
A_2	96	95	95	98	96	98
A_3	94	99	95	98	96	98
A_4	95	98	95	95	98	97

4. 决策方案

将双方的满意度值代入到式（3.20）中，由于待分配岗位与候选人的满意度都以百分制度量，属同一量纲，因此可运用式（3.21）对其进行线性加权，为简化计算，利用 LINGO11 软件求解该线性规划模型，得到的最优解如下。

$x_{11}=1$，$x_{12}=0$，$x_{13}=0$，$x_{14}=0$，$x_{15}=0$，$x_{16}=0$；

$x_{21}=0$，$x_{22}=0$，$x_{23}=0$，$x_{24}=1$，$x_{25}=0$，$x_{26}=0$；

$x_{31}=0$，$x_{32}=1$，$x_{33}=0$，$x_{34}=0$，$x_{35}=0$，$x_{36}=0$；

$x_{41}=0$，$x_{42}=0$，$x_{43}=0$，$x_{44}=0$，$x_{45}=0$，$x_{46}=1$。

由上述最优解可知，待分配岗位与候选人相匹配，最优解匹配结果如表 3－19 所示。

表 3－19　　人岗双边匹配决策方案

	匹配对	被淘汰候选人
决策状态	(A_1, B_1)、(A_2, B_4)、(A_3, B_2)、(A_4, B_6)	B_3、B_5

从表 3－16 可知，最终匹配结果为：办公室副主任一职由候选人 B_1 担任；会计财务处副处长一职由候选人 B_4 担任；金融稳定处副处长一职由候选人 B_2 担任；科技处副处长一职由候选人 B_6 担任。而候选人 B_3、B_5，由于与各待分配岗位的用人需求尚存在差距，在此次决策中被淘汰。

传统干部选拔和任免工作主观性强，缺少定量的数据分析，利用运筹学相关理论，将熵权法引入多属性多目标规划模型之中，在提高现有干部选拔任免工作客观性基础上，促进了基层银行的人才管理和规划，为基层银行干部选拔任免、优化银行人才队伍、提高履职效能提供了新思路和新方法。

专栏二　人岗双边匹配决策方法 LINGO 源程序

模式：

```
sets:
A/A1..A4/;
B/B1..B6/;
link(A,B):p,x;
endsets
data:
```

```
p =92.2100   90.0250   85.1400   93.5750   83.6600   95.7950
   90.0650   91.2000   81.7700   93.8450   83.0600   96.0800
   89.7200   92.3400   83.1050   93.7400   82.7050   95.7700
   90.0200   91.7750   82.6200   92.3850   83.2750   95.6800;
enddata
max = @ prod{A(i):@ sum[B(j):p(i,j) * x(i,j)]};
@ for{B(j):@ sum[link(i,j):x(i,j)] < =1};
@ for{A(i):@ sum[link(i,j):x(i,j)] < =1};
@ for(link:@ bin(x));
终止
```

本章主要考虑了在人岗双边匹配决策过程中，人岗双边匹配主体仅给出0~1判断型评价信息和语言型评价信息的情况下的基本决策方法。首先，基于0~1变量与语言变量，给出了一种多目标双边匹配决策的基本方法，针对评价信息的特点，构建了多目标优化模型，并针对所建立模型的特点给出了模型转化和求解方法；其次，利用运筹学相关理论，将熵权法引入多属性多目标规划模型之中，给出了另一种基于熵权理论的多目标双边匹配决策方法，构建了多目标优化模型，根据模型的自身特点将模型进行转化和求解。

第4章　基于语言评价信息的人岗双边匹配决策方法

在双边匹配决策问题中，不同的决策环境会有不同形式的评价信息。基于语言评价信息的双边匹配决策问题，是双边匹配决策研究中的一类重要问题。它是一类具有广泛应用背景的决策问题。该类双边匹配决策问题中，匹配主体针对匹配满意度评价指标给出语言评价信息是较为常见的。在本章的研究中，对基于语言评价信息的双边匹配决策问题进行描述，重新定义了满意度，并分别给出了基于三角模糊数和基于直觉模糊数的两种多目标双边匹配决策分析方法。本章的研究针对多目标双边匹配过程中具有语言评价信息的情况，提炼和设计的研究问题具有很强的代表性。同时，提出的研究方法具有很好的普适性和拓展的应用性。

4.1　基于语言评价信息的双边匹配决策问题描述

4.1.1　问题描述

在许多实际的综合评价过程中，由于判断事物的模糊性和不确定性，决策者对事物进行判断时最容易给出语言形式的评价信息。关于具有语言形式评价信息的决策理论与方法的研究也得到了学者们的关注。双边匹配决策的过程中，由于双边匹配的决策目标可能是不同匹配主体的匹配满意度最高。此时，所涉及的效率矩阵中的元素就很难用精确的数值来描述，而用语言评价信息则更为方便、合适。

在群决策过程中，参与决策的专家针对要解决的问题或是备选方案，都要给出自己的决策信息或称为偏好信息，以这些偏好信息来对辅助决策或是进行方案排序选优。目前，有关数值形式的偏好信息的研究已取得丰富的成果，但是，由于决策者受到知识结构、个人偏好和工作背景等主观因素的影响，以及事物本身的模糊性、不确定性和复杂性的影响，在实际的决策问题中，通常表现为决策信息的模糊性和不确定性。不同的匹配主体依据相应的匹配满意度评价指标集给出各指标下的语言评价信息，即不同的匹配主体更方便给出语言短语即语言变量表达他们的偏好，例如，“非常好”“好”“中等”“差”“非常差”“满意”“不满意”等形式，这就是语言评价型信息。

在具有语言评价信息的双边匹配决策方法中，大致可分为两类：一类是设计语言算子的符号转移方法，另一类是将语言评价信息转化为模糊数，并依据扩展原理，进行模糊数的运算与分析。本章针对具有语言评价信息的双边匹配决策问题，给出了基于三角模糊数和基于直觉模糊数的模糊多属性群决策方法：（1）基于三角模糊数和扩展原理的近似计算方法。考虑将多指标语言评价信息转化为三角模糊数，依据三角模糊数的扩展原理进行模糊数的运算与分析，并定义了新的满意度，构建了目标函数中具有三角模糊数的多目标优化模型，给出了求解方法。（2）基于直觉模糊数信息型的多指标双边匹配决策方法。该模型的特点是将直觉模糊集矩阵转化为满意度矩阵，改进了满意度的计算方法，然后运用离差最大化的方法建立了匹配意愿矩阵，并构建了多目标优化模型，根据直觉模糊集的自身特点将模型进行转化和求解。采用这样的信息处理方式能够直观地表达决策者的评价信息，并有效避免语言评价信息集结和运算中出现的信息损失和扭曲。

在决策过程中，决策者有时可能对某些方案的评价把握不清楚，不能用确切的数值给出自己的主观评价。为了揭示模糊性这一事物客观存在的属性规律，1965 年美国学者拉特飞・A. 扎德（Lotfi A. Zadeh）首次提出的模糊集理论非常适合用来处理决策过程中语言变量的模糊性，从而使人们对于模糊现象的描述变得可能。1975 年，扎德又提出了语言变量的概念，通过语言变量来表示定性的语言值，这种近似技术能够给专家更好的表示形式。在实际的群决策过程中，决策者在进行事物的判断时给出自然语言形式的偏好信息是最方便的。

语言方法是把决策问题中涉及的评估变量看成是语言短语，而不是数字值，这个方法适用于很多问题，因为它允许用更直接更有效的形式表达那些不能准确表达的个人信息。语言变量与数值变量不同：语言变量值不是数值，而是自然语言、人工语言的词语或是句子。一般来说，因为文字没有数值那么精确，所以语言变量的概念用于提供一种表征方法，以表示那些不太复杂或定义不太完善的现象，而不适于用通常的量化术语加以描述的现象。

本章所针对的双边匹配决策问题，虽不是纯语言多属性双边匹配决策问题，但考虑了决策者在各属性下决策者权重和意见的一致性程度。下面给出这种形式的偏好信息的简单描述。

假定不同的匹配主体是从一个预先定义好的语言评价集 S 中选择一个元素作为其偏好评价。这里，S 是由奇数个元素构成的有序集合，$S=\{s_0, s_1, \cdots, s_T\}$，其中 $s_i \in S$ 是第 i 个语言短语，$i=\{1, 2, \cdots, T\}$，T+1 称为 S 的粒度（S 中的元素个数），记为 $\tau(S)$，$\tau(S)=T+1$。同时要求 S 还具有以下性质：

（1）有序性：当 $i<j$ 时，有 $s_i<s_j$ 或 $s_i>s_j$（即表示 s_i 劣于 s_j 或 s_i 优于 s_j）；

（2）存在一个逆运算“neg”：$neg(s_i)=s_j$，$j=T-i$，这里，T+1 表示集合 S 中的元素个数；

（3）极大化运算：当 $s_i \geq s_j$ 时，有 $\max\{s_i, s_j\}=s_i$；

（4）极小化运算：当 $s_i \leq s_j$ 时，有 $\min\{s_i, s_j\}=s_j$。

本章研究中考虑了多粒度语言评价信息，提出了两种基于语言评价信息的多目标人岗双边匹配决策方法。

4.1.2 符号定义与说明

为了方便分析，对本书所使用的基本符号进行如下定义与说明。

A_i：匹配主体 A 中第 i 个个体，$i=1, 2, \cdots, m$；

B_j：匹配主体 B 中第 j 个个体，$j=1, 2, \cdots, n$；

E_b：匹配主体 A 对匹配主体 B 的第 b 个指标，$b=1, 2, \cdots, t$；

C_h：匹配主体 B 对匹配主体 A 的第 h 个指标，$h=1, 2, \cdots, f$；

e_{bi}：对匹配主体 A_i 对匹配主体 B_j 在指标 E_b 下的期望值；

r_{bj}：对匹配主体 B_j 在指标 E_b 下的实际值；

e'_{hj}：对匹配主体 B_j 对对匹配主体 A_i 在指标 C_h 下的期望值；

r'_{hi}：对匹配主体 A_i 在指标 C_h 下的实际值；

w'_b：E_b 指标的权重；

w''_h：C_h 指标的权重；

α_{ij}：匹配主体 A_i 对匹配主体 B_j 的满意度；

β_{ij}：匹配主体 B_j 对匹配主体 A_i 的满意度；

p_i：最多能与匹配主体 A_i 匹配的 B 边匹配主体的个数；

q_j：最多能与匹配主体 B_j 匹配的 A 边匹配主体的个数；

x_{ij}：决策变量，$x_{ij} \in \{0, 1\}$。

4.2　基于三角模糊数的双边匹配决策方法

本章节针对语言评价信息中的双边匹配决策问题，提出一种人岗双边匹配决策方法。首先将语言评价信息转化为三角模糊数；然后基于去模糊化处理方法将三角模糊数转化为匹配满意度，在此基础上，以最大化人岗双方主体的匹配满意度为目标，构建目标函数中具有三角模糊数的多目标模糊双边匹配决策优化模型，求解模型，获得双边匹配结果。

4.2.1　问题的描述

双边匹配决策过程必然有两方主体参与，设两方主体分别为甲方主体和乙方主体，甲方主体为 $A = \{A_1, A_2, \cdots, A_m\}$，表示招聘岗位集合，$A_i$ 是 A 中第 i 个个体（$i = 1, 2, \cdots, m$）；乙方主体为 $B = \{B_1, B_2, \cdots, B_n\}$，表示求职者集合，$B_j$ 是 B 中第 j 个个体（$j = 1, 2, \cdots, n$）。甲乙双方主体都会根据自身需要对对方提出不同的满意度评价指标集，分别为 $E = \{E_1, E_2, \cdots, E_t\}$ 和 $C = \{C_1, C_2, \cdots, C_f\}$，其中 E_c 表示第 c 个评价指标（$c = 1, 2, \cdots, t$），C_h 表示第 h 个评价指标（$h = 1, 2, \cdots, f$），对应于指标集 E 和 B 的评价指标权重向量分别为 $w' = \{w'_1, w'_2, \cdots, w'_t\}$ 和 $\omega'' = \{\omega''_1, \omega''_2, \cdots, w''_f\}$，且有 $0 \leqslant w'_c \leqslant 1$，$0 \leqslant w''_h \leqslant 1$，$\sum_{c=1}^{t} w'_c = 1$，$\sum_{h=1}^{f} w''_h = 1$。记甲乙双方主体相互的评价矩阵分别为 $\bar{P}_{cij} =$

$[\bar{p}_{cij}]_{n\times m}$和$\bar{C}_{hij}=[\bar{c}_{hij}]_{n\times m}$。设 A_i 对 B_j 的匹配满意度为 α_{ij}，B_j 对 A_i 的匹配满意度为 β_{ij}。A_i 对 B_j 在指标 E_c 下的匹配满意度为 α_{cij}，B_j 对 A_i 在指标 C_h 下的匹配满意度为 β_{hij}。

假定指标权重向量 w_c'和 w_h''可以用熵值法计算得到，且求职者和招聘岗位双方选取语言评价指标对对方进行评价，评价值分别设为 $\bar{p}_{cij}$和 $\bar{c}_{hij}$。不同粒度的语言信息得到的三角模糊数就会不相同，为了方便计算，这里考虑 S 是一个 7 粒度的语言评价集，即 $S^7=\{s_0, s_1, s_2, s_3, s_4, s_5, s_6\}$。

这里考虑解决的问题是：首先根据主体 A_i 和 B_j 相互之间的满意程度确定匹配满意度，构造一个甲方主体 A 和乙双方主体 B 方之间的匹配意愿矩阵；然后依据匹配意愿矩阵，通过有效的双边匹配决策，获得“最优”双边匹配结果。

4.2.2 匹配主体满意度构建

1. 基于理想点的匹配主体满意度

在第 2 章中已经计算出 7 粒度语言评价集对应的三角模糊数结果，如表 2－2 所示。因此，根据式（2.13），可以将招聘岗位主体 A 对求职者主体 B 的评价矩阵 $\bar{P}_{cij}=[\bar{p}_{cij}]_{m\times n}$和求职者主体 B 对招聘岗位主体 A 的评价矩阵 $\bar{C}_{hij}=[\bar{c}_{hij}]_{m\times n}$转化为量化的便于计算的三角模糊数形式的评价矩阵 $\tilde{P}_{cij}=[\tilde{p}_{cij}]_{m\times n}$ 和 $\tilde{C}_{hij}=[\tilde{c}_{hij}]_{m\times n}$。

这里考虑使用理想点来表示招聘岗位主体 A 对求职者主体 B 的最理想匹配满意度信息，设理想点为 $v^+=(v_1^+, v_2^+, \cdots, v_t^+)$，则招聘岗位 A 对求职者 B 的语言评价信息 v^+定义为 $v^+=[1, 1, 1]$。

定义 v_{hij}为招聘岗位 A_i 给出的在指标 C_h 下对于求职者 B_j 的匹配满意度评价信息，则评价信息 v_{hij}与正理想点 v^+的距离 $d(v_{hij}, v_h^+)$ 的计算公式为：

$$d(v_{hij}, v_h^+)=\sqrt{\frac{1}{3}[(v_{hij}^l-1)^2+(v_{hij}^m-1)^2+(v_{hij}^u-1)^2]} \tag{4.1}$$

计算在各指标 C 下招聘岗位 A 对求职者 B 的评价信息与正理想点的距离，得到矩阵 $D=(D_{ij})_{m\times n}$，其中 D_{ij}的计算公式为：

$$D_{ij}=\sum_{h=1}^{f}[w_h'd(v_{hij}, v^+)] \tag{4.2}$$

定义岗位对求职者的匹配满意度用 α_{ij} 表示：

$$\alpha_{ij}=1-D_{ij},\ i=1,\ 2,\ \cdots,\ m,\ j=1,\ 2,\ \cdots,\ n \tag{4.3}$$

其中，$\alpha_{ij}\in[0,\ 1]$，当 D_{ij} 等于0时，岗位对求职者的匹配满意度评价信息最符合岗位要求的理想信息，岗位对求职者的匹配满意度最高，此时 α_{ij} 等于1；当 D_{ij} 等于1时，岗位对求职者的评价信息距离理想点最远，即对求职者的评价不符合公司岗位的期望，岗位对求职者的满意度最低，相应的 α_{ij} 等于0。α_{ij} 和 D_{ij} 在 [0，1] 区间内的连续递减函数，即随着距理想点距离的增大，匹配满意度逐渐降低，如图4-1所示。

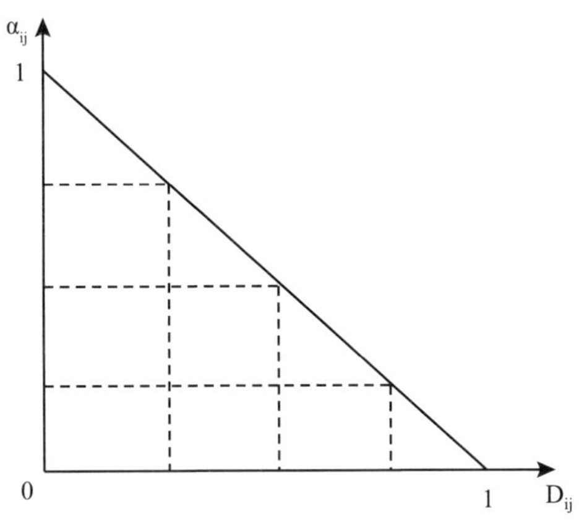

图4-1 满意度描述

同理，考虑使用理想点来表示一方匹配主体求职者B对另一方匹配主体岗位A的最理想匹配满意度信息，定义理想点为 $g^+=[1,\ 1,\ 1]$，表示B对A的最理想匹配满意度信息，相应的 $d(g_{cij},\ g_c^+)$ 的计算公式为：

$$d(g_{cij},\ g_c^+)=\sqrt{\frac{1}{3}[(g_{cij}^l-1)^2+(g_{cij}^m-1)^2+(g_{cij}^u-1)^2]} \tag{4.4}$$

计算在各语言评价指标下求职者对岗位的评价信息与正理想点的距离，得到矩阵 $\bar{D}=(\bar{D}_{ij})_{m\times n}$，其中 $\bar{D}_{ij}$ 的计算公式为：

$$\bar{D}_{ij}=\sum_{c=1}^{t}[w_c''d(g_{cij},\ g^+)] \tag{4.5}$$

定义求职者对岗位的满意度用 β_{ij} 表示，则：

$$\beta_{ij} = 1 - \overline{D}_{ij}, \ i = 1, 2, \cdots, m, \ j = 1, 2, \cdots, n \tag{4.6}$$

其中，$\beta_{ij} \in [0, 1]$，当 $\overline{D}_{ij}$ 等于 0 时，岗位对求职者的匹配满意度评价信息最符合岗位要求的理想信息，岗位对求职者的匹配满意度最高，此时 β_{ij} 等于 1；当 $\overline{D}_{ij}$ 等于 1 时，岗位对求职者的评价信息距离理想点最远，即对求职者的评价不符合公司岗位的期望，岗位对求职者的满意度最低，相应的 β_{ij} 等于 0。β_{ij} 和 $\overline{D}_{ij}$ 在 [0, 1] 区间内的连续递减函数，即随着距理想点距离的增大，匹配满意度逐渐降低。

2. 基于期望水平的匹配主体满意度

上一章节给出了用理想点来表示招聘岗位主体 A 对求职者主体 B 的最理想匹配满意度信息，本节应用期望水平计算招聘岗位主体 A 对求职者主体 B 的最理想匹配满意度信息的人岗双边匹配决策方法。

设在招聘岗位 A 对求职者 B 在评价指标 E 下的期望水平矩阵为 $\overline{P}'_{cij} = [\overline{p}'_{cij}]_{n \times m}$，招聘求职者 B 对招聘岗位 A 在评价指标 C 下的期望水平矩阵为 $\overline{C}'_{hij} = [\overline{c}'_{hij}]_{n \times m}$，根据第 2 章表 2-2 和式 (2.13)，期望评价矩阵 $\overline{P}'_{cij} = [\overline{p}'_{cij}]_{m \times n}$ 和 $\overline{C}'_{hij} = [\overline{c}'_{hij}]_{m \times n}$ 转化为三角模糊数形式的期望水平评价矩阵 $\tilde{P}'_{cij} = [\tilde{p}'_{cij}]_{m \times n}$ 和 $\tilde{C}'_{hij} = [\tilde{c}'_{hij}]_{m \times n}$。

用期望水平与现实水平之间的差距来表示满意度，差距越大，说明理想与现实之间距离越大，满意度也就会越小；反之差距越小，现实与理想越接近，满意度将越大。设岗位主体 A_i 在指标 E_c 下对求职者 B_j 的期望值用 $\tilde{p}'_{cij}$ 表示，求职者主体 B_j 在指标 E_c 下的实际指标值用 $\tilde{p}_{cij}$ 来表示，$\tilde{p}'_{cij}$ 和 $\tilde{p}_{cij}$ 之间存在五种位置关系，如图 4-2 所示。

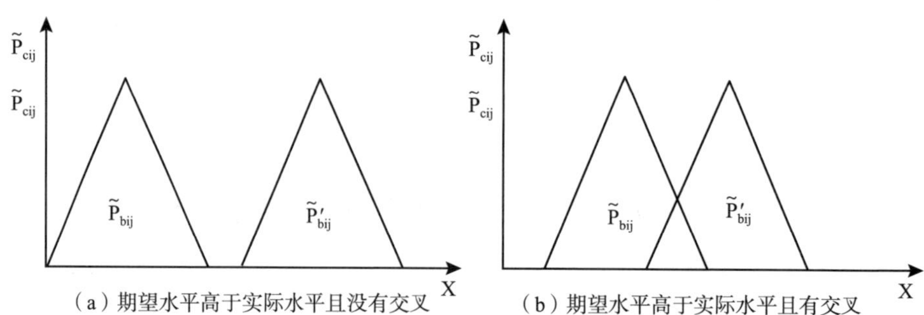

(a) 期望水平高于实际水平且没有交叉　(b) 期望水平高于实际水平且有交叉

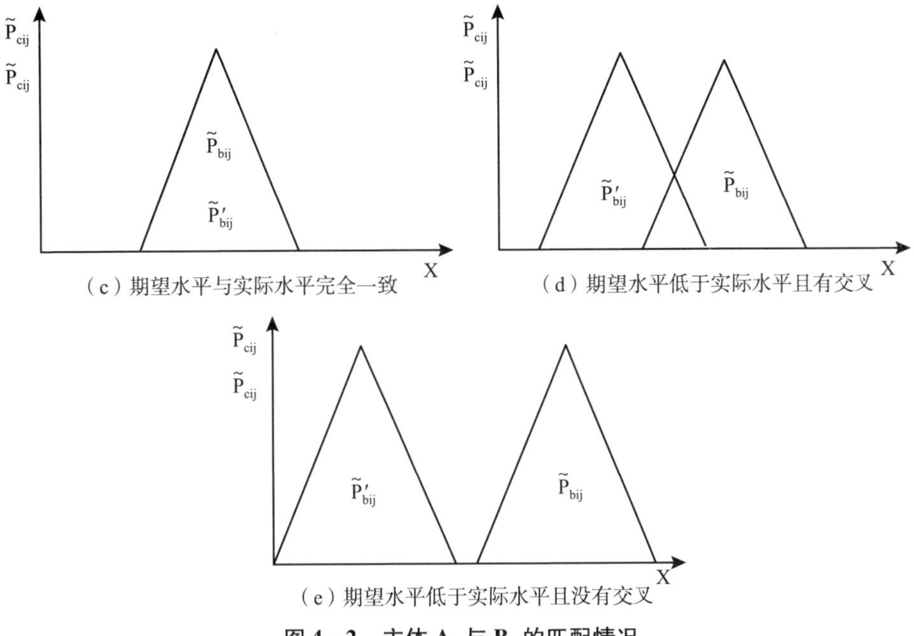

（c）期望水平与实际水平完全一致

（d）期望水平低于实际水平且有交叉

（e）期望水平低于实际水平且没有交叉

图4-2 主体 A_i 与 B_j 的匹配情况

图4-2中，（a）表示 $\tilde{p}'_{cij}$完全大于 $\tilde{p}_{cij}$；（b）表示 $\tilde{p}'_{cij}$大于 $\tilde{p}_{cij}$，且二者有交叉；（c）表示 $\tilde{p}'_{cij}$与 $\tilde{p}_{cij}$完全重合；（d）表示 $\tilde{p}'_{cij}$小于 $\tilde{p}_{cij}$，且二者有交叉；（e）表示 $\tilde{p}'_{cij}$完全小于 $\tilde{p}_{cij}$。

因此，主体 A_i 在指标 I_b 下的满意度可以根据上述五种期望值 $\tilde{p}'_{cij}$与实际值 $\tilde{p}_{cij}$的位置差距的情况进行计算得到，表示为：

$$\alpha_{cij}=\begin{cases}0, & (a)\\ \dfrac{\max\tilde{p}_{cij}-\min\tilde{p}'_{cij}}{\max\tilde{p}'_{cij}-\min\tilde{p}'_{cij}}, & (b)\\ 1, & (c),\ i=1,2,\cdots,m,\ j=1,2,\cdots,n,\ c=1,2,\cdots,t\\ \dfrac{\max\tilde{p}'_{cij}-\min\tilde{p}_{cij}}{\max\tilde{p}_{cij}-\min\tilde{p}_{cij}}, & (d)\\ 0, & (e)\end{cases} \tag{4.7}$$

同理，主体 B_j 在指标 C_h 下的满意度也可由以上五种情况分析得到，类似主体 A_i 在指标 I_c 下满意度计算公式的形式，表示为：

$$\beta_{hij}=\begin{cases}0, & (a)\\ \dfrac{\max\tilde{c}_{hij}-\min\tilde{c}'_{hij}}{\max\tilde{c}'_{hij}-\min\tilde{c}'_{hij}}, & (b)\\ 1, & (c),\ i=1,2,\cdots,m,\ j=1,2,\cdots,n,\ h=1,2,\cdots,f\\ \dfrac{\max\tilde{c}'_{hij}-\min\tilde{c}_{hij}}{\max\tilde{c}_{hij}-\min\tilde{c}_{hij}}, & (d)\\ 0, & (e)\end{cases} \tag{4.8}$$

此时，$0\leqslant\alpha_{bij}\leqslant1$，$0\leqslant\beta_{hij}\leqslant1$。

指标的权重由熵值法得到，也体现了各个指标的重要程度，依据简单的算数加权法得到满意度 α_{ij} 和 β_{ij} 分别为：

$$\alpha_{ij}=\sum_{c=1}^{t}w'_c\alpha_{cij},\ i=1,2,\cdots,m,\ j=1,2,\cdots,n \tag{4.9}$$

$$\beta_{ij}=\sum_{h=1}^{f}w''_h\beta_{hij},\ i=1,2,\cdots,m,\ j=1,2,\cdots,n \tag{4.10}$$

式（4.9）和式（4.10）中，$0\leqslant\alpha_{ij}\leqslant1$，$0\leqslant\beta_{ij}\leqslant1$。

4.2.3 匹配模型构建

根据以上匹配主体岗位 A 对匹配主体求职者 B 的匹配满意度，以及匹配主体求职者 B 对匹配主体岗位 A 的匹配满意度的分析，可以建立一个使双方匹配主体各自评价的匹配满意度最大的决策模型，尽量满足匹配主体岗位 A 和匹配主体求职者 B 的需求或要求。引入 0 ~ 1 变量 x_{ij}，其中，$x_{ij}=1$ 表示求职者 B_j 与岗位 A_i 匹配，而 $x_{ij}=0$ 表示求职者 B_j 与岗位 A_i 不匹配。为了解决匹配主体岗位 A 与匹配主体求职者 B 的双边匹配问题，可建立如下的优化模型：

$$\max Z_1=\sum_{i=1}^{m}\sum_{j=1}^{n}\alpha_{ij}x_{ij} \tag{4.11a}$$

$$\max Z_2=\sum_{i=1}^{m}\sum_{j=1}^{n}\beta_{ij}x_{ij} \tag{4.11b}$$

$$\text{s.t.}\quad \sum_{j=1}^{n}x_{ij}=1,\ i=1,2,\cdots,m \tag{4.11c}$$

$$\sum_{i=1}^{m}x_{ij}\leqslant p_j,\ j=1,2,\cdots,n \tag{4.11d}$$

$$x_{ij} \in \{0, 1\}, \ i=1, 2, \cdots, m, \ j=1, 2, \cdots, n \tag{4.11e}$$

式（4.11）中，式（4.11a）和式（4.11b）是目标函数，其中式（4.11a）的含义是使甲方匹配主体 A 对在所有评价指标下的满意度尽可能大；式（4.11b）的含义是使乙方匹配主体 B 对在自己设定的评价指标下满意度也尽可能大；在约束条件中，式（4.11c）的含义是匹配主体 A_i 只能与一个匹配主体 B 边匹配；p_j 为设定的匹配对象个数，式（4.11d）是指匹配主体 B_j 至多与 A 边中 p_j 个主体进行匹配。

为求解式（4.11），可以通过简单加权将式（4.11）转化为便于计算的单目标优化模型：

$$\max Z = \omega_1 \sum_{i=1}^{m} \sum_{j=1}^{n} \alpha_{ij} x_{ij} + \omega_2 \sum_{i=1}^{m} \sum_{j=1}^{n} \beta_{ij} x_{ij} \tag{4.12a}$$

$$\text{s.t.} \quad \sum_{j=1}^{n} x_{ij} = 1, \ i=1, 2, \cdots, m \tag{4.12b}$$

$$\sum_{i=1}^{m} x_{ij} \leqslant p_j, \ j=1, 2, \cdots, n \tag{4.12c}$$

$$x_{ij} \in \{0, 1\}, \ i=1, 2, \cdots, m, \ j=1, 2, \cdots, n \tag{4.12d}$$

式（4.12a）中，ω_1 和 ω_2 分别表示目标 Z_1 和 Z_2 的权重，$0 \geqslant \omega_1$，$\omega_2 \leqslant 1$，$\omega_1 + \omega_2 = 1$，权重反映了目标 Z 在实际决策中的重要程度，它由中介给出，通常考虑甲乙双方主体的公平性，有 ω_1 和 ω_2 相等。

显然，式（4.12）可转化为标准的指派问题模型后再进行求解，这样可使用匈牙利法进行求解。当式（4.12）中的变量和约束条件个数较多时，可采用 LINGO、Cplex、WinQSB 等软件，或采用启发式方法或智能优化算法，如遗传算法、禁忌搜索算法等。根据模型求解结果，可获得双边匹配方案。

4.3　基于直觉模糊数和匹配意愿的双边匹配决策方法

现有解决各种偏好信息下的（多属性）双边匹配问题给出了多种方法。然而，一方面，考虑现实双边匹配问题的复杂性和模糊性、双方主体认知的局限性等因素的影响，双方主体给出的可能是直觉模糊偏好信息，因此学者们提出了基于直觉模糊数信息的双边匹配决策方法，将直觉模糊集矩阵转化为满意度矩阵构建多目标优化模型。目前直觉模糊集理论已应用于双边匹配决策领域，但在双边匹配决策领域中的应用比较少见；另一方面，已有研究较少基于匹配意愿的视角进行研究。本节研究了基于直觉模糊集和匹配意愿的双边匹配问题。描述了基于直觉模糊集和匹配意愿的双边匹配问题。为求解该问题，将直觉模糊集矩阵转化为两种分值矩阵；基于分值矩阵和匹配矩阵，以一对一双边匹配为约束，建立了考虑分值的人岗双边匹配模型；依据分值矩阵，计算匹配意愿矩阵；依据匹配意愿矩阵，将考虑分值的双边匹配模型转化为考虑分值和匹配意愿的双边匹配模型；通过求解该模型获得“最优”双边匹配。

4.3.1 决策问题的描述

现实环境复杂多样，人们往往不能对某一个指标做出量化的评价。例如，针对企业的发展理念，只能做出“认可”“不认可”“不知道”三种情况的信息评价，这就是根据自己的认知水平给出的评价信息，称为直觉模糊数信息。本节给出了一种基于直觉模糊数信息的多指标人岗双边匹配决策方法，并考虑了双方主体的匹配意愿，使匹配结果更具合理性。

在基于直觉模糊数和匹配意愿的人岗双边匹配问题中，设两方主体分别为甲方主体和乙方主体，甲方主体：$A=\{A_1, A_2, \cdots, A_m\}$，$A_i$ 是第 i 个主体（$i=1, 2, \cdots, m$）；乙方主体：$B=\{B_1, B_2, \cdots, B_n\}$，$B_j$ 是第 j 个主体（$j=1, 2, \cdots, n$）。设 A 方对 B 方的匹配满意度评价指标集为 $C=\{C_1, C_2, \cdots, C_f\}$，$C_h$ 表示第 h 个评价指标（$h=1, 2, \cdots, f$），权重向量表示为 $w''=\{w''_1, w''_2, \cdots, w''_f\}$，且有 $0\leqslant w_h\leqslant 1$，$\sum_{h=1}^{f} w''_h=1$。设 B 方对 A 方的匹配满意度评价指标集为 $I=\{I_1, I_2, \cdots, I_t\}$，$I_k$ 表示第 k 个评价指标（$k=1, 2, \cdots, t$），权重向量表示为 $w'=\{w'_1, w'_2, \cdots, w'_t\}$，且有 $0\leqslant w'_k\leqslant 1$，$\sum_{k=1}^{t} w'_k=1$。在基于直觉模糊集的双边匹配问题中，假设匹配主体 A 方到匹配主体 B 方和匹配主体 B 方到匹配主体 A 方的直觉模糊集矩阵分别为 $\tilde{A}=[\tilde{a}_{ij}]_{m\times n}$ 和 $\tilde{B}=[\tilde{b}_{ij}]_{m\times n}$，具体表示为 $\tilde{a}_{ij}=\langle\mu_{aij}, \gamma_{aij}\rangle$ 和 $\tilde{b}_{ij}=\langle\mu_{bij}, \gamma_{bij}\rangle$，$\mu_{aij}$ 和 μ_{bij} 表示满意程度，γ_{aij} 和 γ_{bij} 表示不满意程度。

本节考虑解决的问题如下：首先根据主体 A_i 和 B_j 相互之间的满意程度确定匹配意愿系数，构造一个 A 方和 B 方之间的匹配意愿矩阵；然后依据直觉模糊

集矩阵 $\tilde{A}=[\tilde{a}_{ij}]_{m\times n}$ 和 $\tilde{B}=[\tilde{b}_{ij}]_{m\times n}$ 及匹配意愿矩阵，通过有效的双边匹配决策，获得“最优”双边匹配结果。

4.3.2　双边匹配决策方法Ⅰ

依据分值函数（陈锡明和谭建民，1994），可将直觉模糊集矩阵 $\tilde{A}=[\tilde{a}_{ij}]_{n\times m}$ 和 $\tilde{B}=[\tilde{b}_{ij}]_{n\times m}$ 转化为分值矩阵 $A^{st}=[a_{ij}^{st}]_{m\times n}$ 和 $B^{st}=[b_{ij}^{st}]_{m\times n}$，其中：

$$a_{ij}^{st}=\mu_{aij}-\gamma_{aij} \tag{4.13}$$

$$b_{ij}^{st}=\mu_{bij}-\gamma_{bij} \tag{4.14}$$

基于分值矩阵 $A^{st}=[a_{ij}^{st}]_{m\times n}$ 和 $B^{st}=[b_{ij}^{st}]_{m\times n}$，以最大化双方满意度为目标，构建双边匹配模型。由于分值越高，主体的满意度越高，因此这里以最大化分值为目标。进一步地，在一对一双边匹配约束条件下，可构建如下考虑分值的双边匹配模型。

$$\max Z_1=\sum_{i=1}^{m}\sum_{j=1}^{n}a_{ij}^{st}x_{ij} \tag{4.15a}$$

$$\max Z_2=\sum_{i=1}^{m}\sum_{j=1}^{n}b_{ij}^{st}x_{ij} \tag{4.15b}$$

$$\text{s.t.}\quad \sum_{i=1}^{m}x_{ij}\leqslant p_i,\ i=1,2,\cdots,m \tag{4.15c}$$

$$\sum_{j=1}^{n}x_{ij}\leqslant q_j,\ j=1,2,\cdots,n \tag{4.15d}$$

$$x_{ij}\in\{0,1\},\ i=1,2,\cdots,m,\ j=1,2,\cdots,n \tag{4.15e}$$

式（4.15）为多目标优化模型，如果进一步考虑双边匹配决策的公平性（即每个主体在匹配过程中所处地位相同），则可以使用简单加权方法（此时每个主体的优先权重视为相等）将其转化为如下单目标双边匹配模型。

$$\max Z=\sum_{i=1}^{m}\sum_{j=1}^{n}(a_{ij}^{st}+b_{ij}^{st})x_{ij} \tag{4.16a}$$

$$\text{s.t.}\ \sum_{i=1}^{m}x_{ij}\leqslant p_i,\ i=1,2,\cdots,m \tag{4.16b}$$

$$\sum_{j=1}^{n}x_{ij}\leqslant q_j,\ j=1,2,\cdots,n \tag{4.16c}$$

$$x_{ij}\in\{0,1\},\ i=1,2,\cdots,m,\ j=1,2,\cdots,n \tag{4.16d}$$

然后进行求解。但这种多目标转化和求解方法比较单一，并未反映双方主体的匹配意愿。为此，依据匹配意愿矩阵 $\Omega=[\omega_{ij}]_{m\times n}$，将双边匹配模型（4.16）扩展为如下单目标双边匹配模型。

$$\max Z = \sum_{i=1}^{m}\sum_{j=1}^{n}(a_{ij}^{st}+b_{ij}^{st})\omega_{ij}x_{ij} \tag{4.17a}$$

$$\text{s.t.} \sum_{i=1}^{m} x_{ij}\leqslant p_i,\ i=1,2,\cdots,m \tag{4.17b}$$

$$\sum_{j=1}^{n} x_{ij}\leqslant q_j,\ j=1,2,\cdots,n \tag{4.17c}$$

$$x_{ij}\in\{0,1\},\ i=1,2,\cdots,m,\ j=1,2,\cdots,n \tag{4.17d}$$

为了确定匹配意愿系数 ω_{ij}，下面结合分值差值 $a_{ij}^{st}-b_{ij}^{st}$ 对式（4.17）做如下分析。若差值 $a_{ij}^{st}-b_{ij}^{st}>0$ 且越来越大，则 i 对 j 的满意度比 j 对 i 的满意度大且也越来越大，此时 i 和 j 之间的匹配成功率越低，即匹配意愿系数 ω_{ij} 越小；反之亦然。为便于分析，记 $\frac{1}{|a_{ij}^{st}-b_{ij}^{st}|}$ 为关于差值 $|a_{ij}^{st}-b_{ij}^{st}|$ 的倒差。因此，为了提高现实生活双边匹配的成功率，进一步说明如下。若倒差 $\frac{1}{|a_{ij}^{st}-b_{ij}^{st}|}$ 越大（即差值 $|a_{ij}^{st}-b_{ij}^{st}|$ 越小），则对匹配成功率起到的抑制作用越小，相应地该匹配对式（4.17）应赋予较大的匹配意愿系数 ω_{ij}；若倒差 $\frac{1}{|a_{ij}^{st}-b_{ij}^{st}|}$ 越小（即差值 $|a_{ij}^{st}-b_{ij}^{st}|$ 越大），则对匹配成功率起到的抑制作用越大，相应地该匹配对式（4.17）应赋予较小的匹配意愿系数 ω_{ij}。基于上述分析可知，倒差在这起到的作用相当于统计学中的离差，离差是反映差异程度的一个重要指标。基于这样的原理，选择匹配意愿系数 ω_{ij} 的一个基本思想是使所有的总离差（即总倒差）达到最大（王应明，1998）。

因此，计算 A_i 与 B 方所有主体的倒差 $V_{A_i\to B}$，即：

$$V_{A_i\to B} = \sum_{j=1}^{n}\frac{\omega_{ij}}{|a_{ij}^{st}-b_{ij}^{st}|} \tag{4.18}$$

进一步地，A 方所有主体与 B 方所有主体的总倒差 $V_{A\to B}$ 可表示为：

$$V_{A\to B} = \sum_{i=1}^{m}\sum_{j=1}^{n}\frac{\omega_{ij}}{|a_{ij}^{st}-b_{ij}^{st}|} \tag{4.19}$$

在式（4.19），$|a_{ij}^{st}-b_{ij}^{st}|=0$ 的情形有时出现。为了处理这种情况，本书对分母$|a_{ij}^{st}-b_{ij}^{st}|$进行变形，修改为 $e^{|a_{ij}^{st}-b_{ij}^{st}|}$。显然，函数$|a_{ij}^{st}-b_{ij}^{st}|$和 $e^{|a_{ij}^{st}-b_{ij}^{st}|}$的单调性是一致的。因此，A 方所有主体与 B 方所有主体的广义倒差（为方便起见，仍用 $V_{A\to B}$表示，简称倒差）进一步可表示为：

$$V_{A\to B}=\sum_{i=1}^{m}\sum_{j=1}^{n}\frac{\omega_{ij}}{e^{|a_{ij}^{st}-b_{ij}^{st}|}} \tag{4.20}$$

根据前面的分析，匹配意愿系数 ω_{ij}的选择应使总倒差 $V_{A\to B}$最大。为此，可建立如下的目标函数。

$$\max V_{A\to B}=\sum_{i=1}^{m}\sum_{j=1}^{n}\frac{\omega_{ij}}{e^{|a_{ij}^{st}-b_{ij}^{st}|}},\ i=1,2,\cdots,m,\ j=1,2,\cdots,n \tag{4.21a}$$

$$\sum_{i=1}^{m}\sum_{j=1}^{n}\omega_{ij}^{2}=1,\ 0<\omega_{ij}<1,\ i=1,2,\cdots,m,\ j=1,2,\cdots,n \tag{4.21b}$$

在式（4.21）中，如果单位化约束条件 $\sum_{i=1}^{m}\sum_{j=1}^{n}\omega_{ij}^{2}=1$ 变为归一化约束条件 $\sum_{i=1}^{m}\sum_{j=1}^{n}\omega_{ij}=1$，此时式（4.21）无最优解，不能用造拉格朗日（Lagrange）函数乘数法求解。因此，式（4.21）约束条件表示为 $\sum_{i=1}^{m}\sum_{j=1}^{n}\omega_{ij}^{2}=1$。

求解式（4.21），可构造拉格朗日函数。

$$F=\sum_{i=1}^{m}\sum_{j=1}^{n}\frac{\omega_{ij}}{e^{|a_{ij}^{st}-b_{ij}^{st}|}}-\frac{\lambda}{2}\left(\sum_{i=1}^{m}\sum_{j=1}^{n}\omega_{ij}^{2}-1\right) \tag{4.22}$$

则可求偏倒数

$$\frac{\partial F}{\partial\omega_{ij}}=\frac{1}{e^{|a_{ij}^{st}-b_{ij}^{st}|}}-\lambda\omega_{ij} \tag{4.23}$$

$$\frac{\partial F}{\partial\lambda}=-\frac{1}{2}\left(\sum_{i=1}^{m}\sum_{j=1}^{n}\omega_{ij}^{2}-1\right) \tag{4.24}$$

令$\frac{\partial F}{\partial\omega_{ij}}0$，可得：

$$\omega_{ij}=\frac{1}{\lambda e^{|a_{ij}^{st}-b_{ij}^{st}|}} \tag{4.25}$$

令$\frac{\partial F}{\partial\lambda}=0$，可得：

$$\sum_{i=1}^{m}\sum_{j=1}^{n}\omega_{ij} = 1 \tag{4.26}$$

将式（4.25）代入式（4.26），可得：

$$\lambda = \sqrt{\sum_{i=1}^{m}\sum_{j=1}^{n}\frac{1}{e^{2|a_{ij}^{st}-b_{ij}^{st}|}}} \tag{4.27}$$

将式（4.27）代入式（4.25），可得：

$$\omega_{ij}^{*} = \frac{1}{\sqrt{\sum_{i=1}^{m}\sum_{j=1}^{n}\frac{1}{e^{2|a_{ij}^{st}-b_{ij}^{st}|}}}e^{|a_{ij}^{st}-b_{ij}^{st}|}} \tag{4.28}$$

考虑传统的加权向量一般都满足“归一化”条件，因此，这里对匹配意愿系数 ω_{ij}^{*} 进行归一化转化。令 $\omega_{ij}^{**} = \frac{\omega_{ij}^{*}}{\sum_{i=1}^{m}\sum_{j=1}^{n}\omega_{ij}^{*}}$，可得：

$$\omega_{ij}^{**} = \frac{1}{\left(\sum_{i=1}^{m}\sum_{j=1}^{n}\frac{1}{e^{|a_{ij}^{st}-b_{ij}^{st}|}}\right)e^{|a_{ij}^{st}-b_{ij}^{st}|}} \tag{4.29}$$

依据式（4.29），建立匹配意愿矩阵 $\Omega^{**} = [\omega_{ij}^{**}]_{m\times n}$。依据匹配意愿矩阵 $\Omega^{**} = [\omega_{ij}^{**}]_{m\times n}$，双边匹配式（4.17）可转化为如下双边匹配模型：

$$\max Z = \sum_{i=1}^{m}\sum_{j=1}^{n}(a_{ij}^{st} + b_{ij}^{st})\omega_{ij}^{**}x_{ij} \tag{4.30a}$$

$$\text{s.t.} \sum_{i=1}^{m}x_{ij} \leqslant p_i,\ i=1, 2, \cdots, m \tag{4.30b}$$

$$\sum_{j=1}^{n}x_{ij} \leqslant q_j,\ j=1, 2, \cdots, n \tag{4.30c}$$

$$x_{ij} \in \{0, 1\},\ i=1, 2, \cdots, m,\ j=1, 2, \cdots, n \tag{4.30d}$$

对于上述单目标优化模型（4.30）存在最优解，求解较为简单，可以通过已有优 LINGO、MATLAB 等对模型进行求解。

4.3.3 双边匹配决策方法Ⅱ

直觉模糊集矩阵 $\tilde{A} = [\tilde{a}_{ij}]_{m\times n}$ 和 $\tilde{B} = [\tilde{b}_{ij}]_{m\times n}$ 由双方之间的认可程度也就是各指标权重确定，根据直觉模糊集矩阵可以得出匹配主体的满意度矩阵 $A^s = [a_{ij}^s]_{m\times n}$ 和 $B^s = [b_{ij}^s]_{m\times n}$，其中，

$$\begin{cases} a_{ij}^{s}=\dfrac{\mu_{aij}}{\gamma_{aij}} \\ b_{ij}^{s}=\dfrac{\mu_{bij}}{\gamma_{bij}} \end{cases},\ i=1,\ 2,\ \cdots,\ m,\ j=1,\ 2,\ \cdots,\ n \tag{4.31}$$

式（4.31）中，μ_{aij}和μ_{bij}越大或γ_{aij}和γ_{bij}越小，则a_{ij}^{s}和b_{ij}^{s}越大，说明匹配主体满意度越大，两者的匹配度越高，反之，满意度越差，匹配度越低。但计算过程中可能会有γ_{aij}和γ_{bij}等于零的情况出现，为了处理这种情况，对分母进行变形，修改为$e^{\gamma_{aij}}$和$e^{\gamma_{bij}}$，显然两者的单调性是一致的，为了方便起见，仍用a_{ij}^{s}和b_{ij}^{s}表示匹配主体的满意度。因此，匹配主体 A_i 对匹配主体 B_j 的匹配满意度和匹配主体 B_j 对匹配主体 A_i 的匹配满意度分别表示为：

$$\begin{cases} a_{ij}^{s}=\dfrac{\mu_{aij}}{e^{\gamma_{aij}}} \\ b_{ij}^{s}=\dfrac{\mu_{bij}}{e^{\gamma_{bij}}} \end{cases},\ i=1,\ 2,\ \cdots,\ m,\ j=1,\ 2,\ \cdots,\ n \tag{4.32}$$

以最大化双方满意度为目标，构建双边匹配模型：

$$\max Z_1 = \sum_{i=1}^{m}\sum_{j=1}^{n} a_{ij}^{s}x_{ij} \tag{4.33a}$$

$$\max Z_2 = \sum_{i=1}^{m}\sum_{j=1}^{n} b_{ij}^{s}x_{ij} \tag{4.33b}$$

$$\text{s.t.} \sum_{i=1}^{m} x_{ij} \leqslant p_i,\ i=1,\ 2,\ \cdots,\ m \tag{4.33c}$$

$$\sum_{j=1}^{n} x_{ij} \leqslant q_j,\ j=1,\ 2,\ \cdots,\ n \tag{4.33d}$$

$$x_{ij} \in \{0,\ 1\},\ i=1,\ 2,\ \cdots,\ m,\ j=1,\ 2,\ \cdots,\ n \tag{4.33e}$$

在式（4.33）中，式（4.33a）和式（4.33b）是目标函数，其中式（4.33a）的含义是使甲方匹配主体 A 对在所有评价指标下的满意度尽可能大；式（4.33b）的含义是使乙方匹配主体 B 对在自己设定的评价指标下满意度也尽可能大；在约束条件中，p_i 和 q_j 都为设定的匹配对象个数，式（4.33c）的含义是匹配主体 A_i 至多与 p_i 个 B 边匹配；式（4.33d）的含义是匹配主体 B_j 至多匹配 q_j 个 A 边主体；式（4.33e）中 $x_{ij}=0$ 表示 A_i 对 B_j 在不同的指标下有不满意的情况，不能进行匹配，而 $x_{ij}=1$ 表示 A_i 对 B_j 整体情况下还是满意的，可以进行匹配。

考虑双边匹配决策的公平性，即每个主体的优先权相等，使用简单加权方法将上述模型转化为单目标双边匹配模型：

$$\max Z = \sum_{i=1}^{m}\sum_{j=1}^{n}(a_{ij}^{s} + b_{ij}^{s})x_{ij} \tag{4.34a}$$

$$\text{s. t. } \sum_{i=1}^{m} x_{ij} \leqslant p_i, \ i=1, 2, \cdots, m \tag{4.34b}$$

$$\sum_{j=1}^{n} x_{ij} \leqslant q_j, \ j=1, 2, \cdots, n \tag{4.34c}$$

$$x_{ij} \in \{0, 1\}, \ i=1, 2, \cdots, m, \ j=1, 2, \cdots, n \tag{4.34d}$$

对模型进行求解，但现实中会遇到很多情况，例如，匹配主体情绪的变化、外界条件改变引起意愿的变化等，所以模型中需要考虑双方匹配主体的主观意愿，是否愿意进行匹配，因此，加入匹配意愿矩阵 $M=[\eta_{ij}]_{m\times n}$。$M=[\eta_{ij}]_{m\times n}$ 表示匹配主体 A 方和匹配主体 B 方之间的匹配意愿矩阵，η_{ij} 定义为匹配意愿系数，结合离差 $\eta=\delta-E(\delta)$ 做如下分析。η 为 δ 的离差，反映 η 与数学期望 $E(\delta)$ 的偏离程度，$E(\delta)$ 为平均值。为了使满意程度最高，就要使所有的总离差最大。根据直觉模糊集矩阵，做满意程度 μ_{aij} 和 μ_{bij} 的离差：

$$\begin{cases}\eta_{aij} = \mu_{aij} - \dfrac{\mu_{aij} + \gamma_{aij}}{2} \\ \eta_{bij} = \mu_{bij} - \dfrac{\mu_{bij} + \gamma_{bij}}{2}\end{cases}, \ i=1, 2, \cdots, m, \ j=1, 2, \cdots, n \tag{4.35}$$

得到匹配意愿矩阵 $M_a=[\eta_{aij}]_{m\times n}$ 和 $M_b=[\eta_{bij}]_{m\times n}$。$\eta_{aij}$ 和 η_{bij} 越大，匹配意愿系数 η_{ij} 越大，A_i 对 B_j 和 B_j 对 A_i 的满意程度越高，两者的匹配成功率也就越高。根据匹配意愿矩阵，转化为如下双边匹配模型。

$$\max Z = \sum_{i=1}^{m}\sum_{j=1}^{n}(a_{ij}^{s}\eta_{aij} + b_{ij}^{s}\eta_{bij})x_{ij} \tag{4.36a}$$

$$\text{s. t. } \sum_{i=1}^{m} x_{ij} \leqslant p_i, \ i=1, 2, \cdots, m \tag{4.36b}$$

$$\sum_{j=1}^{n} x_{ij} \leqslant q_j, \ j=1, 2, \cdots, n \tag{4.36c}$$

$$x_{ij} \in \{0, 1\}, \ i=1, 2, \cdots, m, \ j=1, 2, \cdots, n \tag{4.36d}$$

对于上述单目标优化模型求解较为简单，可以借助专门的优化软件包（如

LINGO、MATLAB等软件）来对模型进行求解。

4.4 实例分析

4.4.1 基于三角模糊数的双边匹配决策实例分析

人岗匹配是典型的双边匹配问题，本节给出一个求职者与招聘岗位的人岗双边匹配决策的案例，来说明提出模型的合理性。

某大型园林景观公司为扩大规模，现需招聘一批员工，而该公司工程部计划在项目经理、现场经理、土建工程师、质量工程师4个岗位 $A=\{A_1, A_2, A_3, A_4\}$ 上招聘4名高新技术人员。经过初步筛选，现有8个求职者 $B=\{B_1, B_2, \cdots, B_8\}$ 前来应聘。求职者根据自身的需求拟定了3个评价指标分别是：岗位的薪酬待遇（E_1），发展机会（E_2）和工作环境（E_3），来衡量岗位对求职者自身的适应性，拟定了这3个评价指标的权重为 $w'=(0.410, 0.353, 0.237)$；招聘岗位也根据岗位需求拟定了4个评价指标分别是：英语水平（C_1），计算机水平（C_2），团队精神（C_3）和外部条件（C_4），相应的评价指标权重向量为 $w''=(0.213, 0.317, 0.278, 0.162)$。设每个岗位拟招聘的人员数为 $p_j=1$，$j=1, 2, 3, 4$。双方分别采用7粒度语言评价集针对不同评价指标给出语言评价信息，如表4－1和表4－2所示。

表4－1　求职者对于招聘岗位的匹配满意度的多指标语言评价信息

求职者	E_1				E_2				E_3			
	A_1	A_2	A_3	A_4	A_1	A_2	A_3	A_4	A_1	A_2	A_3	A_4
B_1	L	M	M	L	H	M	L	H	VH	VH	H	H
B_2	L	M	VL	H	H	L	VL	L	VH	VH	H	AH
B_3	VL	L	H	L	VL	H	L	H	VH	H	AH	H
B_4	H	M	M	VH	L	H	H	VL	VH	AH	H	L
B_5	L	VL	VH	M	VH	H	VL	L	H	VH	L	VH
B_6	M	L	H	VH	H	VH	L	H	H	VH	L	VH

续表

求职者	E_1				E_2				E_3			
	A_1	A_2	A_3	A_4	A_1	A_2	A_3	A_4	A_1	A_2	A_3	A_4
B_7	VL	M	H	M	H	H	L	L	VH	H	AH	VH
B_8	L	M	VH	M	H	VH	VL	L	H	H	L	VH

表 4-2　　招聘岗位对于求职者的多指标语言评价信息

求职者	C_1				C_2				C_3				C_4			
	A_1	A_2	A_3	A_4	A_1	A_2	A_3	A_4	A_1	A_2	A_3	A_4	A_1	A_2	A_3	A_4
B_1	M	VH	AL	H	VH	AH	AH	H	H	H	H	H	VH	L	H	H
B_2	AL	AL	VL	AL	M	M	M	M	L	L	L	L	H	H	L	L
B_3	M	VH	AH	VH	VH	VH	L	H	VH	VH	L	VH	M	M	L	H
B_4	VH	VH	M	VL	L	L	H	L	L	L	VH	L	L	H	M	L
B_5	H	VL	L	H	M	L	VH	M	L	M	H	M	L	M	L	M
B_6	VL	L	H	L	H	H	M	H	VL	VL	L	L	VL	M	VL	L
B_7	H	VH	AH	VH	M	VH	H	L	L	M	M	M	M	M	M	M
B_8	M	VL	M	L	VH	AH	VH	VH	H	H	H	L	H	L	VL	L

1. ***基于理想点的双边匹配决策实例***

利用第 2 章的评价指标处理方法，将各语言评价信息型指标上的语言评价结果进行数值转化，并将区间型指标进行归一化处理。再依据式（4.1）和式（4.4）分别计算各求职者评价信息到理想点的距离以及岗位评价信息到理想点的距离，如表 4-3 ~ 表 4-9 所示。

表 4-3　　指标 E_1 下招聘岗位 A 到理想点的距离

岗位	B_1	B_2	B_3	B_4	B_5	B_6	B_7	B_8
A_1	0.6804	0.6804	0.8443	0.3600	0.6804	0.5183	0.8443	0.6804
A_2	0.5183	0.5183	0.6804	0.5183	0.8443	0.6804	0.5183	0.5183
A_3	0.5183	0.8443	0.3600	0.5183	0.2151	0.3600	0.3600	0.2151
A_4	0.6804	0.3600	0.6804	0.2151	0.5183	0.2151	0.5183	0.5183

表4-4　　指标 E_2 下招聘岗位A到理想点的距离

岗位	B_1	B_2	B_3	B_4	B_5	B_6	B_7	B_8
A_1	0.3600	0.3600	0.8443	0.6804	0.2151	0.3600	0.3600	0.3600
A_2	0.5183	0.6804	0.3600	0.3600	0.3600	0.2151	0.3600	0.2151
A_3	0.6804	0.8443	0.6804	0.3600	0.8443	0.6804	0.6804	0.8443
A_4	0.3600	0.6804	0.3600	0.8443	0.6804	0.3600	0.6804	0.6804

表4-5　　指标 E_3 下招聘岗位A到理想点的距离

岗位	B_1	B_2	B_3	B_4	B_5	B_6	B_7	B_8
A_1	0.2151	0.2151	0.2151	0.2151	0.3600	0.3600	0.2151	0.3600
A_2	0.2151	0.2151	0.3600	0.0964	0.2151	0.2151	0.3600	0.3600
A_3	0.3600	0.3600	0.0964	0.3600	0.6804	0.6804	0.0964	0.6804
A_4	0.3600	0.0964	0.3600	0.6804	0.2151	0.2151	0.2151	0.2151

表4-6　　指标 C_1 下招聘者B到理想点的距离

岗位	B_1	B_2	B_3	B_4	B_5	B_6	B_7	B_8
A_1	0.5183	0.9476	0.5183	0.2151	0.3600	0.8443	0.3600	0.5183
A_2	0.2151	0.9476	0.2151	0.2151	0.8443	0.6804	0.2151	0.8443
A_3	0.9476	0.8443	0.0964	0.5183	0.6804	0.3600	0.0964	0.5183
A_4	0.3600	0.9476	0.2151	0.8443	0.3600	0.6804	0.2151	0.6804

表4-7　　指标 C_2 下招聘者B到理想点的距离

岗位	B_1	B_2	B_3	B_4	B_5	B_6	B_7	B_8
A_1	0.2151	0.5183	0.2151	0.6804	0.5183	0.3600	0.5183	0.2151
A_2	0.0964	0.5183	0.2151	0.6804	0.6804	0.3600	0.2151	0.0964
A_3	0.0964	0.5183	0.6804	0.3600	0.2151	0.5183	0.3600	0.2151
A_4	0.3600	0.5183	0.3600	0.6804	0.5183	0.3600	0.6804	0.2151

表 4-8　　指标 C_3 下招聘者 B 到理想点的距离

岗位	B_1	B_2	B_3	B_4	B_5	B_6	B_7	B_8
A_1	0.3600	0.6804	0.2151	0.6804	0.6804	0.8443	0.6804	0.3600
A_2	0.3600	0.6804	0.2151	0.6804	0.5183	0.8443	0.5183	0.3600
A_3	0.3600	0.6804	0.6804	0.2151	0.3600	0.6804	0.5183	0.3600
A_4	0.3600	0.6804	0.2151	0.6804	0.5183	0.6804	0.5183	0.6804

表 4-9　　指标 C_4 下招聘者 B 到理想点的距离

岗位	B_1	B_2	B_3	B_4	B_5	B_6	B_7	B_8
A_1	0.2151	0.3600	0.5183	0.6804	0.6804	0.8443	0.5183	0.3600
A_2	0.6804	0.3600	0.5183	0.3600	0.5183	0.5183	0.5183	0.6804
A_3	0.3600	0.6804	0.6804	0.5183	0.6804	0.8443	0.5183	0.8443
A_4	0.3600	0.6804	0.3600	0.6804	0.5183	0.6804	0.5183	0.6804

依据式（4.2）和式（4.3）得到岗位决策者对求职者的满意度，进而形成满意度矩阵 $[\alpha_{ij}]_{4\times8}$，如表 4-10 所示。同理得到求职者对岗位的满意度矩阵 $[\beta_{ij}]_{4\times8}$，如表 4-11 所示。

表 4-10　　求职者对于招聘岗位的匹配满意度 $[\alpha_{ij}]_{4\times8}$

岗位	B_1	B_2	B_3	B_4	B_5	B_6	B_7	B_8
A_1	0.5430	0.5430	0.3048	0.5612	0.5598	0.5751	0.4758	0.5086
A_2	0.5536	0.4963	0.5086	0.6376	0.4758	0.5941	0.5751	0.6262
A_3	0.4620	0.2705	0.5894	0.5751	0.4525	0.4510	0.5894	0.4525
A_4	0.5086	0.5894	0.5086	0.4525	0.4963	0.7338	0.4963	0.4963

表 4-11　　岗位决策者对于求职者的匹配满意度 $[\beta_{ij}]_{4\times8}$

岗位	B_1	B_2	B_3	B_4	B_5	B_6	B_7	B_8
A_1	0.6865	0.3864	0.6777	0.4391	0.4596	0.3346	0.4859	0.6630
A_2	0.7133	0.3864	0.7422	0.4910	0.3764	0.4223	0.6579	0.5793

续表

岗位	B_1	B_2	B_3	B_4	B_5	B_6	B_7	B_8
A_3	0.6092	0.3565	0.4644	0.6317	0.5766	0.4331	0.6373	0.5846
A_4	0.6508	0.3345	0.7219	0.3051	0.5310	0.4416	0.5104	0.4875

将表4－10和表4－11计算出的匹配双方的满意度代入式（4.12）的单目标线性优化模型，并设 $\omega_1=\omega_2=0.5$。分别采用专门的软件包 LINGO 11 和 MATLAB 对模型进行求解。求得的最优解为：

$x_{11}=1$，$x_{12}=0$，$x_{13}=0$，$x_{14}=0$，$x_{15}=0$，$x_{16}=0$，$x_{17}=0$，$x_{18}=0$；

$x_{21}=0$，$x_{22}=0$，$x_{23}=0$，$x_{24}=0$，$x_{25}=0$，$x_{26}=0$，$x_{27}=1$，$x_{28}=0$；

$x_{31}=0$，$x_{32}=0$，$x_{33}=0$，$x_{34}=1$，$x_{35}=0$，$x_{36}=0$，$x_{37}=0$，$x_{38}=0$；

$x_{41}=0$，$x_{42}=0$，$x_{43}=1$，$x_{44}=0$，$x_{45}=0$，$x_{46}=0$，$x_{47}=0$，$x_{48}=0$。

从计算结果可以看出，8位求职者与4个招聘岗位并没有完全匹配，匹配结果为：岗位 A_1 与求职者 B_1 进行匹配，岗位 A_2 与求职者 B_7 进行匹配，岗位 A_3 与求职者 B_4 进行匹配，岗位 A_4 与求职者 B_3 进行匹配；B_2、B_5、B_6 和 B_8 没有岗位匹配。

2. **基于期望水平的双边匹配决策实例**

求职者根据自身要求给出在不同指标下对于招聘岗位的期望评价信息和招聘岗位根据公司和岗位的需求给出在不同指标下对于求职者的期望评价信息，如表4－12和表4－13所示。

表4－12　　求职者对于招聘岗位的多指标期望语言评价信息

求职者	E_1				E_2				E_3			
	A_1	A_2	A_3	A_4	A_1	A_2	A_3	A_4	A_1	A_2	A_3	A_4
B_1	H	H	VH	VH	H	H	H	VH	VH	VH	H	VH
B_2	M	H	H	VH	VH	H	H	VH	VH	H	VH	H
B_3	H	VH	VH	H	H	VH	AH	VH	H	H	AH	VH
B_4	H	VH	H	H	H	VH	VH	VH	VH	VH	H	H
B_5	VH	VH	VH	VH	H	H	H	H	H	VH	H	VH

续表

求职者	E_1				E_2				E_3			
	A_1	A_2	A_3	A_4	A_1	A_2	A_3	A_4	A_1	A_2	A_3	A_4
B_6	VH	H	H	H	VH	H	H	H	M	VH	VH	VH
B_7	M	H	VH	H	H	VH	VH	H	H	H	AH	AH
B_8	H	VH	H	H	H	M	VH	H	VH	H	H	VH

表 4-13　　招聘岗位对于求职者的多指标期望语言评价信息

求职者	C_1				C_2				C_3				C_4			
	A_1	A_2	A_3	A_4	A_1	A_2	A_3	A_4	A_1	A_2	A_3	A_4	A_1	A_2	A_3	A_4
B_1	H	H	M	H	H	AH	VH	H	H	H	VH	H	H	M	H	H
B_2	H	H	M	H	H	AH	VH	H	H	H	VH	H	H	M	H	H
B_3	H	H	M	H	H	AH	VH	H	H	H	VH	H	H	M	H	H
B_4	H	H	M	H	H	AH	VH	H	H	H	VH	H	H	M	H	H
B_5	H	H	M	H	H	AH	VH	H	H	H	VH	H	H	M	H	H
B_6	H	H	M	H	H	AH	VH	H	H	H	VH	H	H	M	H	H
B_7	H	H	M	H	H	AH	VH	H	H	H	VH	H	H	M	H	H
B_8	H	H	M	H	H	AH	VH	H	H	H	VH	H	H	M	H	H

在第 2 章已经给出语言评价信息与三角模糊数相互转化的式（2.13），本例选用 7 粒度语言评价集对不同评价指标做出评价信息，为了方便直接利用表 2-3 中的数据进行转化。求职者与招聘岗位能否匹配成功的关键在于是否有足够高的满意度，因此使用式（4.1）和式（4.2），分别将双方的满意度计算出来，如表 4-14 ~ 表 4-20 中所示。

表 4-14　　指标 E_1 求职者对于招聘岗位的匹配满意度 α_{1ij}

岗位	B_1	B_2	B_3	B_4	B_5	B_6	B_7	B_8
A_1	0	0.5000	0	1.0000	0	0	0	0
A_2	0.5015	0.5015	0	0	0	0	0.5015	0

续表

岗位	B_1	B_2	B_3	B_4	B_5	B_6	B_7	B_8
A_3	0	0	0.4985	0.5015	1.0000	1.0000	0.4985	0.4985
A_4	0	0.4985	0	0.4985	0	0.4985	0.5015	0.5015

表4-15　　指标 E_2 求职者对于招聘岗位的匹配满意度 α_{2ij}

岗位	B_1	B_2	B_3	B_4	B_5	B_6	B_7	B_8
A_1	1.0000	0.4985	0	0	0.4985	0.4985	1.0000	1.0000
A_2	0.5015	0	0.4985	0.4985	1.0000	0.4985	0.4985	0
A_3	0	0	0	0.4985	0	0	0	0
A_4	0.4985	0	0.4985	0	0	1.0000	0	0

表4-16　　指标 E_3 求职者对于招聘岗位的匹配满意度 α_{3ij}

岗位	B_1	B_2	B_3	B_4	B_5	B_6	B_7	B_8
A_1	1.0000	1.0000	0.4985	1.0000	1.0000	0.5015	0.4985	0.4985
A_2	1.0000	0.4985	1.0000	1.0000	1.0000	1.0000	1.0000	1.0000
A_3	1.0000	0.4985	1.0000	1.0000	0	0	1.0000	0
A_4	0.4985	0	0.4985	0	1.0000	1.0000	1.0000	1.0000

表4-17　　指标 C_1 岗位对于求职者的匹配满意度 β_{1ij}

岗位	B_1	B_2	B_3	B_4	B_5	B_6	B_7	B_8
A_1	0.5015	0	0.5015	0.4985	1.0000	0	1.0000	0.5015
A_2	0.4985	0	0.4985	0.4985	0	0	0.4985	0
A_3	0	0	0	1.0000	0.5000	0.5015	0	1.0000
A_4	1.0000	0	0.4985	0	1.0000	0	0.4985	0

表4-18　　指标 C_2 岗位对于求职者的匹配满意度 β_{2ij}

岗位	B_1	B_2	B_3	B_4	B_5	B_6	B_7	B_8
A_1	0.4985	0.5015	0.4985	0	0.5015	1.0000	0.5015	0.4985
A_2	1.0000	0	1.0000	0	0	0	1.0000	1.0000

续表

岗位	B_1	B_2	B_3	B_4	B_5	B_6	B_7	B_8
A_3	1.0000	0	0	0.4985	0	0	0.4985	1.0000
A_4	1.0000	0.5015	1.0000	0	0.5015	1.0000	0	0.4985

表 4－19　　指标 C_3 岗位对于求职者的匹配满意度 β_{3ij}

岗位	B_1	B_2	B_3	B_4	B_5	B_6	B_7	B_8
A_1	1.0000	0	0.4985	0	0	0	0	1.0000
A_2	1.0000	0	0.4985	0	0.5015	0	0.5015	1.0000
A_3	0.4985	0	0	1.0000	0.4985	0	0	0.4985
A_4	1.0000	0	0.4985	0	0.5015	0	0.5015	0

表 4－20　　指标 C_4 岗位对于求职者的匹配满意度 β_{4ij}

岗位	B_1	B_2	B_3	B_4	B_5	B_6	B_7	B_8
A_1	0.4985	1.0000	0.5015	0	0	0	0.5015	1.0000
A_2	0.5000	0.5015	1.0000	0.5015	1.0000	1.0000	1.0000	0.5000
A_3	1.0000	0	0	0.5015	0	0	0.5015	0.4985
A_4	1.0000	0	1.0000	0	0.5015	0	0.5015	0

表 4－14～表 4－20 得到每位求职者与每个招聘岗位在不同指标下对彼此的满意度，为了得到整体的满意度 α_{ij} 和 β_{ij}，依据线性加权法利用式（4.3）和式（4.4）计算得到，如表 4－21 和 4－22 所示。

表 4－21　　求职者对于招聘岗位的匹配满意度 α_{ij}

岗位	B_1	B_2	B_3	B_4	B_5	B_6	B_7	B_8
A_1	0.5900	0.6180	0.1181	0.6470	0.4130	0.2948	0.4711	0.4711
A_2	0.6196	0.3238	0.4130	0.4130	0.5900	0.4130	0.6186	0.2370
A_3	0.2370	0.1181	0.4414	0.6186	0.4100	0.4100	0.4414	0.2044
A_4	0.2941	0.2044	0.2941	0.2044	0.2370	0.7944	0.4426	0.4426

表4-22　　岗位决策者对于求职者的匹配满意度 β_{ij}

岗位	B_1	B_2	B_3	B_4	B_5	B_6	B_7	B_8
A_1	0.6236	0.3210	0.4847	0.1062	0.3720	0.3170	0.4532	0.7048
A_2	0.7822	0.0812	0.7238	0.1874	0.3014	0.1620	0.7246	0.6760
A_3	0.6176	0	0	0.7303	0.2451	0.1068	0.2393	0.7493
A_4	0.9700	0.1590	0.7238	0	0.5926	0.3170	0.3268	0.1580

表4-21和表4-22已经计算出了匹配双方的满意度，将具体数值代入式（4.5）多目标优化模型，为了求解方便，依据式（4.7）和式（4.8），将多目标优化模型转化为单目标线性优化模型。分别采用专门的软件包LINGO11和MATLAB对模型进行求解。求得的最优解为：

$x_{11}=0$，$x_{12}=0$，$x_{13}=0$，$x_{14}=0$，$x_{15}=0$，$x_{16}=0$，$x_{17}=0$，$x_{18}=1$；

$x_{21}=0$，$x_{22}=0$，$x_{23}=0$，$x_{24}=0$，$x_{25}=0$，$x_{26}=0$，$x_{27}=1$，$x_{28}=0$；

$x_{31}=0$，$x_{32}=0$，$x_{33}=0$，$x_{34}=1$，$x_{35}=0$，$x_{36}=0$，$x_{37}=0$，$x_{38}=0$；

$x_{41}=1$，$x_{42}=0$，$x_{43}=0$，$x_{44}=0$，$x_{45}=0$，$x_{46}=0$，$x_{47}=0$，$x_{48}=0$。

从计算结果可以看出，8位求职者与4个招聘岗位并没有完全匹配，匹配结果为：岗位 A_1 与求职者 B_8 进行匹配，岗位 A_2 与求职者 B_7 进行匹配，岗位 A_3 与求职者 B_4 进行匹配，岗位 A_4 与求职者 B_1 进行匹配；B_2、B_3、B_5 和 B_6 没有岗位匹配。

4.4.2　基于直觉模糊数的双边匹配决策实例分析

考虑一名高级管理人员和子公司总经理岗位匹配的算例。某集团公司要在其内部高级管理人员中选派6名任职于6个子公司的总经理岗位 $\{A_1, A_2, \cdots, A_6\}$，现有8名集团内部高级管理人员 $\{B_1, B_2, \cdots, B_8\}$ 经过初步筛选后进入最后的匹配阶段。集团公司主要基于人员以往工作经历和经验、管理能力、专业知识水平、动态学习能力和驾驭变化的能力5方面对B方进行满意度评价，相应的指标权重为 $w'=(0.15, 0.20, 0.19, 0.20, 0.26)$，给出A方到B方的直觉模糊矩阵 $\widetilde{A}=[\tilde{a}_{ij}]_{6\times 8}$，如表4-23所示。B方主要基于子公司的战略、岗位环境和个人变革态度等5方面对A方进行满意度评价，相应5个指标权重为 $w''=$

(0.15，0.20，0.19，0.20，0.26)，给出 B 方到 A 方的直觉模糊矩阵 $\tilde{B}=[\tilde{b}_{ij}]_{6\times8}$，如表 4－24 所示。双方主体满意程度分为三档“满意”“不满意”“不知道”。例如，岗位 A_1 对高级管理人员 B_2 经过多方考量发现满意的指标为以往工作经历和经验、管理能力和驾驭变化的能力，与自己比较相配，但是高级管理人员 B_2 专业知识水平偏低为不满意，高级管理人员 B_2 在动态学习能力的满意程度为不知道，则岗位 A_1 对应聘者 B_2 的满意程度 $\mu_{c_{12}}(x)=0.15+0.20+0.26=0.61$，不满意程度 $\gamma_{c_{12}}(x)=0.19$，因此，岗位 A_1 对高级管理人员 B_2 的直觉模糊集偏好可表示为 $\tilde{c}_{12}=\langle 0.61, 0.19\rangle$。考虑一个岗位 A 最多与一个高级管理人员 B 匹配 $p_i=1(i=1, 2, \cdots, 6)$，一个高级管理人员 B 最多与一个岗位 A 匹配 $q_j=1(j=1, 2, \cdots, 8)$。最后，由集团董事会结合上述信息做出“最优”双边匹配方案的决策。

表 4－23　岗位对应聘者的直觉模糊矩阵 $\tilde{A}$

岗位	B_1	B_2	B_3	B_4	B_5	B_6	B_7	B_8
A_1	<0.80, 0.20>	<0.61, 0.19>	<0.65, 0.20>	<0.59, 0.26>	<0.41, 0.39>	<0.65, 0.15>	<0.40, 0.26>	<0.59, 0.15>
A_2	<0.41, 0.40>	<0.26, 0.40>	<0.60, 0.20>	<0.46, 0.19>	<0.55, 0.26>	<0.55, 0.19>	<0.59, 0.26>	<0.65, 0.20>
A_3	<0.45, 0.40>	<0.59, 0.15>	<0.19, 0.66>	<0.66, 0.15>	<0.39, 0.26>	<0.35, 0.46>	<0.59, 0.15>	<0.40, 0.19>
A_4	<0.65, 0.15>	<0.41, 0.39>	<0.59, 0.15>	<0.60, 0.20>	<0.66, 0.19>	<0.55, 0.19>	<0.60, 0.20>	<0.55, 0.26>
A_5	<0.45, 0.35>	<0.40, 0.19>	<0.65, 0.20>	<0.46, 0.20>	<0.59, 0.15>	<0.54, 0.26>	<0.26, 0.40>	<0.35, 0.20>
A_6	<0.40, 0.19>	<0.55, 0.26>	<0.54, 0.26>	<0.59, 0.15>	<0.41, 0.40>	<0.65, 0.15>	<0.66, 0.19>	<0.59, 0.15>

表4-24　　应聘者对岗位的直觉模糊矩阵 $\widetilde{B}$

岗位	B_1	B_2	B_3	B_4	B_5	B_6	B_7	B_8
A_1	<0.66, 0.19>	<0.59, 0.15>	<0.54, 0.26>	<0.46, 0.20>	<0.60, 0.20>	<0.59, 0.15>	<0.55, 0.19>	<0.65, 0.19>
A_2	<0.46, 0.20>	<0.54, 0.26>	<0.19, 0.66>	<0.41, 0.39>	<0.39, 0.26>	<0.55, 0.26>	<0.59, 0.26>	<0.65, 0.20>
A_3	<0.59, 0.15>	<0.60, 0.20>	<0.55, 0.19>	<0.66, 0.19>	<0.41, 0.40>	<0.46, 0.35>	<0.40, 0.19>	<0.54, 0.26>
A_4	<0.60, 0.20>	<0.41, 0.39>	<0.59, 0.15>	<0.46, 0.19>	<0.65, 0.19>	<0.55, 0.26>	<0.41, 0.20>	<0.34, 0.20>
A_5	<0.35, 0.26>	<0.55, 0.19>	<0.65, 0.19>	<0.26, 0.20>	<0.59, 0.15>	<0.54, 0.26>	<0.40, 0.26>	<0.35, 0.20>
A_6	<0.54, 0.26>	<0.41, 0.40>	<0.59, 0.15>	<0.55, 0.19>	<0.60, 0.20>	<0.65, 0.15>	<0.80, 0.20>	<0.46, 0.20>

1. 双边匹配决策方法Ⅰ

下面说明使用所提的基于直觉模糊集和匹配意愿的双边匹配决策的计算过程。

依据式（4.9）将直觉模糊集矩阵 $\widetilde{A}=[\tilde{a}_{ij}]_{n\times m}$ 转化为分值矩阵 $A^{st}=[a_{ij}^{st}]_{6\times 8}$，如表4-25所示。依据式（4.10），将直觉模糊集矩阵 $\widetilde{B}=[\tilde{b}_{ij}]_{n\times m}$ 转化为分值矩阵 $B^{st}=[b_{ij}^{st}]_{6\times 8}$，如表4-26所示。

表4-25　　分值矩阵 $A^{st}=[a_{ij}^{st}]_{6\times 8}$

岗位	B_1	B_2	B_3	B_4	B_5	B_6	B_7	B_8
A_1	0.60	0.42	0.45	0.43	0.02	0.4	0.14	0.44
A_2	0.01	-0.14	0.4	0.22	0.29	0.36	0.33	0.45
A_3	0.05	0.44	-0.47	0.41	0.13	-0.11	0.44	0.21
A_4	0.40	0.02	0.44	0.40	0.47	0.36	0.40	0.29
A_5	0.10	0.21	0.45	0.26	0.44	0.28	-0.14	0.15
A_6	0.21	0.29	0.28	0.44	0.01	0.40	0.47	0.44

表 4-26　　分值矩阵 $B^{st}=[b_{ij}^{st}]_{6\times8}$

岗位	B_1	B_2	B_3	B_4	B_5	B_6	B_7	B_8
A_1	0.47	0.44	0.28	0.26	0.40	0.44	0.36	0.46
A_2	0.40	0.28	-0.47	0.02	0.13	0.29	0.33	0.45
A_3	0.44	0.40	0.36	0.47	0.01	0.11	0.21	0.28
A_4	0.40	0.02	0.44	0.27	0.46	0.29	0.21	0.14
A_5	0.09	0.36	0.46	0.06	0.44	0.28	0.14	0.15
A_6	0.28	0.01	0.44	0.36	0.40	0.50	0.60	0.26

依据分值矩阵 $A^{st}=[a_{ij}^{st}]_{6\times8}$ 和 $B^{st}=[b_{ij}^{st}]_{6\times8}$，运用式（4.26），计算匹配意愿矩阵 $\Omega^{**}=[\omega_{ij}^{**}]_{6\times8}$，如表 4-27 所示。

表 4-27　　匹配意愿矩阵 $\Omega^{**}=[\omega_{ij}^{**}]_{6\times8}$

岗位	B_1	B_2	B_3	B_4	B_5	B_6	B_7	B_8
A_1	0.0275	0.0246	0.0286	0.0286	0.0353	0.0251	0.0301	0.0246
A_2	0.0357	0.0367	0.0576	0.0295	0.0283	0.0259	0.0241	0.0241
A_3	0.0357	0.0251	0.0554	0.0256	0.0272	0.0301	0.0304	0.0259
A_4	0.0241	0.0241	0.0241	0.0275	0.0244	0.0259	0.0292	0.0280
A_5	0.0244	0.0280	0.0244	0.0295	0.0241	0.0241	0.0319	0.0241
A_6	0.0259	0.0319	0.0283	0.0262	0.0357	0.0267	0.0275	0.0289

依据分值矩阵 $A^{st}=[a_{ij}^{st}]_{6\times8}$、$B^{st}=[b_{ij}^{st}]_{6\times8}$ 和匹配意愿矩阵 $\Omega^{**}=[\omega_{ij}^{**}]_{6\times8}$，计算系数矩阵 $M=[(a_{ij}^{st}+b_{ij}^{st})\omega_{ij}^{**}]_{6\times8}$，如表 4-28 所示。

表 4-28　　系数矩阵 $M=[(a_{ij}^{st}+b_{ij}^{st})\omega_{ij}^{**}]_{6\times8}$

岗位	B_1	B_2	B_3	B_4	B_5	B_6	B_7	B_8
A_1	0.029425	0.021156	0.020878	0.019734	0.014826	0.021084	0.01505	0.02214
A_2	0.014637	0.005138	-0.00403	0.00708	0.011886	0.016835	0.015906	0.02169
A_3	0.017493	0.021084	-0.00609	0.022528	0.003808	0	0.01976	0.01269

续表

岗位	B_1	B_2	B_3	B_4	B_5	B_6	B_7	B_8
A_4	0. 01928	0. 000964	0. 021208	0. 018425	0. 022692	0. 016835	0. 017812	0. 01204
A_5	0. 004636	0. 01596	0. 022204	0. 00944	0. 021208	0. 013496	0	0. 00723
A_6	0. 012691	0. 00957	0. 020376	0. 02096	0. 020967	0. 02403	0. 029425	0. 02023

求解双边匹配模型（4. 26），分别采用专门的软件包 LINGO11 和 MATLAB 对模型进行求解。求得的最优解为：

$x_{11}=1$，$x_{12}=0$，$x_{13}=0$，$x_{14}=0$，$x_{15}=0$，$x_{16}=0$，$x_{17}=0$，$x_{18}=0$；

$x_{21}=0$，$x_{22}=0$，$x_{23}=0$，$x_{24}=0$，$x_{25}=0$，$x_{26}=0$，$x_{27}=0$，$x_{28}=1$；

$x_{31}=0$，$x_{32}=0$，$x_{33}=0$，$x_{34}=1$，$x_{35}=0$，$x_{36}=0$，$x_{37}=0$，$x_{38}=0$；

$x_{41}=0$，$x_{42}=0$，$x_{43}=0$，$x_{44}=0$，$x_{45}=1$，$x_{46}=0$，$x_{47}=0$，$x_{48}=0$；

$x_{51}=0$，$x_{52}=0$，$x_{53}=1$，$x_{54}=0$，$x_{55}=0$，$x_{56}=0$，$x_{57}=0$，$x_{58}=0$；

$x_{61}=0$，$x_{62}=0$，$x_{63}=0$，$x_{64}=0$，$x_{65}=0$，$x_{66}=0$，$x_{67}=1$，$x_{68}=0$。

也就是说 6 个岗位和 8 名高级管理人员并没有完全匹配，有未匹配到岗位的高级管理人员，匹配结果为：岗位 A_1 与高级管理人员 B_1 匹配，岗位 A_2 与高级管理人员 B_8 匹配，岗位 A_3 与高级管理人员 B_4 匹配，岗位 A_4 与高级管理人员 B_5 匹配，岗位 A_5 与高级管理人员 B_3 匹配，岗位 A_6 与高级管理人员 B_7 匹配，其余高级管理人员不适合与任何岗位匹配。

2. 双边匹配决策方法Ⅱ

根据式（4. 27）和式（4. 28），将岗位对应聘高级管理人员和应聘高级管理人员对岗位的直觉模糊集矩阵转化为满意度矩阵 $C^s=[c_{ij}^s]_{6\times8}$ 和 $D^s=[d_{ij}^s]_{6\times8}$，如表 4 – 29 和表 4 – 30 所示。

表 4 – 29　　岗位对应聘高级管理人员的满意度 C^s

岗位	B_1	B_2	B_3	B_4	B_5	B_6	B_7	B_8
A_1	0. 6550	0. 5044	0. 5322	0. 4549	0. 2776	0. 5595	0. 3084	0. 5078
A_2	0. 2748	0. 1743	0. 4912	0. 3804	0. 4241	0. 4548	0. 4549	0. 5322
A_3	0. 3016	0. 5078	0. 0982	0. 5681	0. 3007	0. 2209	0. 5078	0. 3308

续表

岗位	B_1	B_2	B_3	B_4	B_5	B_6	B_7	B_8
A_4	0.5595	0.2776	0.5078	0.4912	0.5458	0.4548	0.4912	0.4241
A_5	0.3171	0.3308	0.5322	0.3766	0.5078	0.4164	0.1743	0.2866
A_6	0.3308	0.4241	0.4164	0.5078	0.2748	0.5595	0.5458	0.5078

表 4-30　　应聘高级管理人员对岗位的满意度 D^s

岗位	B_1	B_2	B_3	B_4	B_5	B_6	B_7	B_8
A_1	0.5458	0.5078	0.4164	0.3766	0.4912	0.5078	0.4548	0.5375
A_2	0.3766	0.4164	0.0982	0.2776	0.3007	0.4241	0.4549	0.5322
A_3	0.5078	0.4912	0.4548	0.5458	0.2748	0.3242	0.3308	0.4164
A_4	0.4912	0.2776	0.5078	0.3804	0.5375	0.4241	0.3357	0.2784
A_5	0.2699	0.4548	0.5375	0.2129	0.5078	0.4164	0.3084	0.2866
A_6	0.4164	0.2748	0.5078	0.4548	0.4912	0.5595	0.6550	0.3766

根据岗位对应聘高级管理人员的和应聘高级管理人员对岗位的直觉模糊集矩阵 $\tilde{C}=[\tilde{c}_{ij}]_{6\times8}$ 和 $\tilde{D}=[\tilde{d}_{ij}]_{6\times8}$，运用式（4.31），计算匹配意愿矩阵 $M_c=[\eta_{cij}]_{6\times8}$ 和 $M_d=[\eta_{dij}]_{6\times8}$，如表 4-31 和表 4-32 所示。

表 4-31　　岗位对应聘高级管理人员的匹配意愿矩阵 M_c

岗位	B_1	B_2	B_3	B_4	B_5	B_6	B_7	B_8
A_1	0.3000	0.2100	0.2250	0.1650	0.0100	0.2500	0.0700	0.2200
A_2	0.005	-0.0700	0.2000	0.1350	0.1450	0.1800	0.1650	0.2250
A_3	0.0250	0.2200	-0.235	0.2550	0.0650	-0.0550	0.2200	0.1050
A_4	0.2500	0.0100	0.2200	0.2000	0.2350	0.1800	0.2000	0.1450
A_5	0.0500	0.1050	0.2250	0.1300	0.2200	0.1400	-0.0700	0.0750
A_6	0.1050	0.1450	0.1400	0.2200	0.0050	0.2500	0.2350	0.2200

表 4-32　　应聘高级管理人员对岗位的匹配意愿矩阵 M_d

岗位	B_1	B_2	B_3	B_4	B_5	B_6	B_7	B_8
A_1	0.2350	0.2200	0.1400	0.1300	0.2000	0.2200	0.1800	0.2300
A_2	0.1300	0.1400	-0.2350	0.0100	0.0650	0.1450	0.1650	0.2250
A_3	0.2200	0.2000	0.1800	0.2350	0.0050	0.0550	0.1050	0.1400
A_4	0.2000	0.0100	0.2200	0.1350	0.2300	0.1450	0.1050	0.0700
A_5	0.0450	0.1800	0.2300	0.0300	0.2200	0.1400	0.0700	0.0750
A_6	0.1400	0.0050	0.2200	0.1800	0.2000	0.2500	0.3000	0.1300

依据直觉模糊集矩阵（$\tilde{C}=[\tilde{c}_{ij}]_{6\times8}$、$\tilde{D}=[\tilde{d}_{ij}]_{6\times8}$）和匹配意愿矩阵（$M_c=[\eta_{cij}]_{6\times8}$、$M_d=[\eta_{dij}]_{6\times8}$）计算系数矩阵 $[a_{ij}^s\eta_{aij}+b_{ij}^s\eta_{bij}]_{6\times8}$，如表 4-33 所示。

表 4-33　　系数矩阵 $[a_{ij}^s\eta_{aij}+b_{ij}^s\eta_{bij}]_{6\times8}$

岗位	B_1	B_2	B_3	B_4	B_5	B_6	B_7	B_8
A_1	0.3248	0.2176	0.1780	0.1240	0.1010	0.2516	0.1035	0.2353
A_2	0.0503	0.0461	0.0752	0.0541	0.0810	0.1434	0.1501	0.2395
A_3	0.1193	0.2100	0.0588	0.2731	0.0209	0.0057	0.1465	0.0930
A_4	0.2381	0.0056	0.2234	0.1496	0.2519	0.1434	0.1335	0.0810
A_5	0.0280	0.1166	0.2434	0.0553	0.2234	0.1166	0.0094	0.0430
A_6	0.0930	0.0629	0.1700	0.1936	0.0996	0.2798	0.3248	0.1607

根据式（4.14）建立的人岗双边匹配优化模型，分别采用专门的软件包 LINGO11 和 MATLAB 对模型进行求解。求得的最优解为：

$x_{11}=1$，$x_{28}=1$，$x_{34}=1$，$x_{45}=1$，$x_{53}=1$，$x_{67}=1$，其余 $x_{ij}=0$。

从匹配算例计算结果可以看出，方法Ⅱ和方法Ⅰ的计算结果完全相同，说明了所提双边匹配决策方法Ⅱ的可行性和有效性。

对于人岗双边匹配问题的评价，有的人往往只采用一种评价信息来表达自己的满意程度，本章针对这一情况，提出了两种单一的决策方法。其一，基于语言评价型的多指标双边匹配决策方法，该方法将多指标语言评价信息转化为三角模糊数形式，定义了新的满意度，构建了多目标优化模型，给出了两种求解方法。

并将该方法应用到人岗匹配的典型例子中。其二，基于直觉模糊数信息型的多指标双边匹配决策方法，该方法将直觉模糊集矩阵转化为满意度矩阵，改进了满意度的计算方法，然后运用离差最大化的方法建立了匹配意愿矩阵，最后构建了两种多目标优化模型。并将这两种决策方法应用到一家机构的招聘案例中。本章只考虑了单一的三角模糊数信息型和直觉模糊数信息型的指标，实际决策问题中可能还有 0 ~ 1 特征变量和区间数等形式的指标，因此，将多种类型的评价信息混合起来研究，用在统一的模型中更具现实意义。

第5章　基于后悔理论的人岗双边匹配决策方法

现有人岗双边匹配决策研究通常是在假设岗位决策者和求职者双方完全理性的前提下进行的人岗双边匹配决策，但现实中的决策者并非完全理性，其决策行为往往会受到各种主观心理行为的影响。鉴于此，本章针对具有多种形式不确定信息的人岗双边匹配问题，结合行为经济学中的后悔理论相关假设，在充分考虑人岗双方的风险规避系数和后悔规避的心理行为，提出了一种基于后悔理论的人岗双边匹配方法。第一，将双边主体给出的评价信息转化为效用值；第二，依据后悔理论，计算每个主体的后悔值，获得每个主体的感知效用。在此基础上，通过建立人岗双方的感知效用矩阵，并以感知效用为依据，通过多目标规划模型的建立和求解，得到一种使人岗双方感知效用之和最大的人岗双边匹配决策方案。

5.1　后悔理论和感知效用

5.1.1　后悔理论

实际上，学者们对行为主体在决策过程中考虑后悔情绪的研究已经有一段历史了。早在20世纪50年代，经济学家们最早对后悔展开科学研究。他们使用“决策后悔”（decision regret）的概念来解释“理性选择”（rational choice）后的实际结果与预期结果间的差异。L. J. 萨维奇（L. J. Savage，1951）提出了决策的最大后悔最小化原则，即评价每个选项的最大后悔程度，放弃后悔程度最大的选项，选择后悔程度最小的选项。这个决策原则认为行为人在决策前人会计算每个选项的最大可能后悔，然后选择能使这个最大后悔最小化的选项。然而，这个原则仅仅适用于选项概率不够明确的决策，当有选项概率的信息时，这个原则将变得非最优。美国学者贾尼斯和曼（Janis & Mann，1977）从心理学的角度提出了预期后悔对于行为决策的影响，他认为对未来后悔的预期能够引导我们做出更加理性且更加合理的决策。这些学者的研究并未真正引起重视，而“后悔”真正得到关注则是从后悔理论（regret theory）开始的。

后悔理论是由贝尔（Bell，1982）、卢姆和萨格登（Loomes & Sugden，1982）分别独立提出的，是行为经济学的重要理论之一。其核心思想是：在决策过程中，决策者会根据对各项指标的评价，将自己选择的方案与其他没选择的备选方案作比较，如果他最终所选择的方案优于其他方案，他就会感到欣喜，而如果他最终选择的方案不如其他未选择的备选方案，则决策者会感到后悔。鉴于此，如果决策者在决策之前就将自己的这种心理预期考虑进去，就可以尽可能避免选择不如意的方案。

后悔理论表明：在双边匹配中，匹配主体不仅关注与当前匹配主体相匹配获得的结果，而且还关注与其他匹配主体相匹配可能获得的结果，且匹配主体是后悔规避的。因此匹配主体的感知效用就由两部分组成，即与当前匹配主体相匹配获得的效用值和相对于理想匹配主体的后悔—欣喜值。鉴于此，本书针对不确定语言评价信息的人岗双边匹配问题，提出一种考虑后悔行为的双边匹配方法。

定义 5.1 后悔理论是一种效用函数类型的理论，决策者对某备选方案的感知效用由当前选择方案的效用函数和后悔—欣喜函数两部分组成。

针对备选方案的不同类型属性，其效用函数不同，在实际决策过程中，决策者往往是规避风险的，具体表现为偏好效益型属性以及厌恶成本型属性的特点。因此，对于效益型属性，其效用函数 $v(x)$ 应为单调递增的凹函数，故构造效用函数可设计为：

$$v(x) = \frac{1 - \exp(-\alpha x)}{\alpha} \tag{5.1}$$

式（5.1）中，α 为决策者风险规避系数，$0 < \alpha < 1$，且 α 越大，则相同属

性 x 的效用值越大，表现为决策者偏好效益型属性的程度越大，关于不同 α 取值的效用函数如图 5－1 所示，其中，x 表示属性值的变量，v(x) 表示其效用值。

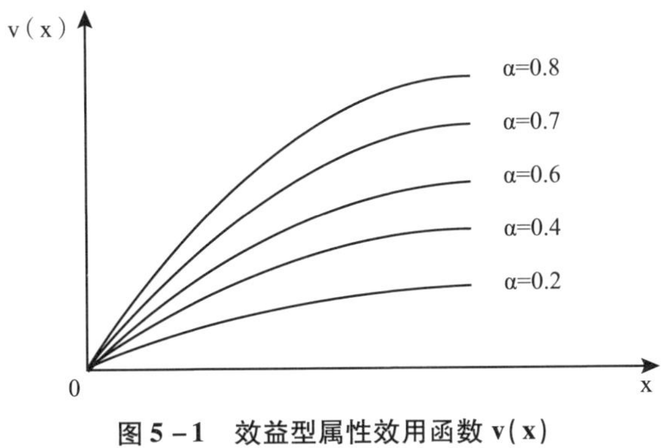

图 5－1　效益型属性效用函数 v(x)

若属性为成本型属性，其效用函数应为单调递减的凹函数，故构造效用函数可设计为：

$$v(x) = 1 - \exp(\beta x) \tag{5.2}$$

式（5.2）中，β 为决策者风险规避系数，$0 < \beta < 1$，且 β 越大，则相同属性 x 的效用值越小，表现为决策者厌恶成本型属性的程度越大，关于不同 β 取值的效用函数如图 5－2 所示，其中，x 表示属性值的变量，v(x) 表示其效用值。

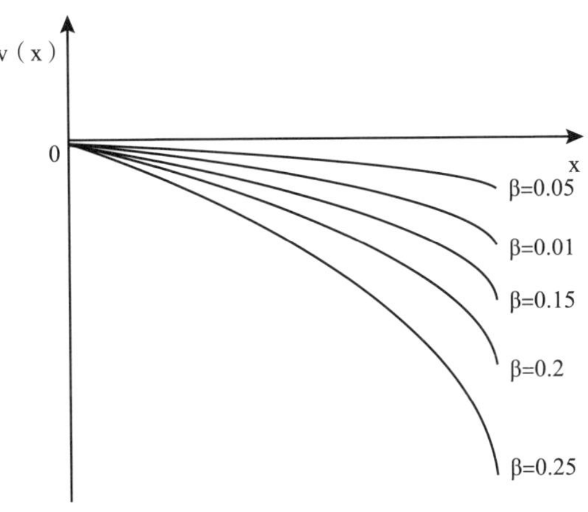

图 5－2　成本型属性效用函数 v(x)

假设同一属性下，备选方案 A_1、A_2 的决策信息分别为 x_1、x_2，那么决策者选择方案 A_1 而未选择 A_2 产生的后悔—欣喜函数为：

$$R(x_1, x_2) = 1 - \exp[-\delta(\Delta v)] = 1 - \exp[-\delta[v(x_1) - v(x_2)]] \quad (5.3)$$

式（5.3）中，$v(x_1)$ 和 $v(x_2)$ 分别表示备选方案 A_1、A_2 的效用函数，可用式（5.1）和式（5.2）求得；$\delta(\delta>0)$ 为决策者的后悔规避系数，δ 越大，效用差相等情况下，则决策者的后悔—欣喜值越大。

关于不同 δ 取值的后悔—欣喜函数如图 5-3 所示，其中 Δv 表示备选方案 A_1、A_2 在相同属性下的效用值之差 $v(x_1) \sim v(x_2)$ 的变量，$R(x_1, x_2)$ 表示决策者选择方案 A_1 而未选择 A_2 产生的后悔—欣喜值。

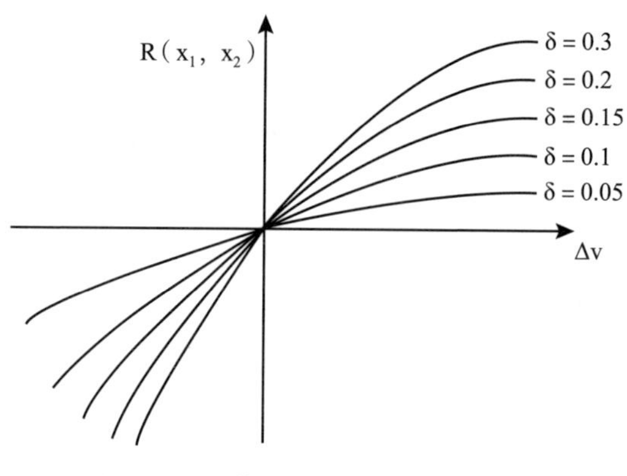

图 5-3　后悔—欣喜函数 $R(x_1, x_2)$

由图 5-3 发现，当 $R(x_1, x_2)>0$ 时，$R(x_1, x_2)$ 是欣喜值，表示决策者对选择方案 A_1 而放弃方案 A_2 感到欣喜；当 $R(x_1, x_2)<0$ 时，$R(x_1, x_2)$ 是后悔值，表示决策者对选择方案 A_1 而放弃方案 A_2 感到后悔。

因此，以方案 A_2 为标准，决策者对方案 A_1 的感知效用函数为：

$$u(x_1, x_2) = v(x_1) + R(x_1, x_2) \quad (5.4)$$

一般来说，对备选方案两两比较更符合决策者的正常思维，但是在多属性决策问题中，两两比较备选方案属性信息会大大增大工作量，从而增加了算法的复杂性。而选择将备选方案和正理想方案做比较，不仅能满足决策要求，而且简化了算法，提高了效率，因此本书采用与正理想方案相比较的思路。

5.1.2 感知效用

在考虑后悔心理的情况下，决策者对备选方案所得到的受用程度大小即为感知效用值，效用函数就是求得决策者感知效用的表达公式，而感知效用函数又由效用函数和后悔—欣喜函数两部分构成。所谓效用函数，就是决策者从某项备选方案中所感受到的满足感的表达形式，而后悔—欣喜函数则指决策者将决策结果与其他决策方案对比后的心理感受的计算方法。

当只存在两种备选方案A和B的情况下，决策者的感知效用函数可表达为：

$$u_A = v(x_A) + R[v(x_A) - v(x_B)] \tag{5.5}$$

式（5.5）中，u_A 表示决策者对方案A的感知效用，$v(x_A)$ 表示决策者从方案A中获得的效用，$v(x_B)$ 表示决策者从方案B中获得的效用，则 $R[v(x_A) - v(x_B)]$表示后悔—欣喜值。当 $R[v(x_A) - v(x_B)] > 0$ 时，表示方案A给决策者所带来的效用要大于方案B所带来的效用，因此决策者选择方案A时就会感到欣喜，而当 $R[v(x_A) - v(x_B)] < 0$ 时，表示方案A给决策者所带来的效用要小于方案B所带来的效用，决策者选择方案A就会感到后悔。根据后悔理论，后悔—欣喜函数 $R(\cdot)$ 是一个单调递增的凹函数，即满足 $R'(\cdot) > 0$，$R''(\cdot) < 0$，且 $R(0) = 0$。

当决策者面临多个备选方案时，约翰·奎金（John Quiggin，1994）提出了多个备选方案下决策者的感知效用函数。设决策活动有 A_1，A_2，…，A_m 个备选方案，A_i 为第i个备选方案，且 $i = 1, 2, \cdots, m$，$v(x_1)$，$v(x_2)$，…，$v(x_m)$分别表示决策者从方案 A_1，A_2，…，A_m 中获得的效用。那么，决策者对方案 A_i 的感知效用函数可以表示为：

$$u_i = v(x_i) + R[v(x_i) - v(x^+)] \tag{5.6}$$

式（5.6）中，u_i 表示决策者对方案 A_i 的感知效用，$v(x_i)$ 表示决策者选择方案 A_i 时所获得的效用，$v(x^+)$ 表示效用最大的备选方案；$R[v(x_i) - v(x^+)]$ 表示决策者所选的方案所带来的效用与能带来最大效用的备选方案之间的差距，也就是决策者的后悔—欣喜函数。在这里，$R[v(x_i) - v(x^+)] \leqslant 0$，表示后悔。

5.2 考虑后悔规避心理的人岗匹配问题描述

人岗双边匹配，顾名思义，就是将几个不同的求职者，通过某种决策方法，合理地分配到适合的待分配岗位之上，而最终得到的人岗匹配对，会使求职者和岗位双方的感知效用之和达到最大，这一人岗匹配问题可以用如下公式语言表述。

（1）$A=\{A_1, A_2, \cdots, A_m\}$表示某企业组织有 m 个待分配岗位，其中，$A_i$表示第 i 个待分配岗位，而 $i=1, 2, \cdots, m$；$B=\{B_1, B_2, \cdots, B_n\}$表示有 n 个求职者，$B_j$ 表示第 j 个求职者，其中 $j=1, 2, \cdots, n$；考虑人岗匹配实际情况，往往供职者要多于岗位设置数量，因此这里假设 $m\leqslant n$。

（2）设 $C_{jh}=\{C_{j1}, C_{j2}, \cdots, C_{jp_1}, C_{j(p_1+1)}, C_{j(p_1+2)}, \cdots, C_{jp_2}, C_{j(p_2+1)}, C_{j(p_2+2)}, \cdots, C_{jp}\}$表示企业对第 j 个求职者 B_j 的各项评价指标集合，C_{jh}表示企业对求职者 B_j 的第 h 项评价指标，且 $j=1, 2, \cdots, n$，$h=1, 2, \cdots, p_1, p_1+1, p_1+2, \cdots, p_2, p_2+1, p_2+2, \cdots, p$。其中 $\{C_{j1}, C_{j2}, \cdots, C_{jp_1}\}$ 表示岗位对求职者 B_j 的 0～1 判断信息型评价指标，$\{C_{j(p_1+1)}, C_{j(p_1+2)}, \cdots, C_{jp_2}\}$表示岗位对求职者 B_j 的区间数信息型评价指标，$\{C_{j(p_2+1)}, C_{j(p_2+2)}, \cdots, C_{jp}\}$表示对求职者 B_j 的语言信息型评价指标；令 $E_{ik}=\{E_{i1}, E_{i2}, \cdots, E_{iq_1}, E_{i(q_1+1)}, E_{i(q_1+2)}, \cdots, E_{iq_2}, E_{i(q_2+1)}, E_{i(q_2+2)}, \cdots, E_{iq}\}$表示第 i 个待分配岗位 A_i 的各项评价指标集合，E_{ik}表示岗位 A_i 在第 k 项评价指标上的实际状态，且 $i=1, 2, \cdots, m$，$k=1, 2, \cdots, q_1, q_1+1, q_1+2, \cdots, q_2, q_2+1, q_2+2, \cdots, q$，其中，$\{E_{i1}, E_{i2}, \cdots, E_{iq_1}\}$ 表示岗位的 0～1 判断型评价指标，$\{E_{i(q_1+1)}, E_{i(q_1+2)}, \cdots, E_{iq_2}\}$区间数信息型评价指标，$\{E_{i(q_2+1)}, E_{i(q_2+2)}, \cdots, E_{iq}\}$表示语言评价信息型指标。

（3）由于不同岗位在选择求职者时对指标的侧重点不同，即不同岗位给出的权重不同，故设 $w_{ih}=\{w_{i1}, w_{i2}, \cdots, w_{ip}\}$，$i=1, 2, \cdots, m$，$h=1, 2, \cdots, p_1, p_1+1, p_1+2, \cdots, p_2, p_2+1, p_2+2, \cdots, p$ 为岗位 A_i 的指标权重集合，w_{ih}就表示第 h 项评价指标对岗位 A_i 的重要性，且各指标权重满足 $0\leqslant w_{ih}\leqslant 1$，$\sum_{h=1}^{p} w_{ih}=1$；同理，不同求职者在选择岗位时对指标的侧重点也不尽相同，即各求职者对不同

指标所给出的权重也不同，设 $w_{jk}=\{w_{j1},\ w_{j2},\ \cdots,\ w_{jq}\}$ 为第 j 个求职者给出的指标权重集合，$j=1,\ 2,\ \cdots,\ n$，$k=1,\ 2,\ \cdots,\ q_1,\ q_1+1,\ q_1+2,\ \cdots,\ q_2,\ q_2+1,\ q_2+2,\ \cdots,\ q$，且各指标权重满足 $0\leqslant w_{jk}\leqslant 1$，$\sum_{k=1}^{q} w_{jk}=1$。

（4）假设不同岗位决策者的风险规避系数为 $\gamma_i=\{\gamma_1,\ \gamma_2,\ \cdots,\ \gamma_m\}$，$\gamma_i$ 表示第 i 个待分配岗位 A_i 的决策者的风险规避系数，其中 $i=1,\ 2,\ \cdots,\ m$；各求职者的风险规避系数为 $\varepsilon_j=\{\varepsilon_1,\ \varepsilon_2,\ \cdots,\ \varepsilon_n\}$，$\varepsilon_j$ 表示第 j 个求职者 B_j 的风险规避系数，其中 $j=1,\ 2,\ \cdots,\ n$。

设不同岗位的后悔规避系数为 $\delta_i=\{\delta_1,\ \delta_2,\ \cdots,\ \delta_m\}$，$\delta_i$ 表示第 i 个待分配岗位 A_i 的后悔规避系数，其中 $i=1,\ 2,\ \cdots,\ m$；求职者的风险规避系数为 $\varphi_j=\{\varphi_1,\ \varphi_2,\ \cdots,\ \varphi_n\}$，$\varphi_j$ 表示第 j 个求职者 B_j 的后悔规避系数，其中 $j=1,\ 2,\ \cdots,\ n$。

这里所说的风险规避系数，可以简单理解为，决策者在面对不确定情况时对风险的害怕或厌恶程度。风险规避系数越小，表示决策者越谨慎，亦即越厌恶风险。而所谓后悔规避系数，是指决策者在决策过程中，对可能出现的后悔心理的害怕或厌恶程度，后悔规避系数越小，决策者对后悔情绪的厌恶程度越小。

后悔理论认为，在决策过程中，岗位决策者对求职者的感知效用越大，证明该求职者越符合岗位的心理要求，岗位越趋向于选择该求职者，相反，感知效用越小，越不符合要求，岗位越趋向于淘汰该求职者。同理，求职者对岗位的感知效用越大，证明该岗位越符合求职者的心理要求，求职者越趋向于选择该岗位。而本章所要解决的问题就是，在考虑人岗双方的后悔规避系数和风险规避系数的前提下，利用上述条件，结合后悔理论相关知识，通过一种有效的决策方法，得到一组使岗位和求职者双方感知效用最大化的匹配决策方案。若要实现这一方案，每组人岗匹配对还要满足以下条件。

第一，$\mu(A_i)\in B$，即待分配岗位集合中的任意个体 $A_i(i=1,\ 2,\ \cdots,\ m)$ 的匹配范围是求职者所在的集合 B；$\mu(B_j)\in A$，即求职者集合中的任意个体 $B_j(j=1,\ 2,\ \cdots,\ n)$ 的匹配范围是待分配的岗位所在的集合 A；

第二，$\mu(A_i)=B$，当且仅当 $\mu(B_j)=A$，即 $A_i(i=1,\ 2,\ \cdots,\ m)$ 与 $B_j(j=1,\ 2,\ \cdots,\ n)$ 匹配，则 $B_j(j=1,\ 2,\ \cdots,\ n)$ 也必须与 $A_i(i=1,\ 2,\ \cdots,\ m)$ 匹配，此时岗位与求职者之间才形成匹配对；

第三，若 $\mu(A_i)=B_j$，则 $\mu(A_i)\neq B_l$，其中 $B_j\in B$，$B_l\in B$，且 $l\neq j$，即若 $A_i(i=1, 2, \cdots, m)$ 与求职者所在集合 B 中的求职者 $B_j(j=1, 2, \cdots, n)$ 形成匹配对后，就不能再与其他求职者进行匹配，同理求职者 B_j 也最多只能与岗位集合 A 中的一个岗位相匹配，但由于假设 $m\leqslant n$，故每一个岗位 A_i 都有且只有一个求职者 B_j 与其形成匹配对，但并不是每个求职者 B_j 都能形成匹配对，若求职者 B_j 没能与岗位集合 A 中的岗位形成映射，则称 B_j 被淘汰。

5.3 双边匹配决策方法

5.3.1 感知效用矩阵构建

要构建人岗双方的感知效用矩阵，首先要得到人岗双方在完全理性前提假设之下对对方的满意度，可借助“理想点法”得到双方的满意度值。

首先构建待分配岗位对求职者的满意度矩阵，而这里的“理想点”是指岗位对求职者在某一指标上所期望的最理想的状态，即求职者在各指标上的最佳表现，可用 $v_h^+=\{v_1^+, v_2^+, \cdots, v_{p_1}^+, v_{p_1+1}^+, v_{p_1+2}^+, \cdots, v_{p_2}^+, v_{p_2+1}^+, v_{p_2+2}^+, \cdots, v_p^+\}$ 表示，其中 v_h^+ 表示求职者在第 h 项指标 C_h 上达到的最理想状态，其中 $h=1, 2, \cdots, p_1, p_1+1, p_1+2, \cdots, p_2, p_2+1, p_2+2, \cdots, p$，$\{v_1^+, v_2^+, \cdots, v_{p_1}^+\}$ 表示求职者在 0~1 判断信息型评价指标上的理想状态，$\{v_{p_1+1}^+, v_{p_1+2}^+, \cdots, v_{p_2}^+\}$ 表示各求职者在区间数信息型评价指标上的理想状态，$\{v_{p_2+1}^+, v_{p_2+2}^+, \cdots, v_p^+\}$ 表示各求职者在语言评价信息型指标上的理想状态。可以用公式对这三种不同类型评价信息的“理想点”进行表述，如式（5.7）所示。

$$v_h^+=\begin{cases}\bar{v}_h^+=[0, 1], & 0\sim1\text{ 判断信息型指标}\\ \tilde{v}_h^+=[v_h^{L+}, v_h^{U+}], & \text{区间数信息型指标}\\ \hat{v}_h^+=[v_h^{l+}, v_h^{m+}, v_h^{u+}], & \text{语言评价信息型指标}\end{cases} \tag{5.7}$$

式（5.7）中的 v_h^+ 定义为：

$$v_h^+=\begin{cases}[1], & 0\sim1\text{ 判断信息型指标}\\ [1, 1], & \text{区间数信息型指标}\\ [1, 1, 1], & \text{语言评价信息型指标}\end{cases} \tag{5.8}$$

如果用 v_{hj} 表示企业在第 h 个指标下对第 j 个求职者 B_j 的实际表现的评价结果，则 v_{hj} 存在三种不同形式的表述，显然，0～1 判断信息型指标的评价结果为“0”或“1”；区间数信息性指标的评价结果是一个有上下限的区间数，而语言评价信息型指标的评价结果可转化为三角模糊数，如式（5.9）所示。

$$v_{hj}=\begin{cases}\bar{v}_{hj}=[0,\ 1], & \text{0～1 判断信息型指标}\\ \tilde{v}_{hj}=[v_{hj}^{L},\ v_{hj}^{U}], & \text{区间数信息型指标}\\ \hat{v}_{hj}=[v_{hj}^{l},\ v_{hj}^{m},\ v_{hj}^{u}], & \text{语言评价信息型指标}\end{cases}\tag{5.9}$$

求职者在各指标上的表现到岗位在该指标上所给出的理想点的距离，表明了求职者在该指标上的表现与岗位在该指标上的理想状态的差距。而待分配求职者 B_j 在第 h 项评价指标 C_h 上的实际评价结果 v_{hj} 到理想点 v_h^+ 的距离，可用式（5.10）表示。

$$d(v_{hj},\ v_h^+)=\begin{cases}|\bar{v}_{hj}-1|, & \text{0～1 判断型信息指标}\\ \sqrt{\dfrac{1}{2}[(v_{hj}^{L}-1)^2+(v_{hj}^{U}-1)^2]}, & \text{区间数型信息指标}\\ \sqrt{\dfrac{1}{3}[(v_{hj}^{l}-1)^2+(v_{hj}^{m}-1)^2+(v_{hj}^{u}-1)^2]}, & \text{语言评价信息型指标}\end{cases}\tag{5.10}$$

通过加权处理，则可得到求职者在各指标上的评价结果到“理想点”的加权距离，其计算公式为：

$$D_{ij}=\sum_{h=1}^{p}w_{ih}d(v_{hj},\ v^+_{\cdot}),\ i=1,\ 2,\ \cdots,\ m,\ j=1,\ 2,\ \cdots,\ n\tag{5.11}$$

式（5.11）中，w_{ih} 表示第 h 项指标在待分配岗位 A_i 的决策者心中的重要性，即指标 h 的权重，且 $h=1,\ 2,\ \cdots,\ p_1,\ p_1+1,\ p_1+2,\ \cdots,\ p_2,\ p_2+1,\ p_2+2,\ \cdots,\ p$。显然，$D_{ij}\in[0,\ 1]$，且 D_{ij} 的值越大，相反 D_{ij} 越小，表示该求职者与岗位的理想人选越接近。因此在完全理性假设下，岗位 A_i 对求职者 B_j 的满意度可表示为：

$$\alpha_{ij}=1-D_{ij},\ i=1,\ 2,\ \cdots,\ m,\ j=1,\ 2,\ \cdots,\ n\tag{5.12}$$

式（5.12）中，符号 α_{ij} 表示岗位 A_i 对求职者 B_j 的满意度，当 $D_{ij}\in[0,\ 1]$ 时，$\alpha_{ij}\in[0,\ 1]$。

由于感知效用函数是由效用函数和后悔—欣喜函数两部分构成，因此要得到感知效用矩阵，首先要构造各岗位的效用函数。

在人岗匹配过程中，岗位的效用就是岗位通过对每个求职者的各项指标进行综合评价之后，考虑任用不同求职者所带来的不同受用程度的一种度量。考虑到现实生活中的决策者往往都是趋于风险规避的，因此效用函数通常是一个单调递增的凹函数。若用 $v(x)$ 表示效用函数，则有 $v'(x)>0$，且 $v''(x)<0$。而幂函数符合以上条件，因此采用幂函数作为岗位的效用函数，其公式为：

$$v(\alpha_{ij})=\alpha_{ij}^{\gamma_i},\ i=1,\ 2,\ \cdots,\ m,\ j=1,\ 2,\ \cdots,\ n \tag{5.13}$$

式（5.13）中，$v(\alpha_{ij})$ 表示待分配岗位 A_i 在选择求职者 B_j 情况下得到的效用，α_{ij}表示岗位 A_i 的决策者对求职者 B_j 各项指标的综合评价结果。γ_i 为待分配岗位 A_i 的风险规避系数。

岗位决策者的风险规避系数 γ 与岗位对求职者通过评价所得效用函数 $v(\alpha_{ij})$ 的关系如图 5－4 所示。图为风险规避系数 α_i 在不同取值情况下，效用函数 $v(\alpha_{ij})$的图像，其中，α_{ij}是岗位在完全理性的前提下，对求职者各项指标进行综合评价所得到的评价结果，这个值可以看作是在完全理性的评价下，求职者从事该岗位能给岗位带来的价值的大小。γ 为岗位 A_i 的风险规避系数，$0<\gamma<1$。由图 5－4 可知，在对求职者综合评价结果相同的情况下，岗位的风险规避系数 γ 的取值越小，其效用函数的值越大。

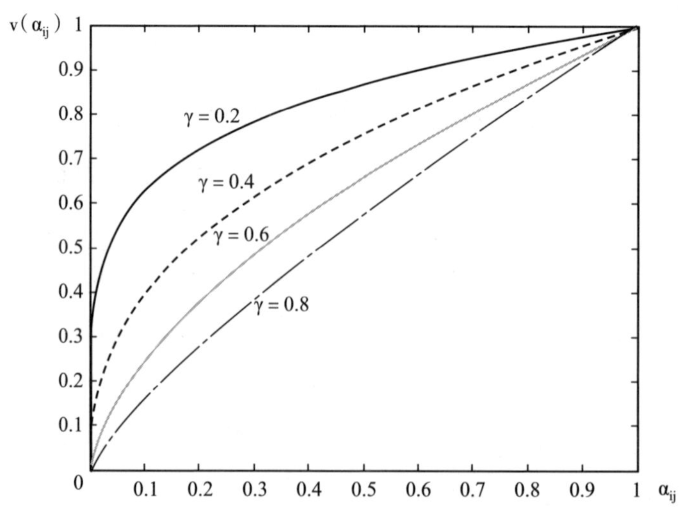

图 5－4　风险规避系数与效用函数的关系

由后悔理论的相关介绍可知，决策者对后悔—欣喜这种心理感受也是趋于风险规避的，因此后悔—欣喜函数也是单调递增的凹函数，若用 $R(\Delta v)$ 表示后悔—欣喜函数，则有 $R'(\Delta v)>0$，且 $R''(\Delta v)<0$。而后悔—欣喜函数的公式可表示为：

$$R(\Delta v_{ij})=1-\exp(-\delta_i\Delta v_{ij}),\ i=1,\ 2,\ \cdots,\ m,\ j=1,\ 2,\ \cdots,\ n \tag{5.14}$$

式（5.14）中，$R(\Delta v_{ij})$ 表示待分配岗位 A_i 对求职者 B_j 的后悔—欣喜函数，$\Delta v_{ij}=v(\alpha_{ij})-v^+(\alpha)$，表示对岗位 A_i 而言，选择求职者 B_j 所得到的效用 $v(\alpha_{ij})$ 与在所有求职者中，选择表现最好的求职者所得到的效用 $v^+(\alpha)$ 之差。δ_i 为待分配岗位 A_i 的后悔规避系数。

岗位的后悔规避系数 δ 与岗位对求职者的后悔—欣喜函数 $R(\Delta v_{ij})$ 的关系如图 5－5 所示。$\Delta v_{ij}=v(\alpha_{ij})-v^+(\alpha)$ 表示对岗位 A_i 而言，求职者 B_j 与表现最好的求职者的效用之差。而显然 $\Delta v_{ij}\leqslant 0$，因此在实际的应用中，后悔规避系数与岗位后悔—欣喜值的关系则如图 5－6 所示。

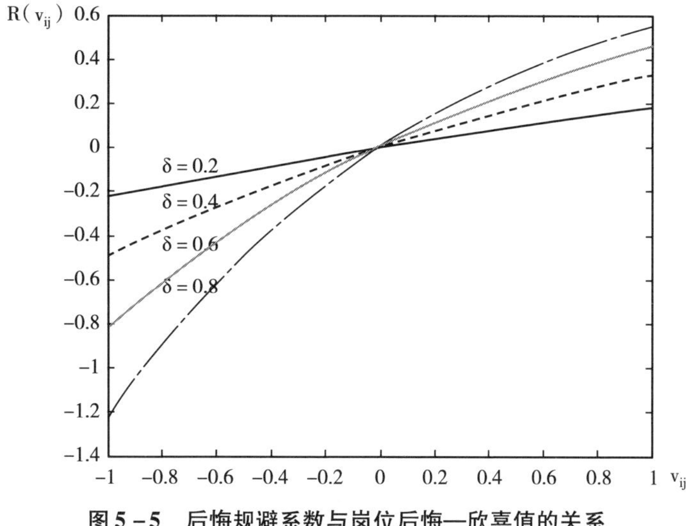

图 5－5　后悔规避系数与岗位后悔—欣喜值的关系

图 5－6 为实际应用中，岗位决策者在不同的后悔规避程度下的后悔—欣喜函数图像。其中，δ 为待分配岗位 A_i 的决策者的后悔规避系数，$0<\delta<1$，且 δ 越大，$|R(\Delta v_{ij})|$ 越大，表示岗位的后悔规避程度越高。由后悔理论定义可知，

在实际的决策过程中，后悔欣喜函数只能为负值，在图像上表示为只取 $\Delta v_{ij}<0$ 部，当 $\Delta v_{ij}<0$ 时，$R(\Delta v_{ij})$ 不可能大于零。值得注意的是，当 $\Delta v_{ij}=0$ 时，$R(\Delta v_{ij})=0$，表示当岗位在两个求职者评价结果上得到的效用相同时，岗位选择其中任意一个时，既不感到后悔，也不感到欣喜。

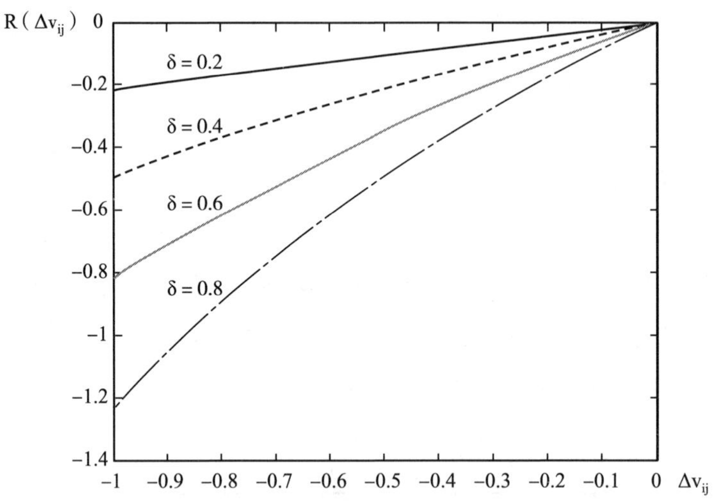

图 5-6 实际应用中后悔规避系数与岗位后悔—欣喜值的关系

由后悔理论可知，感知效用为效用和后悔—欣喜值之和，因此待分配岗位 A_i 对求职者 B_j 的感知效用 u_{ij} 的公式可表达为：

$$u_{ij}=v(\alpha_{ij})+R(\Delta v_{ij})=\alpha_{ij}^{\gamma_i}+1-\exp(-\delta_i\Delta v_{ij}),$$
$$i=1,2,\cdots,m,\quad j=1,2,\cdots,n \tag{5.15}$$

通过计算不同岗位对每个求职者的感知效用可得到感知效用矩阵 $U=[u_{ij}]_{m\times n}$，同理，可得到求职者对待分配岗位的感知效用矩阵 $T=[t_{ij}]_{m\times n}$。

5.3.2 决策模型构建

根据待分配岗位对求职者的感知效用矩阵 $U=[u_{ij}]_{m\times n}$ 和求职者对待分配岗位的感知效用矩阵 $T=[t_{ij}]_{m\times n}$，可以建立一个使双方感知效用最大的多目标规划模型。设 x_{ij} 为 0~1 变量，当 $x_{ij}=1$ 时，表示岗位 A_i 与求职者 B_j 相匹配，当 $x_{ij}=0$ 时，表示岗位 A_i 与求职者 B_j 不匹配。人岗双边匹配决策模型如下。

$$\max Z_A = \sum_{i=1}^{m}\sum_{j=1}^{n} u_{ij}x_{ij} \tag{5.16a}$$

$$\max Z_B = \sum_{i=1}^{m}\sum_{j=1}^{n} t_{ij}x_{ij} \tag{5.16b}$$

$$\text{s.t.} \sum_{i=1}^{m} x_{ij} \leqslant 1,\ j = 1, 2, \cdots, n \tag{5.16c}$$

$$\sum_{j=1}^{n} x_{ij} = 1,\ i = 1, 2, \cdots, m \tag{5.16d}$$

$$x_{ij} \in \{0, 1\},\ i=1, 2, \cdots, m,\ j=1, 2, \cdots, n \tag{5.16e}$$

式（5.16a）~式（5.16e）中，式（5.16a）和式（5.16b）是目标函数，式（5.16a）表示使待分配岗位对求职者的感知效用之和最大，式（5.16b）表示使求职者对待分配岗位的感知效用之和最大，式（5.16c）、式（5.16d）、式（5.16e）均为约束条件，式（5.16c）表示每个求职者最多被安置到一个岗位上，式（5.16d）表示每个岗位必须且只能匹配一名求职者，式（5.16e）表示 0~1 变量的取值只能是 0 或 1，即求职者与待分配岗位只能有匹配和不匹配两种结果。

5.3.3　决策模型求解

对于式（5.16a），其中待分配岗位对求职者的感知效用 u_{ij} 与求职者对待分配岗位的感知效用 t_{ij} 的取值范围均为［0，1］，即二者属于同一量纲。为方便计算，可以对目标函数式（5.16a）和式（5.16b）进行线性加权，建立单目标模型，并对其进行求解。

$$\max Z = \omega_A \sum_{i=1}^{m}\sum_{j=1}^{n} u_{ij}x_{ij} + \omega_B \sum_{i=1}^{m}\sum_{j=1}^{n} t_{ij}x_{ij} \tag{5.17a}$$

$$\text{s.t.} \sum_{i=1}^{m} x_{ij} \leqslant 1,\ j = 1, 2, \cdots, n \tag{5.17b}$$

$$\sum_{j=1}^{n} x_{ij} = 1,\ i = 1, 2, \cdots, m \tag{5.17c}$$

$$x_{ij} \in \{0, 1\},\ i=1, 2, \cdots, m,\ j=1, 2, \cdots, n \tag{5.17d}$$

式（5.17a）~式（5.17d）中，ω_A 和 ω_B 表示岗位和求职者在线性加权中的权重。在进行人岗匹配过程中，若更看重岗位决策者对求职者的感知效用，即岗位掌握主导权，则岗位在匹配中所占的权重比较大，则 $\omega_A > \omega_B$，若更注重求职者对岗位的感知效用，即求职者掌握主导权，则 $\omega_A > \omega_B$。且有 $0 \leqslant \omega_A \leqslant 1$，$0 \leqslant \omega_B \leqslant 1$，$\omega_A + \omega_B = 1$。

对于式（5.17），显然目标函数和约束条件均为线性，则可以采用线性规划方法对模型进行求解。还可利用 LINGO、MATLAB 等软件求解该线性规划模型。

5.3.4 决策步骤整理

基于后悔理论的人岗双边匹配决策步骤如下。

步骤 1：得到人岗双方在完全理性下对对方的评价结果；

步骤 2：根据人岗双方的风险规避系数和后悔规避系数，构造效用函数和后悔—欣喜函数，相加得到人岗双方到感知效用函数，进而形成双方的感知效用矩阵；

步骤 3：依据双方的感知效用矩阵，建立在后悔理论基础上的感知效用最大化的多目标规划模型；

步骤 4：利用线性加权，将多目标规划模型转化成单目标规划模型，通过模型求解，获得匹配方案。

5.4 实例分析

5.4.1 描述及求解

某大型园林景观公司为扩大规模，现需招聘一批求职者，而该公司工程部计划在项目经理、现场经理、土建工程师、质量工程师四个岗位（A_1，A_2，A_3，A_4）上招聘四名高新技术人员。经过初步筛选，现有六名求职者（B_1，B_2，B_3，B_4，B_5，B_6）进入到最终选拔环节。由人力资源部门、外聘专家和工程部门领导组成的专家团队，欲从团队合作（C_1）、沟通表达（C_2）、期望薪酬（C_3）、身体素质（C_4）、工作经验（C_5）、专业知识（C_6）、英语水平（C_7）和计算机水平（C_8）这八个指标对当前的六名求职者进行评价，其中指标 C_3 为区间数信息型指标，C_5 为 0 ~ 1 判断信息型指标，其余均为语言评价信息型指标，其评价结果如表 5 – 1 所示。其中，对于语言评价信息型指标，公司利用三角模糊数，采用 7

粒度语言的评价集合进行处理，即 T = 6，S = {s_0 = AL(Absolute Low)，s_1 = VL(Very Low)，s_2 = L(Low)，s_3 = M(Medium)，s_4 = H(Hight)，s_5 = VH(Very Hight)，s_6 = (Absolute Hight)}，借此表示各求职者在语言评价信息型指标上的表现。再由专家团队根据经验结合岗位实际，利用 AHP 法，给出不同岗位在这 8 项指标上的侧重点即权重，如表 5 -2 所示。与此同时，企业给出 4 个岗位在薪酬福利（I_1）、发展空间（I_2）、休息休假（I_3）及工作环境（I_4）方面的实际情况，如表 5 -3 所示。再通过访谈和问卷调查，得到求职者对各指标的看重程度，即给出的权重，如表 5 -4 所示。

表 5 -1　　岗位对求职者在各项指标上的评价信息

指标	B_1	B_2	B_3	B_4	B_5	B_6
C_1	H	VH	H	H	AH	H
C_2	AH	H	VH	VH	H	M
C_3	[4000，6000]	[4000，5000]	[4000，6000]	[3000，5000]	[5000，6000]	[3000，5000]
C_4	H	H	VH	H	M	VH
C_5	1	1	0	0	1	0
C_6	AH	VH	VH	VH	VH	AH
C_7	H	AH	AH	M	M	VH
C_8	VH	L	H	AH	H	VH

表 5 -2　　岗位对各项指标给出的权重

指标	A_1	A_2	A_3	A_4
C_1	0. 2204	0. 1700	0. 1351	0. 1790
C_2	0. 2261	0. 2333	0. 1801	0. 2316
C_3	0. 0645	0. 0801	0. 1424	0. 0840
C_4	0. 0890	0. 1167	0. 1424	0. 1054
C_5	0. 1368	0. 1558	0. 1076	0. 1283
C_6	0. 1072	0. 1134	0. 2004	0. 1628
C_7	0. 0875	0. 0551	0. 0398	0. 0456
C_8	0. 0685	0. 0756	0. 0522	0. 0633

表 5-3 各岗位在不同指标上的实际状态

岗位	A_1	A_2	A_3	A_4
I_1	AH	VH	VH	H
I_2	VH	VH	AH	VH
I_3	M	M	M	AH
I_4	H	M	M	H

表 5-4 各求职者对不同指标给出的权重

岗位情况	B_1	B_2	B_3	B_4	B_5	B_6
I_1	0.4	0.3	0.4	0.5	0.5	0.2
I_2	0.3	0.4	0.3	0.2	0.2	0.4
I_3	0.2	0.1	0.1	0.1	0.2	0.3
I_4	0.1	0.2	0.2	0.2	0.1	0.1

首先利用第 2 章的评价指标处理方法，将各语言评价信息型指标上的语言评价结果进行数值转化，并将区间型指标进行归一化处理。再依据式（5.4）求出各求职者评价信息到理想点的距离，如表 5-5 所示；同理求得岗位评价信息到理想点的距离，如表 5-6 所示。

表 5-5 岗位 A 对求职者 B 的评价信息到理想点的距离

指标	B_1	B_2	B_3	B_4	B_5	B_6
C_1	0.3600	0.2151	0.3600	0.3600	0.0964	0.3600
C_2	0.0964	0.3600	0.2151	0.2151	0.3600	0.5183
C_3	0.4714	0.5270	0.4714	0.7454	0.2357	0.7454
C_4	0.3600	0.3600	0.2151	0.3600	0.5183	0.2151
C_5	0	0	1	1	0	1
C_6	0.0964	0.2151	0.2151	0.2151	0.2151	0.0964
C_7	0.3600	0.0964	0.0964	0.5183	0.5183	0.2151
C_8	0.2151	0.6804	0.3600	0.0964	0.3600	0.2151

表5－6　　求职者B对岗位A评价信息到理想点的距离

岗位情况	A_1	A_2	A_3	A_4
I_1	0.0964	0.2151	0.2151	0.3600
I_2	0.2151	0.2151	0.0964	0.2151
I_3	0.5183	0.5183	0.5183	0.0964
I_4	0.3600	0.5183	0.5183	0.3600

依据式（5.5）和式（5.6）得到岗位决策者对求职者的满意度，进而形成满意度矩阵，如表5－7所示。同理得到求职者对岗位的满意度矩阵，如表5－8所示。

表5－7　　岗位A对求职者B的满意度 $[\alpha_{ij}]_{4\times6}$

岗位	B_1	B_2	B_3	B_4	B_5	B_6
A_1	0.7798	0.7271	0.6295	0.5801	0.7430	0.5556
A_2	0.7895	0.7141	0.6130	0.5709	0.7401	0.5382
A_3	0.7707	0.6973	0.6415	0.5788	0.7322	0.5745
A_4	0.7900	0.7134	0.6330	0.5921	0.7435	0.5628

表5－8　　求职者B对岗位A的满意度 $[\beta_{ij}]_{4\times6}$

岗位	B_1	B_2	B_3	B_4	B_5	B_6
A_1	0.7572	0.7612	0.7731	0.7850	0.7691	0.7032
A_2	0.6939	0.6939	0.6939	0.6939	0.6939	0.6636
A_3	0.7295	0.7414	0.7296	0.7177	0.7177	0.7111
A_4	0.7362	0.7243	0.7098	0.6953	0.7217	0.7770

设各待分配岗位决策者的风险规避系数均为0.5，而待分配求职者的风险规避系数分别为：0.7、0.75、0.8、0.85、0.8、0.8。各岗位的后悔系数均为：0.2，而各求职者的后悔系数分别为：0.3、0.9、0.2、0.1、0.2、0.5。

依据式（5.7）得到4个岗位对6名应聘者的效用函数，同理可得到6名求职者对 4 个岗位的效用函数。依据式（5.8）可构建 4 个岗位对 6 名应聘者的后悔—欣喜函数，同理也可以得到 6 名求职者对 4 个岗位的后悔—欣喜函数。最后依据式（5.9）构建岗位人岗双方的感知效用矩阵，如表 5 – 9 和表 5 – 10 所示。

表 5 – 9　　岗位对求职者的感知效用矩阵 $[u_{ij}]_{4\times6}$

岗位	B_1	B_2	B_3	B_4	B_5	B_6
A_1	0.8831	0.8588	0.8112	0.7856	0.8662	0.7726
A_2	0.8885	0.8537	0.8038	0.7818	0.8659	0.7641
A_3	0.8779	0.8435	0.8162	0.7839	0.8601	0.7817
A_4	0.8888	0.8534	0.8141	0.7931	0.8676	0.7775

表 5 – 10　　求职者对岗位的感知效用矩阵 $[t_{ij}]_{4\times6}$

岗位	B_1	B_2	B_3	B_4	B_5	B_6
A_1	0.8231	0.8149	0.8139	0.8140	0.8106	0.7854
A_2	0.7888	0.8083	0.7599	0.7411	0.7592	0.7676
A_3	0.8082	0.8132	0.7844	0.7603	0.7756	0.7889
A_4	0.8118	0.8116	0.7709	0.7422	0.7783	0.8172

将双方感知效用代入式（5.16）建立多目标规划模型，为公平起见，设定双方权重参数分别为 $\omega_A = \omega_B = 0.5$，线性加权后形成式（5.17）所示的单目标规划模型，并利用 LINGO11 对其进行求解。

通过计算得到如下最优解。

$x_{11}=0$，$x_{12}=0$，$x_{13}=0$，$x_{14}=0$，$x_{15}=1$，$x_{16}=0$；

$x_{21}=0$，$x_{22}=1$，$x_{23}=0$，$x_{24}=0$，$x_{25}=0$，$x_{26}=0$；

$x_{31}=0$，$x_{32}=0$，$x_{33}=1$，$x_{34}=0$，$x_{35}=0$，$x_{36}=0$；

$x_{41}=1$，$x_{42}=0$，$x_{43}=0$，$x_{44}=0$，$x_{45}=0$，$x_{46}=0$。

由求得的最优解可知，岗位与求职者的匹配结果为：岗位 A_1 与求职者 B_5 相匹配；岗位 A_2 与求职者 B_2 相匹配；岗位 A_3 与求职者 B_3 相匹配；岗位 A_4 与求职者 B_1 相匹配；求职者 B_4、B_6 没有与任何岗位相匹配。亦即求职者 B_5 担任项目经理；B_2 担任现场经理；B_3 担任土建工程师；B_1 担任项目工程师；求职者 B_4、B_6 淘汰。

5.4.2　决策方法的比较分析

上述基于后悔理论的人岗双边匹配决策方案是考虑人岗双方后悔心理前提下的一种人岗双边匹配方法，为验证该方法的可靠性，下面对该方法与完全理性前提下建立的基本决策进行比较。

完全理性的人岗双边匹配决策方法是根据式（5.5）和式（5.6）求得的岗位决策者对求职者的满意度矩阵 $[\alpha_{ij}]_{4\times6}$ 和求职者对岗位的满意度矩阵 $[\beta_{ij}]_{4\times6}$，即表5－7和表5－8所示数据，然后由人岗双边匹配决策基本模型，即第3章式（3.7）求得人岗双边匹配结果。

通过计算得到的最优解如下：

$x_{11}=0$，$x_{12}=1$，$x_{13}=0$，$x_{14}=0$，$x_{15}=0$，$x_{16}=0$；

$x_{21}=0$，$x_{22}=0$，$x_{23}=0$，$x_{24}=0$，$x_{25}=1$，$x_{26}=0$；

$x_{31}=0$，$x_{32}=0$，$x_{33}=1$，$x_{34}=0$，$x_{35}=0$，$x_{36}=0$；

$x_{41}=1$，$x_{42}=0$，$x_{43}=0$，$x_{44}=0$，$x_{45}=0$，$x_{46}=0$。

由上述最优解可知，岗位与求职者的匹配结果为：岗位 A_1 与求职者 B_2 相匹配；岗位 A_2 与求职者 B_5 相匹配；岗位 A_3 与求职者 B_4 相匹配；岗位 A_4 与求职者 B_1 相匹配；求职者 B_4、B_6 没有与任何岗位相匹配。亦即求职者 B_2 担任项目经理；B_5 担任现场经理；B_3 担任土建工程师；B_1 担任项目工程师；求职者 B_4、B_3 淘汰。

将基于后悔理论的人岗双边匹配决策分配方案与完全理性前提下建立的基本决策模型得到的匹配方案相比较，如表5－11所示。

表5－11　　两种心理假设下的决策方案比较

心理假设	匹配结果				被淘汰求职者
完全理性	(A_1, B_5)	(A_2, B_2)	(A_3, B_3)	(A_4, B_1)	B_4、B_6
后悔规避	(A_1, B_2)	(A_2, B_5)	(A_3, B_3)	(A_4, B_1)	B_4、B_6

由表 5－11 可知，两种匹配决策方案出现了不同的匹配结果，其原因是：人岗双方完全理性假设下的匹配方案，没有考虑到企业和求职者的心理活动，简单地以双方的评价结果为决策依据，而在实际的决策中，决策者很难做到完全理性，人岗双方的决策行为都受到心理因素的影响。后悔规避心理假设下的匹配方案建立在后悔理论基础之上，引入了后悔规避系数和风险规避系数等条件，是以人岗双方的感知效用为决策依据的匹配方案，因此后悔理论前提下的人岗双边匹配决策方案更贴近现实，也更具研究意义。

本章在人岗双方决策者完全理性假设基础上，引入后悔理论，提出了一种基于后悔理论的人岗双边匹配决策方法。该方法通过对人岗匹配双方的后悔规避系数和风险规避系数的分析，分别构造了岗位和求职者的效用函数和后悔—欣喜函数，进而得到人岗双方的感知效用函数与感知效用矩阵。并通过多目标规划模型的建立和求解，得到使人岗双方感知效用最大的匹配决策方案，并与完全理性前提下建立的人岗双边匹配决策基本决策方案进行了比较研究。本章匹配决策方法建立在人岗双方后悔规避心理之上，相比于人岗双方完全理性假设下的匹配决策过程，更符合实际。

第6章　基于前景理论的人岗双边匹配决策方法

考虑匹配双方期望值水平的人岗双边匹配决策是本章研究的主要内容。在本章的研究问题中，在前景理论的框架下，在考虑求职者与岗位的期望值的基础上，针对人力资源管理中的人岗双边匹配问题展开研究，提出了两种基于前景理论的人岗双边匹配决策方法。首先，基于前景理论，给出了一种多目标双边匹配决策方法，在已知双方的风险规避系数的前提下，针对人岗决策双方在各指标上的期望水平与实际水平之间的差距，得到人岗双方的感知价值矩阵，以感知价值为依据，通过多目标规划模型的建立和求解，得到一种使人岗双方感知价值之和最大的匹配决策方法。其次，基于期望信息和评价信息，给出了另一种多目标双边匹配决策方法，考虑匹配决策过程中主体对属性的实际感知和期望水平，通过计算期望水平与实际水平之间的距离，并根据倒数最大化原则定义了匹配满意度，据此构建了多指标双边匹配决策模型，并给出了求解方法，实现对考虑双边匹配主体期望值信息的双边匹配问题的求解。

6.1　前景理论及感知价值

6.1.1　前景理论的提出

前景理论最早由丹尼尔·卡尼曼和阿莫斯·特维尔斯基（Daniel Kahneman & Amos Tversky，1979）明确提出，是研究人们决策行为的一种理论，也是行为经济学的重要理论之一。

在很长一段时间内，现代经济学在风险和不确定性决策问题上的传统理论模型是期望效用模型（expected utility theory）。该理论模型由冯·纽曼和摩根斯坦（Von Neumann & Morgenstern，1944），在继承 18 世纪数学家尼古拉·伯努利（Nicolaus Bernoulli，1738）对“圣·彼得堡悖论”（St. Petersburg paradox）的解答并进行严格的公理化阐述而形成。该理论的前提是假设所有决策者是完全理性的，在进行决策时只以效用值的大小作为决策依据。期望效用理论是经济学家在解决风险问题时经常使用的理论模型假设。其基本内涵是：不确定情景下最终结果的效用水平是通过决策主体对各种可能出现的结果加权估值后获得的，决策者谋求的是加权估值后形成的期望效用最大化。但是随着经济进一步发展，决策环境日益复杂，不确定因素不断增加，决策者很难得到全部的决策信息，便出现了“风险决策问题”。针对该类问题，如果人在决策时的心理特征考虑到决策当中，就会发现与期望效用理论得到的结论有较大偏差甚至不相符合。

对于这一现象，法国经济学家莫里斯·阿莱（Maurice Allais）在 1952 年率先进行相关研究和实验，并于次年提出“阿莱悖论”（Allais paradox），这一理论推翻了期望效用理论中的“VNM 函数（即效用函数）为线性”的观点，即在进行决策时，人们对于确定结果的现象更加重视。美国军事家丹尼尔·艾斯伯格（Daniel Ellsberg）在 1961 年也提出了“埃尔斯伯格悖论”（Ellsberg paradox），他指出人们在存在风险和不确定的决策环境下进行选择时并不是纯粹的理性，而是受到理性因素心理因素的共同影响。之后许多专家学者提出了许多新的理论，试图在理论上对其进行改进和修复，这其中最著名的、影响最大的就是前景理论（prospect theory）。

针对期望效用理论中所有决策者是完全理性的假设，卡尼曼和特维尔斯基从社会学、心理学以及经济学等方面进行了大量的实验研究，发现人们在实际决策过程中的决策和评估行为受不确定环境的影响很大，与传统完全理性的假设存在较大的差异，并于 1979 年提出了前景理论。

“期望效用理论”是公理性的，前景理论是描述性的，是以演绎的方式从经验观察中得到的，而不是通过归纳的方式从一组逻辑上有吸引力的公理中得到的。卡尼曼和特维尔斯基后来指出，期望效用理论和前景理论都是不可缺少的。

“期望效用理论”用来描述理性行为，“前景理论”描述真实行为。“期望效用理论”为某些明确和简单的决策问题的实际选择进行了准确的表述。但大部分实际决策问题十分复杂，需要行为内容更丰富的模型。

期望效用理论与前景理论最大差别是以主观价值取代期望效用，当主观价值是经过心理调整过的概率函数加权，而不是直接用发生的概率进行加权，主要考虑人们在获利与损失的态度上的差异。传统的期望效用理论，忽视了人的主体性。现实中的人，是非理性，存在各种认识偏差。行为经济学认为，人类行为不只是自私的，它还会受到社会价值观的制约，而做出不会导致利益最大化的行为。换句话来说，前景理论和期望效用理论不同之处在于前景理论是描述性理论，它的得出是基于大量实际调查得来，而期望效用理论是规范性理论。另外，前景理论的重要思想是以财富变化量为参考依据，而不是以最终量进行决策。这个论断和人们的判断和感知基本原则是大致相同的，因为人们评价、判断的根据是数量差距或变化量，而不是最后数量上的绝对化。

前景理论与主要思想是追求效用和理性假设最大化原理的期望效用理论相互背离，有许多学者把前景理论看作是期望效用理论的替代理论，这对期望效用理论提出了严重挑战。前景理论认为人们对待收益和损失的认识是不对称的，损失和收益的判断都是参考某一个参照点的标准来给出的；每当面临收益的时候，人们常常倾向“风险规避”；每当面临损失的时候，常常是倾向“风险追求”。

6.1.2　前景理论主要内容

卡尼曼和特维尔斯基（1979）对风险环境下应用预期效用理论进行决策制定的方法进行了批判，进而提出了前景理论。预期效用理论长期应用于不确定条件下的决策制定，并被认为是这类理性选择的标准化模型，也被广泛应用于经济行为的描述上。预期效用理论假设所有理性个体都满足理论假设的条件，而卡尼曼和特维尔斯基提出了行为选择时与标准假设不符的 12 个主要问题。

前景理论认为人们通常不是从财富的角度考虑问题，而是从输赢的角度考虑，关心收益和损失的多少。前景理论不确定性的条件下的个体的决策过程可以分为估值阶段和编辑阶段两个部分。估值阶段也就是在进行编辑基础上，运用

"决策权重"和"价值函数"模型对已经建立的期望函数的表达式估值；编辑阶段，简而言之就是把一个问题简单化处理。可以将前景理论的价值函数分为以下三类特征。

第一，决策个体对损失比对收益更加敏感。

第二，在收益区间价值的显示为风险厌恶的时候呈现凹性，然而价值在损失的区间价值的显示为风险追求的时候呈现凸性。

第三，价值是收益和亏损的函数，而非确定的财富值的函数，若用当前财富为参考点来定义，投资者关注的是损益，而不是最终财富。

前景理论的假设与现实个体的认知和判断的基本原则一致，在前景理论中，价值的终极状态载体并不是其载体，而是损失与受益或财富的变化值。认知是与变化量的评价一致而不是与绝对量的评价一致。前景理论的主要内容如下。

第一，参照点（reference point）。前景理论用价值函数的概念，价值函数包括两个部分，即作为参照点的资产额度和资产总量相对参考点的变化。人们一般更关心的结果是有收益还是有损失，而不是财富的最后状态。而收益和损失是相对于一个中性的状态而言的，这个参照点与当前的资产额度有关，所以个体对财富的态度取决于在某个资产量参考点上的资产额度变化，这个函数表明不同的参照点的结果是不同的。

第二，损失规避（loss aversion）。估计预期损失超过预期收益两倍，表现出人们对损失和对收益的敏感度不一致，损失敏感远高于收益。

第三，非贝叶斯预测（non-bayesian forecasting）。人们面对风险状况做决策时，总是以小样本概率分布作为总体分布，这无疑会放大小样本典型性。

第四，框架效应（framing）。人们在面临风险做决策时，其面对风险的态度会受到问题提出或表现方式的影响。实验发现，与确定的结果相比人们可能低估不确定的结果，这使得人们对确定性的收益和确定性损失的选择时风险厌恶程度不一致，当方案呈现的是收益时，个体倾向于选择确定性收益，当方案呈现的是损失时，个体倾向于选择风险损失。

在前景理论中，卡尼曼和特维尔斯基提出了一种新的关于决策行为的分析框架。前景理论的基本研究单元是前景，表示各种风险结果。多属性决策过程即决策者对各种"前景"的排序择优过程，该理论的运用分为两个步骤，首先决策者需要选定恰当的参照点，并将决策信息与参照点进行比较，从而构建出决策问题的“前景”，即各决策方案相对于参照点的“收益”或“损失”；然后对得到的“前景”进行编辑评估，并得到决策结果。在“前景理论”中，价值函数 v(x) 和权重函数 ω(p) 是两个重要的函数。这两个函数概括来说，是指大多数人在面临“收益”的时候是风险规避的，大多数人在面临“损失”的时候是风险追求，人们对“损失”比对“收益”更敏感。

1. **价值函数**

价值函数就是决策结果和预期的差异程度，即相对于参照点的益损情况，是一个相对量。人们在面对损失时会进行风险规避，而在面对收益时，则会选择大胆冒险。为了表征人们在针对益损情况时出现的不同态度，定义价值函数 v(x) 为S型函数，即损失和收益部分分别对应于凸函数和凹函数，并且在损失部分的函数斜率更大，以描述人们在面对损失产生的悲观情绪比同等收益产生的喜悦情绪更大，即人们具有天然规避风险的心理特征。另外，参照点本身的选取也对价值函数有重要的影响。参照点的选择通常受决策者的主观经验及本身知识结构影响，并且面对不同的参照点，决策者面对风险时的决策心理也不同。

决策者选择的参照点与价值函数的确定息息相关，参照点取决于主体期望值，不同决策主体的考虑角度有所不同，所选的参考点即期望值可能就不一样。价值函数有以下3个特征。

（1）损失变化的斜率要大于收益变化的斜率，即当价值函数处于损失区间比在收益区间时要快，反映了决策者的敏感点在于损失。

（2）以当前财富作为参照点，决策者关注的不是最终的财富值，而是财富的收益和损失，价值是收益和损失的函数。

（3）在收益区间价值对收益呈凹性；在损失区间价值对损失呈凸性。

基于此，卡尼曼和特维尔斯基（1979）提出了一种价值函数的形式，而且受到广泛大量的应用，其原因就是此形式价值函数可完全符合决策者处于面临收益的情况下趋向于风险避免偏好的特性和处于面临损失的情况下趋向风险追求。价值函数的曲线示意图，如图6-1所示，其函数表达式如式（6.1）所示。

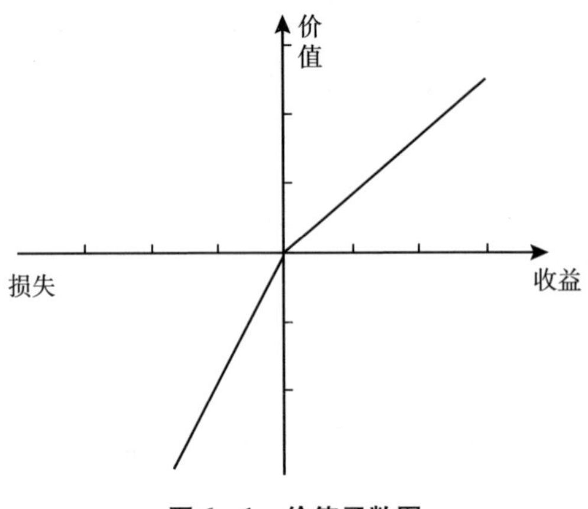

图6-1　价值函数图

$$v(x)=\begin{cases} x^{\alpha}, & x\geqslant 0 \\ -\lambda(-x)^{\beta}, & x<0 \end{cases} \tag{6.1}$$

式（6.1）中，收益部分为 $x\geqslant 0$，损失部分为 $x<0$，$\alpha\in[0,1]$ 和 $\beta\in[0,1]$ 为风险系数，描述了人们对风险的趋向度，λ 为风险规避系数，描述了人们面对损失的敏感程度。

2. *权重函数*

决策权重函数 $\omega(p)$ 表示的是每个结果发生的概率 p 对“前景”的影响，仅仅是一种对事件或结果发生概率进行评估的函数，是决策者对以后事件出现可能性的判断，具有以下性质。

性质6.1　$\omega(0)=0$，$\omega(1)=1$ 并且 $\omega(p)'>0$，即该函数为概率的单调递增函数。

性质6.2　对于任意的 $r\in(0,1)$，有 $\omega(rp)>rp$。

性质6.3　$\omega(p)+\omega(1-p)<1$，说明发生概率互补的结果的决策权重小于确定结果的决策权重。

决策权重函数 $\omega(p)$ 的一般表达式如式（6.2）所示。

$$\omega(p)=\begin{cases} \dfrac{p^{\chi}}{[p^{\chi}+(1-p)^{\chi}]^{1/\chi}}, & \Delta x\geqslant 0 \\ \dfrac{p^{\delta}}{[p^{\delta}+(1-p)^{\delta}]^{1/\delta}}, & \Delta x<0 \end{cases} \tag{6.2}$$

式中，$\Delta x \geqslant 0$ 和 $\Delta x < 0$ 分别表示收益和损失状态，χ 为风险收益态度系数，δ 为风险损失态度系数，$0 < \chi < 1$ ，$0 < \delta < 1$。

前景理论的决策权重函数 $\omega(p)$ 不仅仅是反映感知到这些事件的可能性，它是度量事件前景吸引力的影响，是一种评价概率的函数，权重函数的特点如下。

（1）权重函数 $\omega(p)$ 为概率 p 非递减函数，而其并不是概率，且与概率公理不相符，不应该解释成个体预期程度，也在区间 0 与 1 处没有连续的特性。

（2）决策权重函数 $\omega(p)$ 在端点附近没有较好的表现是因为人们理解和评价极端概率能力的局限，“几乎不可能事件”“确定概率事件”“高概率事件”三者之间区别被夸大忽略都是取自决策者主观的感觉。个体在编辑的过程中精简化的前景理论可以使对待概率事件时能更大限度地对待大概率事件。

（3）当出现的概率 p 很小时，即 $\omega(p) > 0$，表明决策者对于概率很小的事件会过度重视；但是当出现概率很大或一般的时候，也就是 $\omega(p) < 0$，说明决策者对于极端的概率很低的事件往往会过分的留意。

6.1.3　感知价值

感知价值（perceived value）是决策者对某事物的一种主观感知或衡量，决策者会根据对收益与成本的综合衡量确定感知价值。因此感知价值是对收益和成本的总体价值评价。感知价值函数由价值函数和权重函数加权求和得到，设有 A_1，A_2，…，A_m 个备选方案，A_i 为第 i 个备选方案，且 $i = 1, 2, \cdots, m$，x_1，x_2，…，x_m 分别表示决策者从方案 A_1，A_2，…，A_m 中感受到的价值，那么决策者在决策 A_i 中获得的感知价值为：

$$V = \sum_{i=1}^{m} \left[w(p_i) \times v(\Delta x_i) \right] \tag{6.3}$$

式（6.3）中，V 为决策者的感知价值；$w(p_i)$ 为权重函数；$v(\Delta x_i)$ 为价值函数，$\Delta x_i = x_i - x_0$ 为实际状态相对于期望值的距离，x_0 为期望的期望值，若 $\Delta x_i > 0$，即 $x_i > x_0$，表示被评价者在某项指标上的表现优于期望值，此时认为是收益，若 $\Delta x_i < 0$，即 $x_i < x_0$，表示被评价者在某项指标上的表现劣于期望值，此刻认为是损失。

根据“前景理论”可知，价值函数可用幂函数表示，即：

$$v(\Delta x)=\begin{cases}\Delta x^{\alpha} & \Delta x>0\\ -\theta(-\Delta x^{\beta}) & \Delta x<0\end{cases} \tag{6.4}$$

式（6.4）中，Δx 为相对于期望值的收益或损失，用数学语言表达时，可认为收益即为正，而损失即为负。α 和 β 分别为决策者的风险规避系数，且有 $0<\alpha<1$，$0<\beta<1$，二者越大说明决策者越倾向于风险寻求，反之倾向于风险规避，θ 为损失规避系数，当 $\theta>1$，表示相比于收益，决策者对损失更加敏感。

“前景理论”的假设与现实个体的认知和判断的基本原则一致，在前景理论中，价值的终极状态载体并不是其载体，而是损失与受益或财富的变化值。认知是与变化量的评价一致而不是与绝对量的评价一致。价格函数包含充当参照点的财产水平和参照点的负或正的这两个变化量。也就是说，就是定义于对参照点偏离的阶段之上，对损失来说呈现凸性，但是对于收益而言呈现凹性，价值函数的曲线对损失来说比对收益来说其更具有一定的坡度。

根据前景理论，分别经历一个大损失所带来的痛苦和一个小收获所带来的高兴程度要大于两次一起所产生的痛苦的程度总和，因此若有一个小好消息一个大坏消息，就分开公布这两个消息；这样，被坏消息带来的痛苦就不会淹没好消息带来的快乐，大家还可感受到好消息产生的快乐。所以，发现了前景理论原则可影响人们所关注的人的高兴程度。但是，获得和损失没有绝对的。改变了大家在评价事物的时候的观点，就可改变大家对于风险的态度。相对于参照点而言人们在面临获得的时候规避风险，而在面临损失的时候偏爱风险。总的来说，前景理论的应用越来越广泛，其中包含了管理学、经济学、认知心理学、消费行为等方面的决策行为。

6.2 基于前景理论的人岗双边匹配决策方法

6.2.1 考虑前景期望心理的人岗匹配问题描述

第5章介绍了人岗双方后悔规避心理假设下的匹配决策方法，该方法借助了“理想点”来表示双方在各指标上的需求，而事实上，在决策过程中，决策者内心往往会对各指标有一个期望，当匹配对象在该项指标上的表现超过了这个期望水平时，决策者会感到收益，当匹配对象在该指标上的表现低于决策者的期望水平时，决策者就会感到损失。

人岗双边匹配问题的描述和公式表述，在前面已经详细介绍，此处不再赘述，但考虑到前景理论的人岗双边匹配决策过程，在这些描述的基础上还需得到双边的前景期望这一条件。本节要解决的问题就是，结合前景理论相关知识，依据人岗双方在各指标上的期望水平与实际水平之间的差距，在考虑双方的风险规避程度的前提下，通过一种决策方法，得到一个使双方的总体感知效用最大的匹配决策方案。

6.2.2　感知价值矩阵的构建

设 v_{ih}^* 表示岗位 A_i 在指标 C_h 上的期望水平，则 v_{ih}^* 存在三种不同形式的表述，显然，0～1 判断信息型指标的结果为“0”或“1”；区间数信息性指标的评价结果是一个有上下限的区间数，而语言评价信息型指标的评价结果可转化为三角模糊数，如式（6.5）所示。

$$v_{ih}^* = \begin{cases} \bar{v}_{ih}^* = [0,\ 1], & \text{指标为 0～1 判断型信息} \\ \tilde{v}_{ih}^* = [v_{ih}^{L*},\ v_{ih}^{U*}], & \text{指标为区间数型信息} \\ \hat{v}_{ih}^* = [v_{ih}^{l*},\ v_{ih}^{m*},\ v_{ih}^{u*}], & \text{指标为语言评价型信息} \end{cases} \tag{6.5}$$

若用 v_{hj} 表示岗位 B_j 在指标 C_h 上的实际水平，对 B_j 进行评价，得到其在指标 C_h 下的实际水平为：

$$v_{hj} = \begin{cases} \bar{v}_{hj} = [0,\ 1], & \text{指标为 0～1 判断型信息} \\ \tilde{v}_{hj} = [v_{hj}^{L},\ v_{hj}^{U}], & \text{指标为区间数型信息} \\ \hat{v}_{hj} = [v_{hj}^{l},\ v_{hj}^{m},\ v_{hj}^{u}], & \text{指标为语言评价型信息} \end{cases} \tag{6.6}$$

设 r_{jb}^* 表示 B_j 对指标 E_b 的期望水平为：

$$r_{jb}^* = \begin{cases} \bar{r}_{jb}^* = [0,\ 1], & \text{指标为 0～1 判断型信息} \\ \tilde{r}_{jb}^* = [r_{jb}^{L*},\ r_{jb}^{U*}], & \text{指标为区间数型信息} \\ \hat{r}_{jb}^* = [r_{jb}^{l*},\ r_{jb}^{m*},\ r_{jb}^{u*}], & \text{指标为语言评价型信息} \end{cases} \tag{6.7}$$

对 A_i 进行评价，得到其在指标 E_b 下的实际水平 r_{ib} 为：

$$r_{ib}=\begin{cases}\bar{r}_{ib}=[0,\ 1], & \text{指标为 0 ~ 1 判断型信息}\\ \tilde{r}_{ib}=[r_{ib}^{L},\ r_{ib}^{U}], & \text{指标为区间数型信息}\\ \hat{r}_{ib}=[r_{ib}^{l},\ r_{ib}^{m},\ r_{ib}^{u}], & \text{指标为语言评价型信息}\end{cases} \tag{6.8}$$

求职者在各指标上的实际水平到岗位在各指标上的期望水平之间的距离可用式（6.9）表示。

$$d_{ijh}=\begin{cases}|\bar{v}_{hj}-\bar{v}_{ih}^{*}|, & \text{指标为 0 ~ 1 判断型信息}\\ \sqrt{\frac{1}{2}[(v_{hj}^{L}-v_{ih}^{L*})^{2}+(v_{hj}^{U}-v_{ih}^{U*})^{2}]}, & \text{指标为区间数型信息}\\ \sqrt{\frac{1}{3}[(v_{hj}^{l}-v_{ih}^{l*})^{2}+(v_{hj}^{m}-v_{ih}^{m*})^{2}+(v_{hj}^{u}-v_{ih}^{u*})^{2}]}, & \text{指标为语言评价型信息}\end{cases} \tag{6.9}$$

依据前景理论，若求职者在某项指标上的实际水平大于岗位在该项指标上的期望水平时，岗位对这名被评价求职者在该项指标上感到收益；若求职者在某项指标上的实际水平小于岗位在该项指标上的期望水平时，岗位对该求职者在这项指标上感到损失，也可以看作收益为负数；若求职者在某项指标上的实际水平与岗位期望水平相等，则岗位既不感到收益，也不感到损失，也可以看作岗位在该项指标上的收益为0。称决策者感到收益或损失的大小为益损值，其函数表达式为：

$$\Delta d_{ijh}=\begin{cases}d_{ijh} & v_{hj}>v_{ih}^{*}\\ 0 & v_{hj}=v_{ih}^{*}\\ -d_{ijh} & v_{hj}<v_{ih}^{*}\end{cases} \tag{6.10}$$

式（6.10）中，Δd_{ijh}表示岗位 A_i 对求职者 B_j 在指标 h 上的益损值，d_{ijh}为求职者 B_j 在指标 C_h 上的实际水平到岗位 A_i 在指标 C_h 上的期望水平之间的距离。

考虑到决策者一般为风险规避的，因此岗位 A_i 对求职者 B_j 在指标 C_h 上的感知价值函数可表示为：

$$v_{ijh}=\begin{cases}\sqrt{\Delta d_{ijh}} & v_{hj}>v_{ih}^{*}\\ 0 & v_{hj}=v_{ih}^{*}\\ -\frac{1}{\gamma_i}\sqrt{-\Delta d_{ijh}} & v_{hj}<v_{ih}^{*}\end{cases} \tag{6.11}$$

式（6.11）中，γ_i 为岗位 A_i 的风险规避系数，$0<\gamma_i<1$，且 γ_i 越小，表示岗位 A_i 的风险规避程度越高。根据前景理论，决策者对损失的敏感度要大于收益的敏感度，因此，当 $v_{hj}<v_{ih}^*$ 时，乘以 $\frac{1}{\gamma_i}$ 这一系数，由于 $0<\gamma_i<1$，则 $\frac{1}{\gamma_i}>1$。岗位 A_i 对求职者 B_j 的总体感知价值 f_{ij} 可表示为：

$$f_{ij} = \sum_{h=1}^{p} w_{ih} v_{ijh} \tag{6.12}$$

式（6.12）中，$i=1, 2, \cdots, m$，$j=1, 2, \cdots, n$，$h=1, 2, \cdots, p_1, p_1+1, p_1+2, \cdots, p_2, p_2+1, p_2+2, \cdots, p$。$w_{ih}$ 表示岗位 A_i 对第 h 项指标 C_h 的侧重程度即权重，v_{ijh} 表示岗位 A_i 对求职者 B_j 在指标 C_h 上的感知价值。f_{ij} 就是岗位 i 在对求职者 j 在各指标上的收益和损失进行总体的权衡后，得到的最终感知价值，f_{ij} 越大，表示岗位的感知价值越大，即越趋向于选择求职者；f_{ij} 越小，则感知价值越小，越趋向于淘汰该求职者。

通过计算每个岗位对不同求职者的感知价值，可得到所有岗位对求职者的感知价值矩阵 $F=[f_{ij}]_{m\times n}$。同理，通过计算不同求职者对每个岗位的感知价值，可得到所有求职者对岗位的感知价值矩阵 $G=[g_{ij}]_{m\times n}$。

6.2.3 决策模型构建

根据待分配岗位对求职者的感知价值矩阵 $F=[f_{ij}]_{m\times n}$ 和求职者对待分配岗位的感知价值矩阵 $G=[g_{ij}]_{m\times n}$，可以建立一个使双方感知价值达到最大的多目标规划模型。设 x_{ij} 为 0～1 变量，当 $x_{ij}=1$ 时，表示岗位 A_i 与求职者 B_j 相匹配，当 $x_{ij}=0$ 时，表示岗位 A_i 与求职者 B_j 不匹配。人岗双边匹配决策模型如下。

$$\max Z_A = \sum_{i=1}^{m} \sum_{j=1}^{n} f_{ij} x_{ij} \tag{6.13a}$$

$$\max Z_B = \sum_{i=1}^{m} \sum_{j=1}^{n} g_{ij} x_{ij} \tag{6.13b}$$

$$\text{s.t.} \sum_{i=1}^{m} x_{ij} \leqslant 1, \ j = 1, 2, \cdots, n \tag{6.13c}$$

$$\sum_{j=1}^{n} x_{ij} = 1, \ i = 1, 2, \cdots, m \tag{6.13d}$$

$$x_{ij} \in \{0, 1\}, \ i=1, 2, \cdots, m, \ j=1, 2, \cdots, n \tag{6.13e}$$

式（6.13a）~式（6.13e）中，式（6.13a）和式（6.13b）是目标函数，式（6.13a）表示使待分配岗位对待分配求职者的感知价值最大，式（6.13b）表示使待分配求职者对待分配岗位的感知价值最大，式（6.13c）、式（6.13d）、式（6.13e）均为约束条件，式（6.13c）限定每个求职者最多被分配到一个岗位上，式（6.13d）限定每个岗位必须且只能配备一名求职者，式（6.13e）表示0~1变量的取值只能是0或1，即求职者与待分配岗位只能有匹配和不匹配两种结果。

6.2.4 决策模型求解

对于式（6.13），显然其中待分配岗位对求职者的感知价值 a_{ij} 与求职者对待分配岗位的感知价值 b_{ij} 属于同一量纲，为方便计算，可以对目标函数式（6.13a）和式（6.13b）进行线性加权，并对其进行求解。这里的权重表示在进行人岗匹配过程中，对岗位和求职者感知价值的侧重程度，若人岗匹配过程中，更看重岗位的感知价值，则岗位所占权重比较大，若更注重求职者对岗位的感知价值，则求职者所占比重比较大。设岗位和求职者在线性加权中的权重参数分别为 ω_A 和 ω_B，则有 $0 \leqslant \omega_A \leqslant 1$，$0 \leqslant \omega_B \leqslant 1$，且 $\omega_A + \omega_B = 1$。式（6.13）通过线性加权，可转化为如下单目标模型。

$$\max Z = \omega_A \sum_{i=1}^{m} \sum_{j=1}^{n} f_{ij} x_{ij} + \omega_B \sum_{i=1}^{m} \sum_{j=1}^{n} g_{ij} x_{ij} \tag{6.14a}$$

$$\text{s.t.} \sum_{i=1}^{m} x_{ij} \leqslant 1,\ j = 1, 2, \cdots, n \tag{6.14b}$$

$$\sum_{j=1}^{n} x_{ij} = 1,\ i = 1, 2, \cdots, m \tag{6.14c}$$

$$x_{ij} \in \{0, 1\},\ i = 1, 2, \cdots, m,\ j = 1, 2, \cdots, n \tag{6.14d}$$

对于式（6.14），显然目标函数和约束条件均为线性，可以采用线性规划方法对模型进行求解。还可利用 LINGO11 和 MATLAB 等软件求解该线性规划模型。

6.2.5 决策步骤整理

基于前景理论的人岗双边匹配决策步骤如下。

步骤1：求出人岗双方在各项指标上的期望水平与对方实际水平之间的差距；

步骤 2：根据实际水平与期望水平之间的距离，求出双方在各指标上的益损值；

步骤 3：根据益损值，结合不同的风险规避程度，得到人岗双方在各指标上对对方的感知价值，进而得到人岗双方的感知价值矩阵；

步骤 4：依据双方的感知价值矩阵，建立使双方满意度最大化的多目标规划模型；

步骤 5：利用线性加权，将多目标规划模型转化成单目标规划模型，通过模型求解，获得匹配方案。

6.2.6　实例分析

仍然采用第 5 章的案例，且已知岗位对求职者在各评价指标上的期望值以及求职者对岗位在各指标上的期望值如表 6－1 和表 6－2 所示。

表 6－1　各岗位在各指标上的期望值

指标	A_1	A_2	A_3	A_4
C_1	AH	AH	VH	VH
C_2	AH	AH	H	VH
C_3	[5000，6000]	[4000，6000]	[4000，5000]	[4000，5000]
C_4	VH	VH	AH	VH
C_5	1	1	1	1
C_6	AH	VH	AH	AH
C_7	AH	VH	VH	VH
C_8	VH	VH	AH	VH

表 6－2　求职者对各指标的期望值

指标	B_1	B_2	B_3	B_4	B_5	B_6
I_1	AH	AH	VH	AH	AH	AH
I_2	AH	AH	AH	VH	AH	AH
I_3	VH	VH	AH	AH	AH	VH
I_4	VH	VH	VH	VH	VH	AH

根据已知条件，依据式（6.9）可以得到双方在各指标上的实际水平到对方的期望水平之间的距离，表6－3～表6－6分别给出了岗位A对求职者B在指标C上的期望水平与实际水平的距离，表6－7～表6－12分别给出了求职者B对岗位A在指标I上的期望水平与实际水平的距离。

表6－3　岗位A_1对求职者B在各项指标上的期望水平与实际水平的距离

指标	B_1	B_2	B_3	B_4	B_5	B_6
C_1	0.2885	0.1359	0.2885	0.2885	0	0.2885
C_2	0	0.2885	0.1359	0.1359	0.2885	0.4513
C_3	0.4472	0.6325	0.4472	1	0	1
C_4	0.1667	0.1667	0	0.1667	0.3333	0
C_5	0	0	1	1	0	1
C_6	0	0.1359	0.1359	0.1359	0.1359	0
C_7	0.2885	0	0	0.4513	0.4513	0.1359
C_8	0	0.5000	0.1667	0.1359	0.1667	0

表6－4　岗位A_2对求职者B在各项指标上的期望水平与实际水平的距离

指标	B_1	B_2	B_3	B_4	B_5	B_6
C_1	0.2885	0.1359	0.2885	0.2885	0	0.2885
C_2	0	0.2885	0.1359	0.1359	0.2885	0.4513
C_3	0	0.4472	0	0.6325	0.4472	0.6325
C_4	0.1667	0.1667	0	0.1667	0.3333	0
C_5	0	0	1	1	0	1
C_6	0.1359	0	0	0	0	0.1359
C_7	0.1667	0.1359	0.1359	0.3333	0.3333	0
C_8	0	0.5000	0.1667	0.1359	0.1667	0

表6－5　岗位A_3对求职者B在各项指标上的期望水平与实际水平的距离

指标	B_1	B_2	B_3	B_4	B_5	B_6
C_1	0.1667	0	0.1667	0.1667	0.1359	0.1667
C_2	0.2885	0	0.1667	0.1667	0	0.1670

续表

指标	B_1	B_2	B_3	B_4	B_5	B_6
C_3	0. 4472	0	0. 4472	0. 4472	0. 6325	0. 4472
C_4	0. 2885	0. 2885	0. 1359	0. 2885	0. 4513	0. 1359
C_5	0	0	1	1	0	1
C_6	0	0. 1359	0. 1359	0. 1359	0. 1359	0
C_7	0. 1667	0. 1359	0. 1359	0. 3333	0. 3333	0
C_8	0. 1359	0. 6160	0. 2885	0	0. 2885	0. 1359

表6-6　岗位 A_4 对求职者 B 在各项指标上的期望水平与实际水平的距离

指标	B_1	B_2	B_3	B_4	B_5	B_6
C_1	0. 1667	0	0. 1667	0. 1667	0. 1359	0. 1667
C_2	0. 1359	0. 1667	0	0	0. 1667	0. 3333
C_3	0. 4472	0	0. 4472	0. 4472	0. 6325	0. 4472
C_4	0. 1667	0. 1667	0	0. 1667	0. 3333	0
C_5	0	0	1	1	0	1
C_6	0	0. 1359	0. 1359	0. 1359	0. 1359	0
C_7	0. 1667	0. 1359	0. 1359	0. 3333	0. 3333	0
C_8	0	0. 5000	0. 1667	0. 1359	0. 1667	0

表6-7　求职者 B_1 对岗位 A 在各项指标上的期望水平与实际水平的距离

指标	A_1	A_2	A_3	A_4
I_1	0	0. 1359	0. 1359	0. 2885
I_2	0. 1359	0. 1359	0	0. 1359
I_3	0. 3333	0. 3333	0. 3333	0. 1359
I_4	0. 1667	0. 3333	0. 3333	0. 1667

表6-8　求职者 B_2 对岗位 A 在各项指标上的期望水平与实际水平的距离

指标	A_1	A_2	A_3	A_4
I_1	0	0. 1359	0. 1359	0. 2885
I_2	0. 1359	0. 1359	0	0. 1359

续表

指标	A_1	A_2	A_3	A_4
I_3	0. 3333	0. 3333	0. 3333	0. 1359
I_4	0. 1667	0. 3333	0. 3333	0. 1667

表 6 -9　　求职者 B_3 对岗位 A 在各项指标上的期望水平与实际水平的距离

指标	A_1	A_2	A_3	A_4
I_1	0. 1359	0	0	0. 1667
I_2	0. 1359	0. 1359	0	0. 1359
I_3	0. 4513	0. 4513	0. 4513	0
I_4	0. 1667	0. 3333	0. 3333	0. 1667

表 6 -10　　求职者 B_4 对岗位 A 在各项指标上的期望水平与实际水平的距离

指标	A_1	A_2	A_3	A_4
I_1	0	0. 1359	0. 1359	0. 2885
I_2	0	0	0. 1359	0
I_3	0. 4513	0. 4513	0. 4513	0
I_4	0. 1667	0. 3333	0. 3333	0. 1667

表 6 -11　　求职者 B_5 对岗位 A 在各项指标上的期望水平与实际水平的距离

指标	A_1	A_2	A_3	A_4
I_1	0	0. 1359	0. 1359	0. 2885
I_2	0. 1359	0. 1359	0	0. 1359
I_3	0. 4513	0. 4513	0. 4513	0
I_4	0. 3333	0. 3333	0. 3333	0. 1667

表 6 -12　　求职者 B_6 对岗位 A 在各项指标上的期望水平与实际水平的距离

指标	A_1	A_2	A_3	A_4
I_1	0	0. 1359	0. 1359	0. 2885
I_2	0. 1359	0. 1359	0	0. 1359
I_3	0. 3333	0. 3333	0. 3333	0. 1359
I_4	0. 2885	0. 4513	0. 4513	0. 2885

依据式（6.10）可以得到双方在各指标上的益损值，进而由式（6.11）分别可得到双方在各指标上对对方的感知价值，再结合指标权重，依据式（6.12），可分别得到双方对对方的感知价值矩阵，如表6－13和表6－14所示。

表6－13　　岗位对求职者的感知价值 $[f_{ij}]_{4\times6}$

岗位	B_1	B_2	B_3	B_4	B_5	B_6
A_1	－0.4897	－0.7565	－0.8983	－1.0501	－0.5982	－1.0076
A_2	－0.2811	－0.6650	－0.7076	－0.9247	－0.4571	－0.8933
A_3	－0.1423	－0.3680	－0.4509	－0.7891	－0.2780	－0.8066
A_4	－0.1279	－0.4679	－0.5015	－0.7505	－0.4024	－0.7825

表6－14　　求职者对岗位的感知价值 $[g_{ij}]_{4\times6}$

岗位	B_1	B_2	B_3	B_4	B_5	B_6
A_1	－0.3812	－0.3824	－0.1768	－0.1751	－0.3323	－0.4679
A_2	－0.6160	－0.5750	－0.3665	－0.4317	－0.5626	－0.5769
A_3	－0.4581	－0.3784	－0.2283	－0.3580	－0.4705	－0.3926
A_4	－0.4495	－0.4834	－0.4445	－0.4120	－0.4789	－0.2751

将双方感知价值代入式（6.13）建立多目标规划模型，为公平起见，仍设定双方权重参数分别为 $\omega_A=\omega_B=0.5$，线性加权后形成式（6.14）所示的单目标规划模型，并利用LINGO11对其进行求解。

通过计算得到如下最优解。

$x_{11}=0$，$x_{12}=0$，$x_{13}=0$，$x_{14}=0$，$x_{15}=0$，$x_{16}=1$；

$x_{21}=0$，$x_{22}=1$，$x_{23}=0$，$x_{24}=0$，$x_{25}=0$，$x_{26}=0$；

$x_{31}=0$，$x_{32}=0$，$x_{33}=0$，$x_{34}=1$，$x_{35}=0$，$x_{36}=0$；

$x_{41}=0$，$x_{42}=0$，$x_{43}=1$，$x_{44}=0$，$x_{45}=0$，$x_{46}=0$。

由最优解可知，岗位与求职者的匹配结果为：岗位 A_1 与求职者 B_6 相匹配；岗位 A_2 与求职者 B_2 相匹配；岗位 A_3 与求职者 B_4 相匹配；岗位 A_4 与求职者 B_3 相匹配；求职者 B_1、B_5 没有与任何岗位相匹配。亦即求职者 B_6 担任项目经理；B_2 担任现场经理；B_4 担任土建工程师；B_3 担任项目工程师；求职者 B_1、B_5 淘汰。

6.3 基于期望信息的人岗双边匹配决策方法

6.3.1 基于期望信息的双边匹配决策问题描述

本章在人岗双边匹配决策模型中引入前景理论，在已知双方的风险规避系数的前提下，针对人岗决策双方在各指标上的期望水平与实际水平之间的差距，得到人岗双方的感知价值矩阵，通过感知价值构建人岗双边匹配决策多目标规划模型，提出了一种使人岗双方感知价值之和最大的匹配决策方法。这种方法考虑了决策者的决策行为以及匹配结果可能受到风险规避因素的影响，该方法具有很好的实用性。

依据前景理论的思想，任职者对岗位的期望信息以及岗位对任职者的期望信息可以分别被视为其心理参照点。任职者在选择岗位时，会将其对岗位的评价信息与其心理参照点进行比较，同理，岗位在选择合适的任职者时，也会将对任职者的评价信息与参照点进行比较，并且依据评价信息与参照点的差异进行决策。因此，针对人岗双边匹配问题，提出了一种在考虑求职者与岗位双方期望值和评价信息的基础上实现人岗双边匹配的决策分析方法，该方法从一个全新的视角考虑了求职者与岗位的双边匹配决策问题。

在人岗双边匹配决策问题中，求职者对应聘岗位的综合评价值和期望值都需要充分考虑，以及岗位对任职者的期望值和综合评价值。设岗位主体集合为 $A=\{A_1, A_2, \cdots, A_m\}$，其中，$A_i$ 表示第 i 个待分配岗位，而 $i=1, 2, \cdots, m$；设任职者主体集合为 $B=\{B_1, B_2, \cdots, B_n\}$，$B_j$ 表示第 j 个求职者，其中，$j=1, 2, \cdots, n$。设岗位的决策者对任职者进行满意度评价的指标集合为 $C=(C_1, C_2, \cdots, C_h)$，$C_r$ 为第 r 个指标，其相应的指标权重向量为 $w'=(w'_1, w'_2, \cdots, w'_h)$，$w'_r$为相应的指标 C_r 的权重，且 $\sum_{r=1}^{h} w'_r = 1$；设岗位决策者对求职者的评价矩阵为 $\bar{C}=[\bar{c}_{rij}]_{m\times n}$，其中，$\bar{c}_{rij}$为岗位 A_i 针对指标 C_r 给出的关于任职者 B_j 的评价信息；设岗位的决策者根据已有信息和对未来预期依据指标集 $C=(C_1, C_2, \cdots, C_h)$ 给出对任职者的期望信息向量为 $E_i=(e_{i1}, e_{i2}, \cdots, e_{ih})$。设任职者对岗位进行满意度评价的指标集合为 $I=(I_1, I_2, \cdots, I_t)$，$I_q$ 表示第 q 个指标，其相应的指标权重向量为 $w''=(w''_1, w''_2, \cdots, w''_t)$，$w''_q$为 I_q 的指标权重，且 $\sum_{q=1}^{t} w''_q = 1$；设任职者对岗位的评价矩阵为 $\bar{P}=[\bar{p}_{qij}]_{m\times n}$，其中，$\bar{p}_{qij}$表示任职者 B_j 依据指标 I_q 给出地对岗位 A_i 的评价信息；设任职者 B_j 对岗位 A_i 依据指标集 $I=(I_1, I_2, \cdots, I_t)$ 给出的期望向量为 $F_j=(f_{j1}, f_{j2}, \cdots, f_{jq})$。

人岗双边匹配决策问题的实质就是求满意度最大化的问题。本章节要解决的问题是基于“前景理论”中设定心理参照点的思想，依据人岗匹配过程中任职者和岗位决策者双边的期望要求和实际评价信息，选取了期望水平为参照点，通过计算期望水平与实际水平之间的距离，并根据倒数最大化原则计算获得人岗匹配的双边满意度值，根据人岗匹配双方主体的满意度，构建多指标双边匹配决策优化求解模型，而且优化结果的获得，可通过对该优化模型进行求解。

6.3.2　双边匹配满意度的计算

依据任职者对岗位的期望水平与实际水平，计算各岗位相对于任职者期望的益损值。这里，依据文献的思想，通过比较期望水平与实际水平的大小并将两者间的距离作为双边匹配满意度。下面从双边匹配满意度的计算开始介绍这种期望水平的人岗双边匹配决策方法。

根据式（6.9）在各指标下计算得到的匹配主体 A_i 对求职者 B_j 的期望水平与实际水平之间的距离 d_{ijh}，得到矩阵 $\eta^+=(\eta_{ij}^+)_{n\times m}$，其中 η_{ij}^+ 的计算公式为：

$$\eta_{ij}^+ = \sum_{h=1}^{p} w_{ih} d_{ijh},\ i=1, 2, \cdots, m,\ j=1, 2, \cdots, n \tag{6.15}$$

式（6.15）中，w_{ih}表示岗位 A_i 对第 h 项指标的权重。

定义岗位 A_i 对求职者 B_j 的匹配满意度用 α_{ij}表示，计算公式为：

$$\alpha_{ij} = \frac{1}{\eta_{ij}^+},\ i=1, 2, \cdots, m,\ j=1, 2, \cdots, n \tag{6.16}$$

其中，η_{ij}^+ 越大，则 α_{ij}越小，说明匹配主体 A_i 对匹配主体 B_j 的期望水平与 B_j 实际水平的距离越大，满意度越差，两者的匹配度越低，反之，满意度越大，匹配度越高。但计算过程中可能会有 $\eta_{ij}^+=0$ 的情况出现，为了处理这种情况，对分母进行变形，修改为 $e^{\eta_{ij}^+}$，显然 η_{ij}^+ 和 $e^{\eta_{ij}^+}$ 的单调性是一致的。因此，匹配主体 A_i

对匹配主体 B_j 的匹配满意度 α_{ij} 进一步可表示为：

$$\alpha_{ij}=\frac{1}{e^{\eta_{ij}^{+}}},\ i=1,\ 2,\ \cdots,\ m,\ j=1,\ 2,\ \cdots,\ n \tag{6.17}$$

同理，根据在各指标下计算得到的匹配主体求职者 B_j 对匹配主体 A_i 的期望水平与实际水平之间的距离，得到矩阵 $\lambda^{+}=(\lambda_{ij}^{+})_{n\times m}$，其中 λ_{ij}^{+} 的计算公式为：

$$\lambda_{ij}^{+} = \sum_{h=1}^{f} w_{jh} d_{ijh},\ i = 1,\ 2,\ \cdots,\ m,\ j = 1,\ 2,\ \cdots,\ n \tag{6.18}$$

式（6.18）中，w_{jh} 表示求职者 B_j 对第 h 项指标的权重。

定义求职者 B_j 对岗位 A_i 的匹配满意度用 β_{ij} 表示，计算公式为：

$$\beta_{ij}=\frac{1}{\lambda_{ij}^{+}},\ i=1,\ 2,\ \cdots,\ m,\ j=1,\ 2,\ \cdots,\ n \tag{6.19}$$

其中，λ_{ij}^{+} 越大，β_{ij} 越小，说明匹配主体 B_j 对匹配主体 A_i 的期望水平与 A_i 实际水平的距离越大，满意度越差，两者的匹配率越低，反之，满意度越大，匹配成功率越高。为了处理 $\lambda_{ij}^{+}=0$ 的情况，将分母修改为 $e^{\lambda_{ij}^{+}}$，因此，匹配主体 B_j 对匹配主体 A_i 的匹配满意度 β_{ij} 可进一步表示为：

$$\beta_{ij}=\frac{1}{e^{\lambda_{ij}^{+}}},\ i=1,\ 2,\ \cdots,\ m,\ j=1,\ 2,\ \cdots,\ n \tag{6.20}$$

6.3.3 优化模型的建立与求解

在人岗双标优化匹配的过程中，为尽量满足任职者 B_j 与岗位 A_i 的匹配需求。根据以上对甲方匹配主体 A 和乙方匹配主体 B 双方匹配满意度的分析，在特定的约束条件下，构建分别使甲乙双方主体满意度都达到最大化的多目标优化模型。

$$\max Z_1 = \sum_{i=1}^{m}\sum_{j=1}^{n} \alpha_{ij} x_{ij} \tag{6.21a}$$

$$\max Z_2 = \sum_{i=1}^{m}\sum_{j=1}^{n} \beta_{ij} x_{ij} \tag{6.21b}$$

$$\text{s.t.} \sum_{j=1}^{n} x_{ij} \leqslant 1,\ i = 1,\ 2,\ \cdots,\ m \tag{6.21c}$$

$$\sum_{i=1}^{m} x_{ij} \leqslant \theta_j,\ j = 1,\ 2,\ \cdots,\ n \tag{6.21d}$$

$$x_{ij}=[0,\ 1],\ i=1,\ 2,\ \cdots,\ m,\ j=1,\ 2,\ \cdots,\ n \tag{6.21e}$$

在式（6.21）中，式（6.21a）和式（6.21b）是目标函数，其中式（6.21a）的含义是使匹配主体岗位A对在所有评价指标下的满意度尽可能大；式（6.21b）的含义是使匹配主体求职者B对在自己设定的评价指标下满意度也尽可能大；式（6.21c）是约束条件，表示求职者B_j至多被匹配到一个岗位；式（6.21d）是约束条件，其中θ_j为岗位招聘限定的最大人数，该式表示每个岗位匹配的求职者不能超过相应的人数上限；式（6.21e）中$x_{ij}=0$表示匹配主体A_i对匹配主体B_j在不同的指标下有不满意的情况，不能进行匹配，而$x_{ij}=1$表示匹配主体A_i对匹配主体B_j整体情况下还是满意的，可以进行匹配。

上述由式（6.21）可构成的单目标线性规划模型，其目标函数和约束条件均是线性的，可通过线性规划的方法进行求解。因此，这里可以借助专门的优化软件包（如LINGO和MATLAB等软件）对线性优化模型（6.21）进行求解，就可得到任职者B_j与岗位A_i的最佳匹配结果。

6.3.4 实例分析

仍然采用上一节的案例，且已知岗位对求职者在各评价指标上的期望值以及求职者对岗位在各指标上的期望值如表6-1和表6-2所示。

根据已知条件，依据式（6.6）可以得到人岗匹配双方在各指标上的实际水平到对方的期望水平之间的距离，如表6-3～表6-12所示；然后依据式（6.15）和式（6.18），并结合匹配主体双方各自指标权重，分别得到人岗匹配双方的$\eta^+=(\eta_{ij}^+)_{4\times6}$和$\lambda^+=(\lambda_{ij}^+)_{4\times6}$矩阵；在此基础之上，根据式（6.17）和式（6.20）可分别计算求得岗位对求职者的满意度矩阵和求职者对岗位的满意度矩阵，如表6-15和表6-16所示。

表6-15　　岗位A对求职者B的满意度$[\alpha_{ij}]_{4\times6}$

岗位	B_1	B_2	B_3	B_4	B_5	B_6
A_1	0.8759	0.8191	0.7513	0.6881	0.8518	0.6847
A_2	0.9111	0.8261	0.7737	0.7151	0.8411	0.6865
A_3	0.8245	0.8995	0.7476	0.7368	0.7959	0.7786
A_4	0.8833	0.8904	0.7909	0.7717	0.8195	0.7612

表 6-16　　求职者 B 对岗位 A 的满意度 $[\beta_{ij}]_{4\times6}$

岗位	B_1	B_2	B_3	B_4	B_5	B_6
A_1	0.8833	0.8860	0.8406	0.9245	0.8600	0.8326
A_2	0.8228	0.8228	0.8585	0.8355	0.8036	0.7972
A_3	0.8570	0.8687	0.8942	0.8131	0.8257	0.8417
A_4	0.8187	0.8288	0.8687	0.8373	0.8285	0.8339

将双方满意度矩阵代入式（6.21）建立多目标规划模型，为公平起见，仍设定双方权重参数分别为 $\omega_A=\omega_B=0.5$，线性加权后形成单目标规划模型，并利用 LINGO11 对其进行求解。

通过计算得到如下最优解。

$x_{11}=0$，$x_{12}=0$，$x_{13}=0$，$x_{14}=0$，$x_{15}=1$，$x_{16}=0$；

$x_{21}=1$，$x_{22}=0$，$x_{23}=0$，$x_{24}=0$，$x_{25}=0$，$x_{26}=0$；

$x_{31}=0$，$x_{32}=1$，$x_{33}=0$，$x_{34}=0$，$x_{35}=0$，$x_{36}=0$；

$x_{41}=0$，$x_{42}=0$，$x_{43}=1$，$x_{44}=0$，$x_{45}=0$，$x_{46}=0$。

由最优解可知，岗位与求职者的匹配结果为：岗位 A_1 与求职者 B_5 相匹配；岗位 A_2 与求职者 B_1 相匹配；岗位 A_3 与求职者 B_2 相匹配；岗位 A_4 与求职者 B_3 相匹配；求职者 B_3、B_6 没有与任何岗位相匹配。亦即求职者 B_5 担任项目经理；B_1 担任现场经理；B_2 担任土建工程师；B_3 担任质量工程师；求职者 B_4、B_6 被淘汰。

6.4 结果分析

将考虑人岗双方前景期望心理的匹配决策方案，与前面完全理性假设下的匹配决策方案和考虑后悔规避心理的匹配决策方案相比较，如表 6-17 所示。

表 6-17　　四种心理假设下的决策方案比较

心理假设	匹配结果				被淘汰求职者
完全理性	(A_1, B_5)	(A_2, B_2)	(A_3, B_3)	(A_4, B_1)	B_4，B_6
后悔规避	(A_1, B_2)	(A_2, B_5)	(A_3, B_3)	(A_4, B_1)	B_4，B_6

续表

心理假设	匹配结果				被淘汰求职者
前景期望	(A_1，B_6)	(A_2，B_2)	(A_3，B_4)	(A_4，B_3)	B_1，B_5
期望信息	(A_1，B_5)	(A_2，B_1)	(A_3，B_2)	(A_4，B_3)	B_4，B_6

通过表6－17可知，四种匹配决策方案的匹配结果各不相同，而四种匹配方案均为人岗双方受益之和最大化的匹配结果，出现不同的匹配结果的原因是：人岗双方完全理性假设下的匹配方案，没有考虑企业和求职者的心理活动，单纯的以双方的评价结果为决策依据；后悔规避心理假设下的匹配方案建立在后悔理论基础之上，引入了后悔规避系数和风险规避系数等条件，是以人岗双方的感知效用为决策依据的匹配方案；前景期望心理假设下的匹配方案建立在前景理论基础之上，引入了期望值和风险规避系数等条件，是以人岗双方的感知价值为决策依据的匹配方案。

由于决策者在决策过程中必然会受到后悔规避和前景期望等心理因素的影响，因此，基于后悔理论和“前景理论”的匹配决策模型更能够模拟决策者的决策过程，也更贴近现实。

本章在人岗双边匹配决策中引入“前景理论”相关假设，提出了两种人岗双边匹配决策方法。其一，基于前景理论的人岗双边匹配决策方法，在已知人岗双方的风险规避系数的前提下，通过引入岗位和求职者在不同评价指标上的期望值，得到人岗双方在各指标上的期望水平与实际水平差距，进而得到人岗双方的感知价值矩阵，从而构建以综合前景值最大化为目标的多目标优化模型，并求解模型得出最优解。最后用算例得到使人岗双方感知价值最大化的匹配决策方案。其二，基于期望信息的人岗双边匹配决策方法，此方法基于多属性决策分析前景理论的方法，考虑匹配决策过程中主体对属性的实际感知和期望水平，通过计算期望水平与实际水平之间的距离，并根据倒数最大化原则定义了匹配满意度，据此构建了多指标双边匹配决策模型，并给出了求解方法，得到匹配结果。本章人岗双边匹配决策方法建立在人岗双方前景期望心理之上，相比于完全理性假设的匹配决策过程，更符合实际。本章提出的两种人岗双边匹配决策方法有较强的实用性和可操作性，并提供了一种新的基于决策行为和心理的思路与方法用来研究匹配决策问题，对于解决现实中大量存在的匹配决策问题具有极为重要的理论指导的价值。

第7章　基于多种类型评价信息的模糊多指标双边匹配决策方法

不同匹配主体的双边匹配决策过程中，由于决策环境的复杂性、模糊性以及不同匹配主体表达信息方式的差异，匹配主体可能会以多种不同形式的表达方式来给出匹配满意度评价信息。为了处理基于多种形式评价信息的双边匹配决策问题，本章提出了一种模糊多指标双边匹配决策方法。该方法依据多种形式信息的特点，将语言评价信息按照其信息特点，分别采用三角模糊数和直觉模糊数处理，选取了理想点为参照点，然后用理想点和实际水平之间的距离计算多评价指标下的0~1特征信息、区间数信息和语言评价信息满意度，并以匹配满意度最大为目标构建了多目标优化模型，通过模型的求解，可以得出基于多种形式评价信息的双边匹配决策结果。在此基础之上，将描述双方主体的后悔—欣喜感知引入该模型中，提出了一种新的具有指标后悔规避的多指标双边匹配决策方法。最后通过一个算例说明了本章给出方法的实用性和有效性。本章研究问题的提炼和设计是基于典型的实际背景，提出的方法具有理论上的创新性和指导意义。

7.1　基于多种类型评价信息的多指标双边匹配决策问题描述

不同匹配主体的双边匹配决策过程中，匹配主体可能会依据不同的匹配满意度评价指标，给出多种形式的评价信息，包括 0 ~ 1 特征信息、区间数信息、语言信息等。例如，公司岗位对求职者的匹配满意度测评可能会考虑是否具有相关行业的工作经验、是否过了大学英语六级，决策者需要根据现实情况进行判断给出“是”或“否”的特征信息，这是 0 ~ 1 判断型；婚姻匹配问题中，男方可能会考虑女生身高，要求身高在 160 ~ 165 厘米之间，这一类指标属于区间数信息描述的指标；同时，用语言信息来表达决策者对事物的判断和描述也是方便、合适的，求职者在对岗位的薪酬与福利进行评价时，可能是“较高”“中等”“较低”等形式，也可以用对薪酬满意程度和不满意程度来表示。

语言信息是把决策问题中涉及的评估变量看成是语言短语，而不是数字值，这个方法适用于很多问题，因为它允许用更直接更有效的形式表达那些不能准确表达的个人信息。针对语言评价信息下的双边匹配问题，一般是将匹配双边主体给出的语言评价信息转化为三角模糊数；然后基于去模糊化处理方法将三角模糊数转化为匹配满意度，在此基础上，考虑稳定匹配约束条件，以最大化主体的匹配满意度为目标，建立双边匹配多目标优化模型，求解模型，获得双边匹配结果。在语言评价信息中，有一些信息，只能做出类似“认可”“不认可”“不知道”等根据自己的认知水平给出的直觉模糊数评价信息，因此学者们提出了基于直觉模糊数信息的双边匹配决策方法，将直觉模糊集矩阵转化为满意度矩阵构建多目标优化模型，使匹配结果更具合理性。

直觉模糊偏好不仅能表达偏序关系，而且能够区分匹配主体的偏好强度。近年来，直觉模糊偏好信息下的双边匹配问题引起了学者们的关注。林杨等针对基于直觉模糊偏好关系的双边匹配问题，依据最小对数二乘法构建了稳定匹配优化模型；乐琦较早研究了直觉模糊偏好信息下的双边匹配问题，提出了一种直觉模糊偏好信息下的双边匹配方法，在此基础上又分别提出了考虑双边主体的匹配意愿和直觉模糊偏好信息下基于得分函数的匹配满意度匹配优化模型、基于新的排序函数提出一种考虑匹配意愿的双边匹配决策方法、将文献的方法拓展至区间直觉模糊偏好的情形。张笛针对偏好序值难以区分匹配主体偏好强度的缺陷问题，提出一种多阶段双边匹配方法；并依据 TODIM 法计算建立了一种双边公平满意匹配优化模型。但在实际应用中，由于现实双边匹配问题的复杂性和模糊性、双方主体认知的局限性等因素的影响，基于直觉模糊数信息的双边匹配决策方法有很大的局限性，只有在双方主体的评价信息都是以直觉模糊集的形式给出的问题，诸如男女婚配、企业供应商匹配、风险投资商与风险企业的双边匹配以及一些人岗匹配，基于直觉模糊数信息的双边匹配决策方法才有一个比较好的应用。而在多种类型评价信息的多指标双边匹配决策问题中，由于直觉模糊数评价相对困难，故应用直觉模糊数信息方法的研究成果所见甚少。本章节考虑将直觉模糊集理论应用在多种类型评价信息的人岗双边匹配决策领域中，将专家评估组对求职者的综合语言评价信息采用直觉模糊数处理方式，并从考虑双方主体的匹配意愿的视角进行研究，这对提高实际双边匹配的成功率具有促进作用。

双边匹配决策过程必然有两方主体参与，设两方主体分别为甲方主体和乙方主体，甲方主体：$A\{A_1, A_2, \cdots, A_m\}$，$A_i$ 是 A 中第 i 个个体，$i=1, 2, \cdots, m$；乙方主体：$B=\{B_1, B_2, \cdots, B_n\}$，$B_j$ 是 B 中第 j 个个体，$j=1, 2, \cdots, n$。甲方主体都根据自身的需要对乙方主体提出不同的满意度评价指标集合为 $C=\{C_1, C_2, \cdots, C_{k_1}, C_{k_1+1}, C_{k_1+2}, \cdots, C_{k_2}, \cdots, C_{k_3+1}, C_{k_3+2}, \cdots, C_{k_4}\}$，$C_b$ 表示第 b 个评价指标，$b=1, 2, \cdots, k_1, k_1+1, \cdots, k_4$，对应于 C 的评价指标权重向量为 $w'=(w'_1, w'_2, \cdots, w'_{k_4})$，$w'_b$表示指标 E_b 的权重，$0 \leqslant w'_b \leqslant 1$，$\sum_{b=1}^{k_4} w'_b = 1$，设指标 $\{C_1, C_2, \cdots, C_{k_1}\}$ 为 G_1 类 0~1 特征信息型指标，C_p 表示 p 第 0~1 个特征信息型的指标，$p=1, 2, \cdots, k_1$；指标 $\{C_{k_1+1}, C_{k_1+2}, \cdots, C_{k_2}\}$ 为 G_2 类区间数信息型的指标，C_q 表示第 q 个区间数信息型的指标，$q=k_1+1, k_1+2, \cdots, k_2$；指标 $\{C_{k_2+1}, C_{k_2+2}, \cdots, C_{k_3}\}$ 为 G_3 类三角模糊数语言评价信息型的指标，C_l 表示第 l 个区间数信息型的指标，$l=k_2+1, k_2+2, \cdots, k_3$；指标 $\{C_{k_3+1}, C_{k_3+2}, \cdots, C_{k_4}\}$ 为 G_4 类直觉模糊数语言评价信息型的指标，C_t 表示第 t 个语言评价信息型的指标，$t=k_3+1, k_3+2, \cdots, k_4$。

同理，匹配主体 A 对匹配主体 B 的匹配满意度需要考虑的评价指标集 I =

$\{I_1, I_2, \cdots, I_f\}$，$I_h$ 表示第 h 个评价指标，$h=1, 2, \cdots, f$，对应于 I_h 的评价指标权重向量为 $w''=(w''_1, w''_2, \cdots, w''_f)$，其中，$w''$表示指标 I_h 的权重，$0\leqslant w''_h\leqslant 1$，$\sum_{h=1}^{f} w''_h = 1$。其中 I_h 可以为 0 ~ 1 特征信息型的指标、区间数信息型的指标或语言评价信息型的指标中的一种或者几种。不同类型信息的双边匹配具体如图 7 – 1 所示。

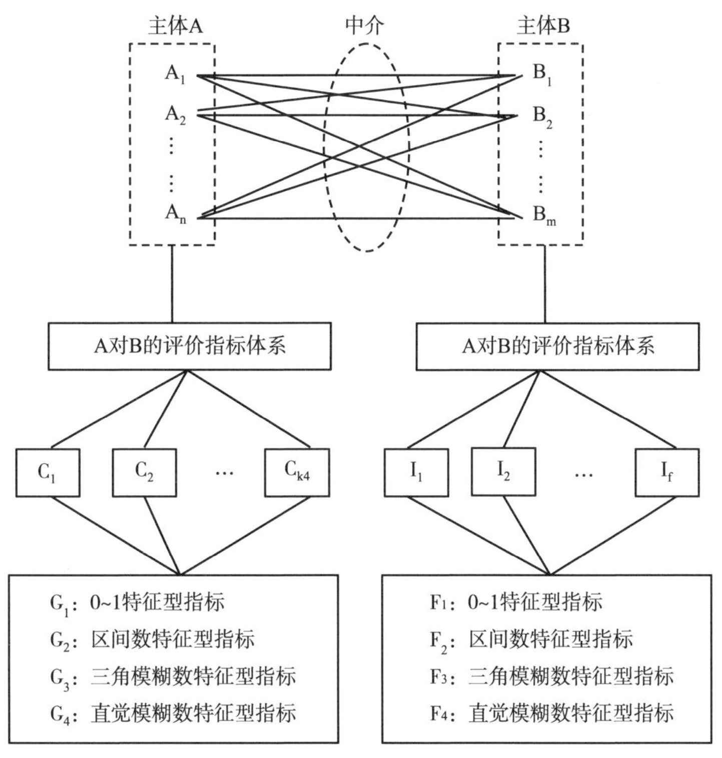

图 7 – 1　具有多种形式评价信息的匹配满意度评价指标

针对具有多种形式评价信息的双边匹配决策问题，本章考虑使用三角模糊数和直觉模糊数多指标决策方法对多种形式的评价信息进行分析和处理，依据不同信息的特征将信息进行归一化处理，通过计算理想点和实际评价水平之间的距离来进一步定义和分析了匹配满意度，进而得到了考虑多种形式评价信息情形下不同匹配主体的匹配满意度。基于多种形式评价信息的模糊多指标双边匹配决策问题的研究框架如图 7 – 2 所示。

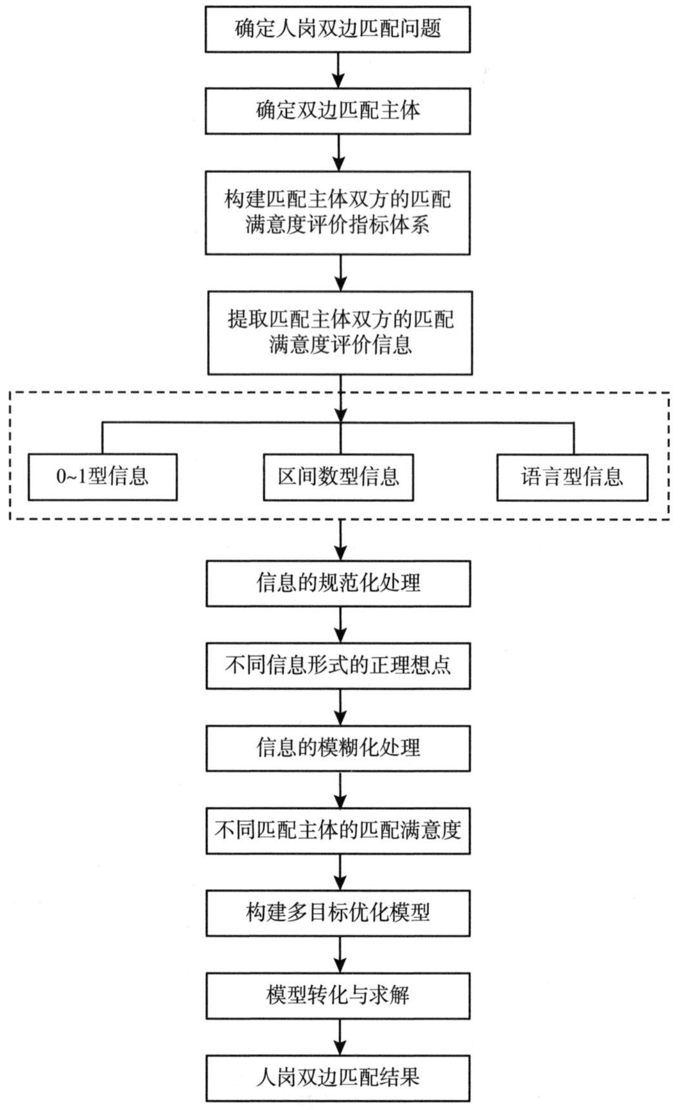

图 7-2 基于多种形式评价信息的双边匹配决策问题的研究框架

7.2 模糊多指标双边匹配决策方法

7.2.1 多种类型评价信息的处理

模糊多指标双边匹配决策方法多种形式评价信息的处理是为了更好地说明本

章提出的方法，本章节将以某一典型人岗双边匹配问题为背景，详细、具体地说明给出的基于多种形式评价信息的模糊多指标双边匹配决策方法。这样，有利于更进一步地明确说明本章提出方法的实用性。

下面给出本章节使用的相关的符号说明。这里，设定甲方匹配主体集合为 $A\{A_1, A_2, \cdots, A_m\}$，其中 A 表示岗位集合，$A_i$ 表示第 i 个公司岗位，$i=1, 2, \cdots, m$；乙方匹配主体集合为 $B=\{B_1, B_2, \cdots, B_n\}$，B 表示求职者集合，$B_j$ 表示第 j 个求职者，$j=1, 2, \cdots, n$。依据评价信息，获得匹配主体 A 对 B 的匹配满意度和匹配主体 B 对 A 的匹配满意度的过程是典型的多指标决策过程。这里，岗位 A 对求职者 B 的匹配满意度涉及评价指标较多，指标获取的方式不同，因此需要考虑多种形式的信息；求职者 B 对岗位 A 的满意度是可以模糊化的定性指标，所以求职者对这些评价指标给出语言评价信息是最为方便的方式。

设甲方匹配主体岗位 A 对乙方匹配主体求职者 B 的匹配满意度需考虑的评价指标集 $E=\{E_1, E_2, \cdots, E_{k_1}, E_{k_1+1}, E_{k_1+2}, \cdots, E_{k_2}, \cdots, E_{k_3+1}, E_{k_3+2}, \cdots, E_{k_4}\}$。其中，$G_1$ 类指标为 0~1 判断信息型的指标，具体地，指标 $\{E_1, E_2, \cdots, E_{k_1}\}$ 为类指标，其中 E_p 表示第 p 个 0~1 特征信息型的指标，$p=1, 2, \cdots, k_1$，0~1 特征信息型的指标包括诸如相关行业工作经验、掌握两种外语等，具体指标需要公司岗位的决策者根据岗位需求的实际情况给出，并且针对实际情况，给出“是”或“否”的判断信息。设 A_j^p 为决策者对求职者 B_j 的第 p 个指标的实际判断信息，C_i^p 为岗位 A_i 的决策者在第 p 个指标下期望的评价结果（$p=1, 2, \cdots, k_1$）。G_1 类指标最终对应的评价结果只有两个值：0 和 1。如果满足 $A_j^p=C_i^p$，即决策者对求职者 B_j 的第 p 个指标的实际判断信息与岗位期望的评价结果一致，则对第 p 个指标的最终评价值为 0，否则为 0。以相关行业工作经验为例，公司期望的评价结果 C_i^p 为“是”，若对求职者的实际判断信息 A_j^p 为“是”，即求职者有相关专业工作经验，满足 $A_j^p=C_i^p$，则对第 p 个指标的最终评价值为 1。在评价指标 $E_p(p=1, 2, \cdots, k_1)$ 下，人力资源部门决策者根据现实情况，给出 0~1 判断信息评价矩阵 $\bar{V}_p=(\bar{v}_{pij})_{n\times m}$。$\bar{v}_{pij}$ 为在评价指标 I_p 下岗位对求职者的满意度测评信息，$i=1, 2, \cdots, m$，$j=1, 2, \cdots, n$，$p=1, 2, \cdots, k_1$。

G_2 类指标为区间数信息型的指标，具体地，指标 $\{E_{k_1+1}, E_{k_1+2}, \cdots, E_{k_2}\}$ 为 G_2 类指标，其中，E_q 表示第 q 个区间数信息型的指标，$q=k_1+1, k_1+2, \cdots,$

k_2，区间数信息型的指标如求职者的薪金要求等，区间数信息主要是指公司岗位考察的求职者信息并不是确定的清晰数，而是在某个区间内。设 R 为实数域，称闭区间 $[x^L, x^U]$ 为区间数，用 $\tilde{x}$ 表示，其中 x^L，$x^U \in \tilde{x}$，且 $x^L \leq x^U$。特别地，若 $x^L = x^U$，则区间数 $\tilde{x}$ 退化为实数，同样，某一实数 x 也可表示为区间数 $[x^L, x^U]$，其中 $x^L = x^U = x$。设 $\tilde{a} = [a^L, a^U]$ 和 $\tilde{b} = [b^L, b^U]$ 为任意两个正闭区间数，则它们之间的距离为：

$$D_{\tilde{a}\tilde{b}} = \sqrt{\frac{1}{2}[(a^L - b^L)^2 + (a^U - b^U)^2]} \tag{7.1}$$

在评价指标 $E_q(q = k_1 + 1, k_1 + 2, \cdots, k_2)$ 下，岗位招聘者得到的求职者信息的区间数（或数值）损益矩阵 $\tilde{X}_q = (\tilde{x}_{qij})_{n \times m}$。$\tilde{x}_{qij}$为在评价指标 E_q 下岗位对求职者的匹配满意度的测评信息，$i = 1, 2, \cdots, n$，$j = 1, 2, \cdots, m$，$q = k_1 + 1, k_1 + 2, \cdots, k_2$。将区间数（或数值）形式的损益矩阵 $\tilde{X}_q = (\tilde{x}_{qij})_{n \times m}$进行规范化，得出规范化后的区间数（或数值）损益矩阵 $\tilde{V}_q = (\tilde{v}_{qij})_{n \times m}$，其中：

$$\tilde{v}_{qij} = \frac{\tilde{x}_{qij}}{x_q^{U*}},\ i = 1, 2, \cdots, m,\ j = 1, 2, \cdots, n \tag{7.2}$$

式（7.2）中，$x_q^{U*} = \max\limits_{\forall i,j}\{x_{qij}^U\}$为矩阵 $\tilde{X}_q = (\tilde{x}_{qij})_{n \times m}$中各区间数上限的最大值，则规范化后的无量纲区间数（或数值）在 0 ~ 1 的范围内，即存在 $0 \leq v_{qij}^L \leq v_{qij}^U \leq 1$。

G_3 类指标为语言评价信息型的指标，具体地，指标 $\{E_{k_2+1}, E_{k_2+2}, \cdots, E_{k_3}\}$ 为 G_3 类语言评价信息型的指标，其中 E_l 表示第 l 个语言评价信息型的指标 $l = k_2 + 1, k_2 + 2, \cdots, k_3$。岗位招聘者从一个预先定义好的语言评价集 S 中选择一个元素作为应聘者对于匹配满意度指标 E_l 的偏好评价。这里，S 是由奇数个元素构成的有序集合，$S = \{s_0, s_1, s_2, \cdots, s_T\}$，其中 $s_i \in S$ 是第 i 个语言短语，若将语言短语 s_i 转化为三角模糊数并记为 $\hat{r} = (r^1, r^2, r^3)$，其隶属函数 $\mu_{\hat{r}}(x)$：$R \to [0, 1]$ 相应的转换公式为：

$$\hat{r} = (r^1, r^2, r^3) = \left(\max\left\{\frac{i-1}{T}, 0\right\}, \frac{i}{T}, \min\left\{\frac{i+1}{T}, 0\right\}\right),\ i = 1, 2, \cdots, T \tag{7.3}$$

在指标 $E_l(l = k_2 + 1, k_2 + 2, \cdots, k_3)$ 下，岗位招聘者给出对求职者评价的

语言评价矩阵为 $S_l=(s_{lij})_{n\times m}$。通过上述公式（7.3），可以将语言评价信息矩阵转化为三角模糊数矩阵 $\hat{V}_l=(\hat{v}_{lij})_{n\times m}$。对于任意两个正三角模糊数 $\hat{a}=(a^1, a^2, a^3)$ 和 $\hat{b}=(b^1, b^2, b^3)$，它们之间的距离可定义为：

$$D_{\hat{a}\hat{b}}=\sqrt{\frac{1}{3}[(a^1-b^2)^2+(a^2-b^2)^2+(a^3-b^3)^2]} \tag{7.4}$$

基于此，可以将匹配主体 A 的语言评价信息进行处理与转化，并得到相应的三角模糊数形式。

G_4 类指标为语言评价信息型的指标，具体地，指标 $\{E_{k_3+1}, E_{k_3+2}, \cdots, E_{k_4}\}$ 为 G_4 类语言评价信息型的指标，其中 E_t 表示第 t 个语言评价信息型的指标 $t=k_3+1, k_3+2, \cdots, k_4$。直觉模糊数可以用满意程度和不满意程度来表示，其数值本身处于 0 与 1 之间，无须规范化。设 $Y_t=(y_{tij})_{n\times m}$ 为甲方匹配主体岗位 A 对乙方匹配主体求职者 B 的直觉模糊集矩阵，其中直觉模糊集 $y_{tij}=\langle \mu_{y_{tij}}, \gamma_{y_{tij}}\rangle$，$\mu_{y_{tij}}$ 表示主体 A_i 对于主体 B_j 的满意程度，$\gamma_{y_{tij}}$ 表示主体 A_i 对于 B_j 的不满意程度。

对于任意两个直觉模糊数 $y_1=(\mu_1, \gamma_1)$ 和 $y_2=(\mu_2, \gamma_2)$，它们之间的距离可定义为：

$$D_{y_1y_2}=\sqrt{\frac{1}{3}[(\mu_1-\mu_2)^2+(\gamma_1-\gamma_2)^2+(\pi_1-\pi_2)^2]} \tag{7.5}$$

式（7.5）中，$\pi_1=1-\mu_1-\lambda_1$，$\pi_2=1-\mu_2-\lambda_2$ 为犹豫度。

基于此，可以将匹配主体 A 的语言评价信息进行处理与转化，并得到相应的直觉模糊数形式。

设另一方匹配主体求职者 B 对匹配主体岗位 A 的匹配满意度需要考虑的评价指标集为 $C=\{C_1, C_2, \cdots, C_f\}$，其中 C_h 表示第 h 个语言评价指标（$h=1, 2, \cdots, f$），对应于 C_h 的评价指标权重向量为 $w''=(w''_1, w''_2, \cdots, w''_f)$，其中 w''_h 表示指标 C_h 的权重，$0\leqslant w''_h\leqslant 1$，$\sum_{h=1}^{f} w''_h=1$。求职者从一个预先定义好的语言评价集 S 中选择一个元素作为他（她）对于匹配满意度指标 C_h 的偏好评价，这里，S 是由奇数个元素构成的有序集合 $S=\{s_0, s_1, s_2, \cdots, s_T\}$。在指标 C_h 下（$h=1, 2, \cdots, f$），求职者给出地对岗位的语言评价信息矩阵为 $S_h=(s_{hij})_{n\times m}$，为了处理语言评价信息，可参照上述岗位对求职者的满意度的测评方法中 G_3 类和 G_4 类信息的处理方法，根据式（7.4）和式（7.5）将语言评价信息矩阵转化为三角模

糊数矩阵 $G_h=(g_{hij})_{n\times m}$ 和直觉模糊数矩阵 $Y_t=(y_{tij})_{n\times m}$，进而将匹配主体的匹配满意度评价信息进行处理与转化，并得到了相应的三角模糊数和直觉模糊数形式。

7.2.2 信息集结和满意度计算

基于上面的论述，这里考虑使用理想点来表示匹配主体岗位 A 对另一方匹配主体求职者 B 的最理想匹配满意度信息，理想点为 $v^+=(v_1^+, v_2^+, \cdots, v_t^+)$，其中 v^+ 的定义如下：

$$v^+=\begin{cases}[1], & \text{指标为 }0\sim1\text{ 判断信息}\\ [1, 1], & \text{指标为效益型的区间数信息}\\ [0, 0], & \text{指标为成本型的区间数信息}\\ [1, 1, 1], & \text{指标为三角模糊数型语言评价信息}\\ [1, 0], & \text{指标为直觉模糊数型语言评价信息}\end{cases} \tag{7.6}$$

v_{bij} 定义为岗位招聘者给出的在指标 C_b 下对求职者 B_i 的匹配满意度评价信息，对应 G_1、G_2、G_3 和 G_4 四类求职者评价信息集的形式分别对应 0～1 判断信息、区间数数值、三角模糊数形式和直觉模糊数形式，相应的 $d(v_{bij}, v^+)$ 的计算公式为：

$$d(v_{bij}, v^+)=\begin{cases}|\bar{v}_{pij}-1|, & \bar{v}_{pij}\text{ 为 }0\sim1\text{ 判断信息}\\ \sqrt{\dfrac{1}{2}[(\tilde{v}_{qij}^U-1)^2+(\tilde{v}_{qij}^L-1)^2]}, & \tilde{v}_{qij}\text{ 为区间数}\\ \sqrt{\dfrac{1}{3}[(\hat{v}_{lij}^1-1)^2+(\hat{v}_{lij}^2-1)^2+(\hat{v}_{lij}^3-1)^2]}, & \hat{v}_{lij}\text{ 为三角模糊数}\\ \sqrt{\dfrac{1}{3}[(\check{v}_{tij}^U-1)^2+(\check{v}_{tij}^L)^2+(1-\check{v}_{tij}^L-\check{v}_{tij}^U)^2]}, & \check{v}_{tij}\text{ 为直觉模糊数}\end{cases} \tag{7.7}$$

计算在各指标下岗位 A_i 对求职者 B_j 的评价信息与理想点之间的距离，得到矩阵 $D=(D_{ij})_{n\times m}$，其中，D_{ij} 的计算公式为：

$$D_{ij}=\sum_{b=1}^{t}[w'_b d(v_{bij}, v^+)], i=1, 2, \cdots, m, j=1, 2, \cdots, n \tag{7.8}$$

定义岗位 A_i 对求职者 B_j 的匹配满意度用 α_{ij} 表示，计算公式为：

$$\alpha_{ij}=1-D_{ij}, \ i=1, 2, \cdots, m, \ j=1, 2, \cdots, n \tag{7.9}$$

$\alpha_{ij} \in [0, 1]$，当 $D_{ij}=0$ 时，岗位对求职者的匹配满意度评价信息最符合岗位要求的理想信息，岗位对求职者的匹配满意度最高，相应的 α_{ij} 等于1；当 $D_{ij}=1$ 时，岗位对求职者的评价信息距离理想点最远，即对求职者的评价不符合公司岗位的期望，岗位对求职者的满意度最低，相应的 α_{ij} 等于0。α_{ij} 为 D_{ij} 在［0，1］区间内的连续递减函数，即随着距理想点距离的增大，匹配满意度逐渐降低。

同理，考虑使用理想点来表示一方匹配主体求职者 B_j 对另一方匹配主体岗位 A_i 的最理想匹配满意度信息，定义理想点为 $g^+=(g_1^+, g_2^+, \cdots, g_t^+)$ 来表示B对A的最理想匹配满意度信息，g^+ 的定义与 v^+ 的定义相同。如下相应的 $d(g_{hij}, g^+)$ 计算公式为：

$$d(g_{hij}, g^+)=\begin{cases} |\bar{g}_{pij}-1|, & \bar{g}_{pij}\text{为}0\sim1\text{判断信息} \\ \sqrt{\frac{1}{2}[(\tilde{g}_{qij}^{L}-1)^2+(\tilde{g}_{qij}^{U}-1)^2]}, & \tilde{g}_{qij}\text{为区间数} \\ \sqrt{\frac{1}{3}[(\hat{g}_{lij}^{1}-1)^2+(\hat{g}_{lij}^{2}-1)^2+(\hat{g}_{lij}^{3}-1)^2]}, & \hat{g}_{lij}\text{为三角模糊数} \\ \sqrt{\frac{1}{3}[(\breve{g}_{tij}^{U}-1)^2+(\breve{g}_{tij}^{L})^2+(1-\breve{g}_{tij}^{L}-\breve{g}_{tij}^{U})^2]}, & \breve{g}_{tij}\text{为直觉模糊数} \end{cases} \tag{7.10}$$

计算在各评价指标下求职者 B_j 对岗位 A_i 的评价信息与正理想点之间的距离，得到矩阵 $D^+=(D_{ij}^+)_{n\times m}$，其中 D_{ij}^+ 的计算公式为：

$$D_{ij}^+ = \sum_{h=1}^{f}[w''_h D(e'_{hj}, r'_{hi})], i=1, 2, \cdots, m, j=1, 2, \cdots, n \tag{7.11}$$

定义求职者 B_j 对岗位 A_i 的匹配满意度用用 β_{ij} 表示，计算公式为：

$$\beta_{ij}=1-D_{ij}^+, i=1, 2, \cdots, m, j=1, 2, \cdots, n \tag{7.12}$$

$\beta_{ij} \in [0, 1]$，当 $D_{ij}^+=0$ 时，求职者对岗位的匹配满意度评价信息最符合求职者要求的理想信息，求职者对岗位的匹配满意度最高，相应的 β_{ij} 等于1；当 $D_{ij}^+=1$ 时，求职者对岗位的评价信息距离理想点最远，即对岗位的评价不符合求职者的期望，求职者对岗位的满意度最低，相应的 β_{ij} 等于0。β_{ij} 为 D_{ij}^+ 在［0，1］区间内的连续递减函数，即随着距理想点距离的增大，匹配满意度逐渐降低。

7.2.3 模型的建立与求解

1. 模型建立

根据以上匹配主体岗位 A 对匹配主体求职者 B 的匹配满意度以及匹配主体求职者 B 对匹配主体岗位 A 的匹配满意度的分析，可以建立一个使双方匹配主体各自评价的匹配满意度最大的决策模型，尽量满足匹配主体岗位 A 和匹配主体求职者 B 的需求或要求。引入 0 ~ 1 变量 x_{ij}，其中，$x_{ij}=1$ 表示求职者 B_j 与岗位 A_i 匹配，而 $x_{ij}=0$ 表示求职者 B_j 与岗位 A_i 不匹配。为了解决匹配主体岗位 A 与匹配主体求职者 B 的双边匹配问题，可建立如下使匹配主体双方满意度都达到最大化的多目标优化模型。

$$\max Z_1 = \sum_{i=1}^{m}\sum_{j=1}^{n}\alpha_{ij}x_{ij} \tag{7.13a}$$

$$\max Z_2 = \sum_{i=1}^{m}\sum_{j=1}^{n}\beta_{ij}x_{ij} \tag{7.13b}$$

$$\text{s.t.} \sum_{j=1}^{n}x_{ij} \leqslant 1,\ i = 1,2,\cdots,m \tag{7.13c}$$

$$\sum_{i=1}^{m}x_{ij} \leqslant \theta_j,\ j = 1,2,\cdots,n \tag{7.13d}$$

$$x_{ij}=[0,1],\ i=1,2,\cdots,m,\ j=1,2,\cdots,n \tag{7.13e}$$

式（7.13a）和式（7.13b）是目标函数，其中，式（7.13a）的含义是使匹配主体岗位 A 对在所有评价指标下的满意度尽可能大；式（7.13b）的含义是使匹配主体求职者 B 对在自己设定的评价指标下满意度也尽可能大；式（7.13c）是约束条件，表示求职者 B_j 至多被匹配到一个岗位；（7.13d）是约束条件，其中，θ_j 为岗位招聘限定的最大人数，该式表示每个岗位匹配的求职者不能超过相应的人数上限；式（7.13e）中 $x_{ij}=0$ 表示匹配主体 A_i 对匹配主体 B_j 在不同的指标下有不满意的情况，不能进行匹配，而 $x_{ij}=1$ 表示匹配主体 A_i 对匹配主体 B_j 整体情况下还是满意的，可以进行匹配。

2. 模型求解

（1）线性加权方法。

对上述由式（7.13）构成的多目标线性优化模型，通过使用线性加权的方法，可将式（7.13a）和式（7.13b）进行加权并转化建立一个新的单目标函数。设定权重参数 ω_1 和 ω_2，可将上述多目标优化模型转化为如下的单目标线性规划模型：

$$\max Z = \omega_1 \sum_{i=1}^{m} \sum_{j=1}^{n} \alpha_{ij} x_{ij} + \omega_2 \sum_{i=1}^{m} \sum_{j=1}^{n} \beta_{ij} x_{ij} \tag{7.14a}$$

$$\text{s.t.} \sum_{j=1}^{n} x_{ij} \leqslant 1,\ i = 1, 2, \cdots, m \tag{7.14b}$$

$$\sum_{i=1}^{m} x_{ij} \leqslant \theta_j,\ j = 1, 2, \cdots, n \tag{7.14c}$$

$$x_{ij} = [0, 1],\ i = 1, 2, \cdots, m,\ j = 1, 2, \cdots, n \tag{7.14d}$$

上述由式（7.14）构成的单目标线性规划模型，其目标函数和约束条件均是线性的，可通过线性规划的方法进行求解。因此，这里可以借助专门的优化软件包（如 LINGO、MATLAB 等软件）来对模型进行求解。

（2）隶属函数加权方法。

由于目标函数的量纲可能不同，为求解式（7.13），可以采用基于隶属函数的加权和方法。设 Z_1^{max} 和 Z_2^{max} 分别为单独考虑目标 Z_1 和 Z_2 时所得的单目标最优值，Z_1^{min} 和 Z_2^{min} 为相应的单目标最劣值，则两个目标函数的隶属函数 μ_{Z_1} 和 μ_{Z_2} 可分别定义为：

$$\mu_{Z_1} = \frac{Z_1 - Z_1^{min}}{Z_1^{max} - Z_1^{min}} \tag{7.15}$$

$$\mu_{Z_2} = \frac{Z_2 - Z_2^{min}}{Z_2^{max} - Z_2^{min}} \tag{7.16}$$

设 ω_1 和 ω_2 分别表示目标 μ_{Z_1} 和 μ_{Z_2} 的权重，$0 \geqslant \omega_1$，$\omega_2 \leqslant 1$，$\omega_1 + \omega_2 = 1$，权重反映了目标 Z 在实际决策中的重要程度，它由中介给出，通常考虑到甲乙双方主体的公平性，有 ω_1 和 ω_2 相等。通过简单加权将式（7.13）转化为便于计算的单目标优化模型：

$$\max Z = \omega_1 \mu_{Z_1} + \omega_2 \mu_{Z_2} \tag{7.17a}$$

$$\text{s.t.} \sum_{j=1}^{n} x_{ij} = 1,\ i = 1, 2, \cdots, m \tag{7.17b}$$

$$\sum_{i=1}^{m} x_{ij} \leqslant p_j,\ j = 1, 2, \cdots, n \tag{7.17c}$$

$$x_{ij} \in \{0, 1\}, \ i=1, 2, \cdots, m, \ j=1, 2, \cdots, n \tag{7.17d}$$

显然，式（7.17）可转化为标准的指派问题模型后再进行求解，这样可使用匈牙利法进行求解。当式（7.17）中的变量和约束条件个数较多时，可采用 LINGO、Cplex、WinQSB 等软件，或采用启发式方法或智能优化算法，如遗传算法、禁忌搜索算法等。根据模型求解结果，可获得双边匹配方案。

定理 1 模型（7.17）必存在最优解。

证明 把单独考虑目标 Z_1 与 Z_2 的最大化优化模型分别记为式（7.17a）与式（7.17b），把单独考虑目标 Z_1 与 Z_2 的最小化优化模型分别记为式（7.17c）与式（7.17d）。根据式（7.17a）~（7.17d）及式（7.17）的特征可知，只要证明式（7.17a）存在最优解，则式（7.17b）~（7.17d）及式（7.17）的最优解存在性类似可证。由于式（7.17a）是含有 mn 个变量的 0 ~ 1 整数规划，则它最多产生 2^{mn} 个可行解。显然 $x_{ij} = \begin{cases} 1, & j=i \\ 0, & j \neq i \end{cases}$，$i=1, 2, \cdots, m, \ j=1, 2, \cdots, n$ 为式（7.17a）的可行解，则式（7.17a）的可行域非空。因此，由式（7.17a）确定的目标函数在可行域某点达到最大，即式（7.17a）必存在最优解。进一步可知，式（7.17）必存在最优解。

根据多目标规划理论可知，式（7.17）的最优解是式（7.13）的有效解。

7.3 考虑双方主体后悔—欣喜感知的多指标双边匹配决策方法

7.3.1 感知效用计算

经典双边匹配理论与方法大多假定匹配主体是完全理性的，但实验研究表明，在现实匹配问题中，匹配主体往往是有限理性的。后悔理论表明：在双边匹配中，匹配主体不仅关注与当前匹配主体相匹配获得的结果，而且还关注与其他匹配主体相匹配可能获得的结果，且匹配主体是后悔规避的。因此匹配主体的感知效用就由两部分组成，即与当前匹配主体相匹配获得的效用值和相对于理想匹配主体的后悔—欣喜值。鉴于此，本书针对基于多种类型评价信息的模糊多指标双边匹配决策问题，基于后悔理论，提出一种考虑匹配主体后悔规避的心理行为的改进人岗双边匹配方法。该方法将描述双方主体的后悔—欣喜感知引入多种类型评价信息的模糊多指标的人岗双边匹配决策模型，通过对匹配主体后悔—欣喜感知的刻画，提出了一种新的具有指标后悔规避的多指标双边匹配决策方法。下面介绍该方法的建模过程。

由7.2节可以计算待分配岗位 A_i 对求职者 B_j 的满意度 α_{ij} 和求职者 B_j 对岗位 A_i 的满意度 β_{ij}，则岗位 A_i 在选择求职者 B_j 情况的效用函数 $v(\alpha_{ij})$ 和求职者 B_j 在选择岗位 A_i 效用函数 $f(\beta_{ij})$ 分别为：

$$v(\alpha_{ij})=\alpha_{ij}^{\gamma_i},\ i=1,\ 2,\ \cdots,\ m,\ j=1,\ 2,\ \cdots,\ n \tag{7.18}$$

$$f(\beta_{ij})=\beta_{ij}^{\xi_j},\ i=1,\ 2,\ \cdots,\ m,\ j=1,\ 2,\ \cdots,\ n \tag{7.19}$$

式（7.18）和式（7.19）中，γ_i 为岗位 A_i 的风险规避系数；ξ_j 为求职者 B_j 的风险规避系数。

令 $R(\Delta v_{ij})$ 表示岗位 A_i 对求职者 B_j 的后悔—欣喜函数，$G(\Delta f_{ij})$ 表示求职者 B_j 对岗位 A_i 的后悔—欣喜函数，则：

$$R(\Delta v_{ij})=1-\exp(-\delta_i\Delta v_{ij}),\ i=1,\ 2,\ \cdots,\ m,\ j=1,\ 2,\ \cdots,\ n \tag{7.20}$$

$$G(\Delta f_{ij})=1-\exp(-\tau_i\Delta f_{ij}),\ i=1,\ 2,\ \cdots,\ m,\ j=1,\ 2,\ \cdots,\ n \tag{7.21}$$

式（7.20）中，$\Delta v_{ij}=v(\alpha_{ij})-v^+(\alpha)$，表示对岗位 A_i 而言，选择求职者 B_j 所得到的效用 $v(\alpha_{ij})$ 与在所有求职者中，选择表现最好的求职者所得到的效用 $v^+(\alpha)$ 之差；δ_i 为待分配岗位 A_i 的后悔规避系数。$\Delta f_{ij}=v(\beta_{ij})-f^+(\beta)$ 表示 B_j 选择岗位 A_i 的效用 $v(\beta_{ij})$ 与在所有岗位中，选择表现最好的岗位所得到的效用 $f^+(\beta)$ 之差，τ_i 表示求职者 B_j 后悔规避系数。

根据后悔理论可知，感知效用等于效用和后悔—欣喜值之和，则岗位 A_i 对求职者 B_j 的感知效用 u_{ij} 和求职者 B_j 对岗位 A_i 的感知效用 t_{ij} 分别为：

$$u_{ij}=\alpha_{ij}^{\gamma_i}+1-\exp(-\delta_i\Delta v_{ij}),\ i=1,\ 2,\ \cdots,\ m,\ j=1,\ 2,\ \cdots,\ n \tag{7.22}$$

$$t_{ij}=\beta_{ij}^{\xi_j}+1-\exp(-\tau_i\Delta f_{ij}),\ i=1,\ 2,\ \cdots,\ m,\ j=1,\ 2,\ \cdots,\ n \tag{7.23}$$

通过计算不同岗位对每个求职者的感知效用可得到感知效用矩阵 $U=[u_{ij}]_{m\times n}$ 和求职者对岗位的感知效用矩阵 $T=[t_{ij}]_{m\times n}$。

7.3.2 决策模型构建和求解

根据待分配岗位对求职者的感知效用矩阵 $U=[u_{ij}]_{m\times n}$ 和求职者对待分配岗位的感知效用矩阵 $T=[t_{ij}]_{m\times n}$，可以建立一个使双方感知效用最大的多目标规划模型，并通过使用线性加权的方法，可将多目标优化模型转化为如下的单目标线性规划模型：

$$\max Z = \omega_1 \sum_{i=1}^{m}\sum_{j=1}^{n} u_{ij}x_{ij} + \omega_2 \sum_{i=1}^{m}\sum_{j=1}^{n} t_{ij}x_{ij} \tag{7.24a}$$

$$\text{s. t.} \sum_{j=1}^{n} x_{ij} \leqslant 1,\ i = 1, 2, \cdots, m \tag{7.24b}$$

$$\sum_{i=1}^{m} x_{ij} \leqslant \theta_j,\ j = 1, 2, \cdots, n \tag{7.24c}$$

$$x_{ij} = [0,\ 1],\ i = 1,\ 2,\ \cdots,\ m,\ j = 1,\ 2,\ \cdots,\ n \tag{7.24d}$$

式（7.24）中，ω_1 和 ω_2 表示岗位和求职者在线性加权中的权重。在人岗匹配过程中，若更看重岗位决策者对求职者的感知效用，则 $\omega_1>\omega_2$；若更注重求职者对岗位的感知效用，则 $\omega_1<\omega_2$。且有 $0\leqslant\omega_1\leqslant1$，$0\leqslant\omega_2\leqslant1$，$\omega_1+\omega_2=1$。

对于式（7.24），显然目标函数和约束条件均为线性，则可以采用线性规划方法对模型进行求解。还可利用 LINGO、MATLAB 等软件求解该线性规划模型。

7.4 实例分析

7.4.1 模糊多指标双边匹配决策实例

某公司为了拓展海外业务，拟在 4 个岗位 $\{A_1,\ A_2,\ A_3,\ A_4\}$ 上招聘员工，公司的人力资源部门经过初筛让 6 个拟招收的求职者 $\{B_1,\ B_2,\ \cdots,\ B_6\}$ 进入最终的考核和评价环节。不同岗位所在部门的经理及决策者，根据岗位的需求对拟招收的求职者进行了全面的考核和评价，岗位对求职者的匹配满意度测评主要考虑 8 个评价指标：团队合作（C_1）、沟通表达（C_2）、期望薪酬（C_3）、身体素质（C_4）、工作经验（C_5）、专业知识（C_6）、英语与计算机水平（C_7）

和岗位适应性（C_8）这8个指标对当前的6个求职者进行评价，其中指标 C_5 为 G_1 类0～1判断信息型的指标，指标 C_3 为 G_2 类区间数信息描述的成本型指标，指标 C_1、C_2、C_4、C_6 和 C_7 为 G_3 类语言评价信息型的指标，指标 C_8 为 G_4 类语言评价信息型的指标，该指标由专家团队根据 $\{C_1, C_2, C_4, C_5, C_6, C_7\}$ 6个指标，6个指标权重分别为：0.20、0.25、0.15、0.15、0.15、0.10，以直觉模糊数形式给出岗位对求职者综合满意度测评。再由专家团队根据经验结合岗位实际，利用AHP法，给出不同岗位对求职者在这8项指标上的评价信息的权重。评价信息和权重值分别如表7－1和表7－2所示。其中，对于 G_3 类语言评价信息型指标，这里使用T＝6的语言评价集，即 $S=\{s_0=AL$(Absolute Low)，$s_1=VL$(Very Low)，$s_2=L$(Low)，$s_3=M$(Medium)，$s_4=H$(Hight)，$s_5=VH$(Very Hight)，$s_6=AH$(Absolute Hight)$\}$，用来描述 G_3 类语言评价信息型的指标。

求职者也根据自身的要求对4个岗位进行了评价，求职者对岗位的满意度测评主要考虑4个评价指标：薪酬与福利（I_1）、发展空间（I_2）、休息休假（I_3）及工作环境（I_4）4个方面的实际情况，相应的专家再通过访谈和问卷调查，得到求职者对各指标的权重，求职者对岗位的评价信息和权重值分别如表7－3和表7－4所示。

表7－1　　岗位对求职者在各项指标上的评价信息

指标	B_1	B_2	B_3	B_4	B_5	B_6
C_1	AH	H	H	VH	H	H
C_2	H	VH	M	H	AH	VH
C_3	[5500，6500]	[4500，6000]	[3500，5500]	[4000，5500]	[4500，6000]	[3500，5000]
C_4	M	VH	VH	H	H	H
C_5	1	0	0	1	1	0
C_6	VH	VH	AH	VH	AH	VH
C_7	M	AH	VH	AH	H	M
C_8	<0.50，0.25>	<0.65，0.15>	<0.40，0.35>	<0.60，0.00>	<0.55，0.15>	<0.55，0.25>

表 7-2　岗位对各项指标给出的权重

指标	A_1	A_2	A_3	A_4
C_1	0.1700	0.1790	0.2104	0.1351
C_2	0.2333	0.2216	0.2261	0.1801
C_3	0.0801	0.0740	0.0645	0.1424
C_4	0.1167	0.1054	0.0870	0.1294
C_5	0.1358	0.1183	0.1168	0.1076
C_6	0.1034	0.1528	0.1072	0.1904
C_7	0.0551	0.0456	0.0875	0.0398
C_8	0.1056	0.1033	0.1005	0.1022

表 7-3　各岗位在不同指标上的实际状态

指标	A_1	A_2	A_3	A_4
I_1	VH	H	VH	AH
I_2	VH	VH	AH	VH
I_3	M	AH	M	M
I_4	M	H	M	H

表 7-4　各求职者对不同指标给出的权重

指标	B_1	B_2	B_3	B_4	B_5	B_6
I_1	0.5	0.4	0.2	0.5	0.4	0.3
I_2	0.2	0.3	0.4	0.2	0.3	0.4
I_3	0.1	0.1	0.3	0.2	0.2	0.1
I_4	0.2	0.2	0.1	0.1	0.1	0.2

1. 线性加权方法求解

首先利用第2章的评价指标处理方法，将各语言评价信息型指标上的语言评价结果进行数值转化，并将区间型指标进行归一化处理。再依据式（7.7）求出各求职者到理想点的距离，如表7-5和表7-6所示。

表7－5　　求职者评价信息到理想点的距离

指标	B_1	B_2	B_3	B_4	B_5	B_6
C_1	0.0964	0.3600	0.3600	0.2151	0.3600	0.3600
C_2	0.3600	0.2151	0.5183	0.3600	0.0964	0.2151
C_3	0.2357	0.4859	0.7454	0.6346	0.4859	0.7906
C_4	0.5183	0.2151	0.2151	0.3600	0.3600	0.3600
C_5	0	1	1	0	0	1
C_6	0.2151	0.2151	0.0964	0.2151	0.0964	0.2151
C_7	0.5183	0.0964	0.2151	0.0964	0.3600	0.5183
C_8	0.3536	0.2483	0.4262	0.3266	0.3240	0.3189

表7－6　　岗位评价信息到理想点的距离

指标	A_1	A_2	A_3	A_4
I_1	0.2151	0.3600	0.2151	0.0964
I_2	0.2151	0.2151	0.0964	0.2151
I_3	0.5183	0.0964	0.5183	0.5183
I_4	0.5183	0.3600	0.5183	0.3600

依据式（7.9）和式（7.12）得到岗位决策者对求职者的满意度，进而形成满意度矩阵$[\alpha_{ij}]_{4\times6}$，如表7－7所示。同理得到求职者对岗位的满意度矩阵$[\beta_{ij}]_{4\times6}$，如表7－8所示。

表7－7　　岗位对求职者的满意度$[\alpha_{ij}]_{4\times6}$

岗位	B_1	B_2	B_3	B_4	B_5	B_6
A_1	0.7321	0.6350	0.5304	0.7246	0.7714	0.5630
A_2	0.7379	0.6481	0.5560	0.7258	0.7757	0.5837
A_3	0.7341	0.6523	0.5515	0.7368	0.7654	0.5760
A_4	0.7238	0.6378	0.5460	0.6910	0.7524	0.5517

表 7-8　　求职者对岗位的满意度 $[\beta_{ij}]_{4\times6}$

岗位	B_1	B_2	B_3	B_4	B_5	B_6
A_1	0.6939	0.6939	0.6636	0.6939	0.6939	0.6939
A_2	0.6953	0.7098	0.7770	0.7217	0.7362	0.7243
A_3	0.7177	0.7296	0.7111	0.7177	0.7295	0.7414
A_4	0.7850	0.7731	0.7032	0.7691	0.7572	0.7612

依据式（7.13）中建立的求职者与岗位匹配的优化模型，将该模型转化为式（7.14）构成的单目标线性规划模型，设定权重参数 $\omega_1=\omega_2=0.5$，岗位招聘限定的最大人数 $\theta_j=1$，采用优化软件包 LINGO11 进行模型的求解。

该优化模型的最优解为：

$x_{11}=0$，$x_{12}=0$，$x_{13}=0$，$x_{14}=1$，$x_{15}=0$，$x_{16}=0$；

$x_{21}=0$，$x_{22}=0$，$x_{23}=0$，$x_{24}=0$，$x_{25}=1$，$x_{26}=0$；

$x_{31}=0$，$x_{32}=1$，$x_{33}=0$，$x_{34}=0$，$x_{35}=0$，$x_{36}=0$；

$x_{41}=1$，$x_{42}=0$，$x_{43}=0$，$x_{44}=0$，$x_{45}=0$，$x_{46}=0$。

由得到的最优解可知，求职者与岗位的双边匹配结果为：岗位 A_1 与求职者 B_4 进行匹配，岗位 A_2 与求职者 B_5 进行匹配，岗位 A_3 与求职者 B_2 进行匹配，岗位 A_4 与求职者 B_1 进行匹配，没有任何岗位与求职者 B_3 和 B_6 匹配。

2. *隶属函数加权方法求解*

通过求解模型（7.17a）~模型（7.17d），可得 $Z_1^{max}=2.8839$，$Z_1^{min}=2.4455$，$Z_2^{max}=2.9973$，$Z_2^{min}=2.8101$。设招聘评价小组给出目标 μ_{Z_1} 和 μ_{Z_2} 的权重为 $\omega_1=\omega_2=0.5$，则依据式（7.15）和式（7.16），可建立单目标优化模型（7.17），将 Z_1^{max}、Z_1^{min}、Z_2^{max} 和 Z_2^{min} 代入模型（7.17a）中，得：

$$\max Z=-10.2948+\sum_{i=1}^{m}\sum_{j=1}^{n}v_{ij}x_{ij} \tag{7.25}$$

其中，$V=[v_{ij}]_{4\times6}$ 为系数矩阵，如表 7-9 所示。

表7-9　　系数矩阵 $V=[v_{ij}]_{4\times6}$

岗位	B_1	B_2	B_3	B_4	B_5	B_6
A_1	5.4351	5.0650	4.5508	5.4065	5.5848	4.7905
A_2	5.4625	5.1755	5.0806	5.5170	5.7625	4.9853
A_3	5.5334	5.2670	4.8123	5.5437	5.6977	5.0211
A_4	5.7506	5.3775	4.7612	5.5650	5.7537	5.0040

进一步地，采用优化软件包LINGO11求解优化式（7.17），可得如下双边匹配方案最优解。

$x_{14}=x_{25}=x_{32}=x_{41}=1$，其余 $x_{ij}=0$。

从计算结果可以看出，隶属函数加权方法和线性加权方法的计算结果完全一致，这进一步说明采用基于隶属函数的加权和方法求解人岗双边匹配模型获得双边匹配方案方法的可行性和有效性。

7.4.2 考虑双方主体后悔—欣喜感知的多指标双边匹配决策实例

承接上例，设各待分配岗位决策者的风险规避系数均为0.5，而待6个求职者 $B_1\sim B_6$ 的风险规避系数分别为：0.7、0.75、0.8、0.85、0.8、0.8。各岗位的后悔系数均为：0.2，而6个求职者 $B_1\sim B_6$ 的后悔系数分别为：0.3、0.9、0.2、0.1、0.2、0.5。

依据式（7.18）得到4个岗位对6名应聘者的效用函数，同理可得到6名求职者对4个岗位的效用函数。依据式（7.20）可构建4个岗位对6名应聘者的后悔—欣喜函数，同理也可以得到6名求职者对4个岗位的后悔—欣喜函数。最后依据式（7.22）构建岗位对求职者的感知效用矩阵，如表7-10所示。同理，可以构建求职者对岗位的感知效用矩阵，如表7-11所示。

表7-10　　岗位对求职者的感知效用矩阵 $[u_{ij}]_{4\times6}$

岗位	B_1	B_2	B_3	B_4	B_5	B_6
A_1	0.8510	0.7805	0.6978	0.8458	0.8783	0.7244
A_2	0.8547	0.7897	0.7183	0.8461	0.8807	0.7404

续表

岗位	B_1	B_2	B_3	B_4	B_5	B_6
A_3	0.8532	0.7942	0.7158	0.8551	0.8749	0.7354
A_4	0.8475	0.7847	0.7129	0.8241	0.8674	0.7176

表 7-11　求职者对岗位的感知效用矩阵 $[t_{ij}]_{4\times 6}$

岗位	B_1	B_2	B_3	B_4	B_5	B_6
A_1	0.7531	0.7008	0.7007	0.7263	0.7356	0.7174
A_2	0.7546	0.7261	0.8172	0.7537	0.7791	0.7568
A_3	0.7773	0.7573	0.7501	0.7497	0.7723	0.7787
A_4	0.8441	0.8245	0.7419	0.8000	0.8005	0.8039

将人岗双方感知效用代入式（7.24）建立多目标规划模型，为公平起见，设定双方权重参数分别为 $\omega_1=\omega_2=0.5$，线性加权后形成所示的单目标规划模型，并利用 LINGO11 对其进行求解。

通过计算得到如下最优解。

$x_{11}=1$，$x_{12}=0$，$x_{13}=0$，$x_{14}=0$，$x_{15}=0$，$x_{16}=0$；

$x_{21}=0$，$x_{22}=0$，$x_{23}=0$，$x_{24}=0$，$x_{25}=1$，$x_{26}=0$；

$x_{31}=0$，$x_{32}=0$，$x_{33}=0$，$x_{34}=1$，$x_{35}=0$，$x_{36}=0$；

$x_{41}=0$，$x_{42}=1$，$x_{43}=0$，$x_{44}=0$，$x_{45}=0$，$x_{46}=0$。

由求得的最优解可知，岗位与求职者的匹配结果为：岗位 A_1 与求职者 B_1 相匹配；岗位 A_2 与求职者 B_5 相匹配；岗位 A_3 与求职者 B_4 相匹配；岗位 A_4 与求职者 B_2 相匹配；求职者 B_3、B_6 没有与任何岗位相匹配。

为进一步验证该双边匹配决策方法的有效性与合理性，对风险规避系数和后悔系数的选取不同的数值组合进行研究。研究发现，风险规避系数和后悔系数取值不同时双边匹配结果会有所差异。例如，当其他参数不变，仅将 B_2 的后悔系数由 0.6 变为 0.9 时的人岗双边匹配结果与匹配双方主体完全理性下的基于多种形式信息的模糊多指标决策方法的双边匹配结果完全一致。这说明即使考虑匹配双方主体的心理因素双边匹配结果影响，也不一定能够得到完全合理的匹配结果，也说明在基于后悔理论考虑风险规避系数和后悔系数的多种形式信息的模糊多指标决策方法应用中，风险规避系数和后悔系数取值很重要。

7.4.3　对比分析

本章通过企业人岗双边匹配问题的案例分别对基于多种形式信息的模糊多指标决策方法和考虑双方主体后悔—欣喜感知的多种形式信息的模糊多指标决策方法进行了验证，并得到最优双边匹配结果。基于多种形式信息的模糊多指标决策方案是在匹配双方主体完全理性前提下建立的，而考虑双方主体后悔—欣喜感知的多种形式信息的模糊多指标决策方案是考虑到人岗双方后悔心理前提下构建的，将不同决策模型得到的匹配方案相比较，如表 7 - 12 所示。

表 7 - 12　　不同心理假设下的决策方案比较

心理假设	匹配结果				被淘汰求职者
线性加权	(A_1, B_4)	(A_2, B_5)	(A_3, B_2)	(A_4, B_1)	B_3, B_6
隶属函数加权	(A_1, B_4)	(A_2, B_5)	(A_3, B_2)	(A_4, B_1)	B_3, B_6
后悔规避	(A_1, B_1)	(A_2, B_5)	(A_3, B_4)	(A_4, B_2)	B_3, B_6

由表 7 - 12 可知，三种匹配决策方案出现了不同的匹配结果：三种方法的被淘汰求职者都是 B_3 和 B_6，岗位匹配的求职者都并不完全相同。其原因是：人岗双方的决策行为都受到心理因素的影响。完全理性假设下线性加权分法和隶属函数加权方法的多种形式评价信息的模糊多指标双边匹配决策匹配方案，并没有考虑企业和求职者的心理活动，仅以双方的评价结果为决策依据。而后悔规避心理假设下的多种形式评价信息的模糊多指标双边匹配决策匹配方案建立在后悔理论基础之上，引入了后悔规避系数和风险规避系数，是以人岗双方的感知效用为决策依据的匹配方案，因此后悔理论前提下的人岗双边匹配决策方案更符合实际人岗匹配情况。

本章针对多种类型评价信息环境，提出了两种基于多种形式评价信息的模糊多指标双边匹配决策方法。首先，对多种形式评价信息决策人岗双边匹配问题进行了描述，给出了基于多种形式评价信息的双边匹配决策问题的一般研究框架，该框架能够为考虑复杂性、不确定性条件下的双边匹配决策研究和分析提供理论指导。其次，从一个全新的视角考虑了复杂情形下的双边匹配决策问题，分析了双边匹配决策过程中现实存在的多种形式的匹配满意度评价信息，并将多种形式的匹配满意度信息进行了有效的处理和集结，提出了一种基于多种形式信息的模糊多指标决策方法。再次，在人岗双方决策者完全理性假设基础上，引入后悔理论，构造了岗位和求职者的效用函数和后悔—欣喜函数，提出了基于后悔理论的多种形式信息的模糊多指标决策方法。最后，构建了考虑不同匹配主体匹配满意度最大的多目标优化模型，通过模型的求解可以得出匹配结果。通过算例分析表明提出的方法具有一定的可操作性和实用性。本章提出的基于多种形式评价信息的模糊多指标双边匹配决策方法和考虑双方主体后悔—欣喜感知的多种形式信息的模糊多指标决策方法，可以进一步地分析复杂环境下的双边匹配决策问题并得出相应的人岗双边匹配结果，丰富了人岗双边匹配决策定量研究的相关研究成果，有利于解决现实中典型的复杂双边匹配决策问题。

参考文献

[1] 蔡久顺，张执国，师鹏，等．基于直觉模糊多属性群决策的风险排序方法［J］．工程数学学报，2015，32（5）：650－658.

[2] 曹乐，王彪，刘飞，李聪波．装配线多技能作业人员优化配置模型［J］．重庆大学学报，2010（12）：21－26.

[3] 陈睿，赵志刚，张雁茹，等．基于改进粒子群蚁群算法的多目标双边匹配问题［J］．计算机工程与设计，2017，38（1）：220－225.

[4] 陈圣群，王应明，施海柳．多属性匹配决策的等级置信度融合法［J］．系统工程学报，2015，30（1）：25－33.

[5] 陈希，樊治平．考虑多种形式信息的求职者与岗位双边匹配研究［J］．运筹与管理，2009，18（6）：103－109.

[6] 陈希，樊治平．双边匹配决策的研究现状与展望［J］．管理评论，2012（1）：169－176.

[7] 陈希，樊治平．组织中员工与岗位匹配的两阶段测评与选择方法［J］．东北大学学报（自然科学版），2009（9）：1337－1340.

[8] 陈希．双边匹配决策方法研究［D］．沈阳：东北大学，2009.

[9] 陈侠，樊治平．基于不同偏好信息的评价专家水平研究［J］．系统工程理论与实践，2007，27（2）：27－35.

[10] 段歆玮，詹文杰，杨洁．多属性双边匹配模型及其应用研究［J］．管理学报，2016，13（6）：899－905.

[11] 樊宏，截良铁．人与组织匹配：招聘的一种新模式［J］．企业人力资源管理，2004（3）：9－11.

[12] 樊治平，乐琦．基于完全偏好序信息的严格双边匹配方法［J］．管理科学学报，2014，17（1）：21－34.

[13] 付继娟，聂锐．基于有限理性的员工与组织匹配的进化博弈模型分析[J]．中国管理科学，2007，15 (Z1)：587 -590.

[14] 何继新，罗永泰．城市社区公共物品供需双边匹配决策模型 [J]．财经科学，2015 (8)：79 -90.

[15] 贺小容．基于模糊多属性决策的人岗匹配方法与应用研究 [D]．南京：东南大学，2017.

[16] 胡琨元，朱云龙，汪定伟．自适应 PBIL 算法求解合同优化匹配问题[J]．系统工程，2004 (12)：89 -93.

[17] 黄焕山，刘帆．岗位匹配系统论 [J]．广东行政学院学报，2000 (10)：37 -41.

[18] 贾璐，樊治平，沈凯等．知识服务中的供需双边匹配模型 [J]．东北大学学报（自然科学版），2011，32 (2)：297 -301.

[19] 姜艳萍，樊治平．基于不同粒度语言判矩阵的群决策方法 [J]．系统工程学报，2006，21 (3)：249 -253.

[20] 蒋忠中，樊治平，汪定伟，等．具模糊信息的多数量多属性电子交易匹配问题 [J]．管理科学学报，2014，17 (5)：52 -65.

[21] 金杨华，王重鸣．人与组织匹配研究进展及其意义 [J]．人类工效学，2001 (3)：4 -7.

[22] 金英伟，孙雪源．平行班教学模式下的教师团队组建研究——基于双边匹配决策方法 [J]．东北大学学报（社会科学版），2017，19 (6)：587 -594.

[23] 孔德财，姜艳萍，梁海明．考虑双边主体公平性的稳定匹配决策方法[J]．系统管理学报，2015，24 (3)：397 -404.

[24] 乐琦，樊治平．基于不完全序值信息的双边匹配决策方法 [J]．管理科学学报，2015，18 (2)：23 -35.

[25] 乐琦，樊治平．基于累积前景理论的双边匹配决策方法 [J]．系统工程学报，2013，28 (1)：39 -45.

[26] 乐琦，樊治平．具有不确定偏好序信息的双边匹配决策问题研究 [J]．运筹与管理，2012，21 (1)：57 -63.

[27] 乐琦．基于累积前景理论的具有不确定偏好序信息的双边匹配决策方

法［J］. 系统科学与数学，2013（9）：1061－1070.

［28］乐琦. 基于两粒度语言评价信息的双边匹配决策［J］. 运筹与管理，2016，25（1）：100－104.

［29］乐琦. 基于序关系信息的双边匹配决策方法［J］. 系统工程学报，2015，30（5）：601－606.

［30］乐琦. 基于直觉模糊集信息的双边匹配决策［J］. 模糊系统与数学，2016，30（6）：109－115.

［31］乐琦. 考虑匹配意愿的直觉模糊双边匹配决策［J］. 运筹与管理，2017，26（6）：24－28.

［32］乐琦，张莉莉. 基于新排序函数的直觉模糊双边匹配决策方法［J］. 控制与决策，2020，35（4）：985－992.

［33］乐琦. 直觉模糊环境下考虑匹配意愿的双边匹配决策［J］. 中国管理科学，2017，27（7）：161－168.

［34］李国辉. 基于 BP 神经网络的人岗匹配评价模型研究［J］. 漯河职业技术学院学报，2011，10（6）：90－91.

［35］李娟，高百宁. 基于灰色系统理论的人力资源岗位匹配度研究［J］. 中国商界，2008（3）：103－104.

［36］李铭洋，樊治平，乐琦. 考虑稳定匹配条件的一对多双边匹配决策方法［J］. 系统工程学报，2013，28（4）：454－463.

［37］李铭洋，樊治平，刘洋. 一种基于偏好序信息的双边匹配方法［J］. 运筹与管理，2012，21（4）：112－118.

［38］李晓燕. 对企业中人员与岗位相匹配问题的探讨［J］. 企业研究，2013（2）：115－116.

［39］李雪，张宁，刘洪甫. 基于 FUZZY－AHP 和网络最大流的人力资源匹配研究［C］//中国管理学年会——组织行为与人力资源管理分会场.

［40］李耘涛，赵涛. 基于模糊数学的人力资源岗位匹配度研究［J］. 西北农林科技大学学报，2006，6（2）：61－68.

［41］梁海明，姜艳萍，孔德财. 考虑偏好序的多满意稳定导向双边匹配决策方法［J］. 系统工程理论与实践，2015，35（6）：1535－1546.

[42] 林杨，王应明．考虑直觉模糊偏好关系的双边稳定匹配及应用［J］．控制与决策，2015，30（12）：2212－2218.

[43] 刘海，孙胜．人岗匹配的重要性及实现对策［J］．价值工程，2013（18）：159－161.

[44] 刘建勋，周娟，杨倩．兵工企业人岗匹配研究［J］．价值工程，2013（3）：102－103.

[45] 刘平阔．煤电能源供应链交易稳定匹配及风险管理研究［D］．北京：华北电力大学，2016.

[46] 刘艳巧．如何进行有效的人岗匹配［J］．商场现代化，2005（55）：255－256.

[47] 刘永强，常青，熊华钢．改进蚁群算法求解多属性双边稳定匹配问题［J］．信息与电子工程，2011，9（4）：510－514.

[48] 刘勇，熊晓旋，全冰婷．基于灰色关联分析的双边公平匹配决策模型及应用［J］．管理学报，2017，14（1）：86－92.

[49] 卢义，吴小红．基于胜任力的医院招聘中人岗不匹配问题分析及策略研究［J］．重庆医学，2013（12）：1426－1427.

[50] 吕培进．企业员工招聘中人岗不匹配和人与组织不匹配问题探讨［J］．人力资源管理，2014（4）：146－148.

[51] 罗帆，王慰．基于指派模型的人岗匹配问题研究［J］．价值工程，2009（9）：112－114.

[52] 罗伟良．人力资源配置的个人—岗位匹配动态模型［J］．引进与咨询，2003（5）：2－3.

[53] 马春鹏．政治警官个性心理特征与岗位匹配初探［J］．武警学院学报，2014（7）：45－48.

[54] 马文军，卜伟，易情．产业安全研究——理论方法与实证［M］．北京：中国社会科学出版社，2018.

[55] 齐二石，蔺宇，王庆．科技人才岗位匹配度测算研究［J］．科技管理研究，2007，27（1）：132－134.

[56] 齐子翔，于瀚辰．区位选择、双边匹配与化解产能过剩的机制设计

[J]. 改革, 2015 (9): 101 -111.

[57] 任磊, 任明仑. 基于学习与协同效应的云制造任务动态双边匹配模型 [J]. 中国管理科学, 2018, 26 (7): 63 -70.

[58] 阮拥英. 基于双边匹配理论的创投机构与创业企业投融资匹配研究 [D]. 重庆: 重庆大学, 2016.

[59] 尚彬彬. 考虑胜任力和满意度的员工与岗位匹配问题研究 [D]. 沈阳: 东北大学, 2008.

[60] 邵祖峰. 能岗匹配动态过程定性模拟研究 [J]. 管理科学, 2006, 19 (1): 35 -41.

[61] 沈体雁, 齐子翔, 王彦博. 京津冀产业区际有序转移的市场设计——基于双边匹配算法 [J]. 经济学家, 2016 (4): 42 -52.

[62] 时如义. 双边匹配视角下煤电交易机制及其算法设计 [D]. 北京: 中国矿业大学, 2017.

[63] 唐代治, 张在旭. 人岗动态匹配 [J]. 企业管理, 2013 (9): 65 -67.

[64] 万树平, 李登峰. 具有不同类型信息的风险投资商与投资企业多指标双边匹配决策方法 [J]. 中国管理科学, 2014, 22 (2): 40 -47.

[65] 汪定伟. 电子中介的多目标交易匹配问题及其优化方法 [J]. 信息系统学报, 2007, 1 (1): 102 -109.

[66] 王福鑫, 任娟. 基于人岗匹配的人力资源优化配置模型研究 [J]. 技术与创新, 2011, 32 (3): 237 -240.

[67] 王丽萍. 能岗匹配的方法基础——工作设计 [J]. 中国人力资源开发, 2003 (8): 45 -47.

[68] 王庆, 刘琨, 张志超. 基于BP神经网络的知识员工——岗位匹配测评研究 [J]. 科技管理研究, 2009 (10): 294 -303.

[69] 王帅, 刘张红, 彭细刚. 后方油库业务人员岗位匹配度模型研究 [J]. 中国储运, 2013 (1): 128 -129.

[70] 王塑, 李西平, 王新. 基于双边匹配理论的人员——岗位适配性研究 [J]. 人力资源管理, 2013 (12): 343 -347.

[71] 王欣荣, 樊治平. 群决策中基于语言信息处理的一种理想点法 [J].

中国管理科学，2002，10（6）：85－88.

［72］王彦博，于瀚辰，沈体雁．可调整个体优先级的双边匹配算法［J］. 计算机工程与应用，2018，54（11）：198－203.

［73］王应明．运用离差最大化方法进行多指标决策与排序［J］．系统工程与电子技术，1998，20（7）：24－26.

［74］徐越．性格对大学生职业生涯规划的影响及对策［J］．中国科技投资，2016（11）：350－351.

［75］徐泽水．直觉模糊偏好信息下的多属性决策途径［J］．系统工程理论与实践，2007，27（11）：62－71.

［76］杨倩，郑惠，张志昌．基于不确定偏好序信息的人岗匹配决策模型与计算［J］．西安建筑科技大学学报（自然科学版），2014（4）：609－614.

［77］杨强，李直旭，蒋俊，等．基于非主属性值的实体匹配［J］．计算机学报，2016，39（10）：2075－2087.

［78］易斌，姜飞．支持向量机在人岗匹配度测算中的应用［J］．中南林业科技大学学报（社会科学版），2011，5（6）：92－94.

［79］殷剑宏，吴开亚．图论及其算法［M］．合肥：中国科学技术大学出版社，2003.

［80］袁珍珍，卢少华．BP 神经网络在人岗匹配度测算中的应用［J］．武汉理工大学学报（信息与管理工程版），2010，32（3）：515－518.

［81］曾庆婷．基于 BP 神经网络的煤炭企业关键岗位人岗匹配模型研究——以国有大中型煤炭企业为例［D］．北京：中国矿业大学，2015.

［82］张笛．基于直觉模糊偏好信息的多阶段双边匹配方法［J］．模糊系统与数学，2019，33（5）：80－88.

［83］张笛，孙涛，耿成轩，等．基于 TODIM 的直觉模糊双边公平满意匹配方法［J］．控制与决策，2019，34（6）：1338－1344.

［84］张莉莉，赵希男，臧义勇．基于优势结构识别的人力资本四位一体匹配方法［J］．系统工程理论与实践，2013，33（8）：2047－2056.

［85］张世涛，朱建军，刘小弟．方案对多维偏好信息下基于后悔理论的群决策方法［J］．中国管理科学，2014（S1）：33－41.

[86] 张晓，樊治平，陈发功. 基于后悔理论的风险型多属性决策方法 [J]. 系统工程理论与实践，2013，33 (2)：2313 – 2320.

[87] 张晓，樊治平，陈发功. 考虑后悔规避的风险型多属性决策方法 [J]. 系统管理学报，2014，23 (1)：111 – 117.

[88] 张振华，迟红娟，邵举平，等. 电子就业中介中的匹配研究 [J]. 计算机工程与应用，2006，42 (30)：205 – 207.

[89] 张振华. 电子中介中的交易匹配方法及其应用研究 [D]. 沈阳：东北大学，2006.

[90] 张振华，贾淑娟，曲衍国，等. 基于稳定匹配的电子中介匹配研究 [J]. 控制与决策，2008，23 (4)：388 – 391.

[91] 张志宇，吕明丽，李从东. 基于 BP 神经网络的人岗匹配测评模型的研究 [J]. 天津大学学报（社会科学版），2010，12 (5)：390 – 395.

[92] 赵希男，温馨，贾建锋. 组织中人岗匹配的测算模型及应用 [J]. 工业工程与管理，2008，13 (2)：112 – 117.

[93] 赵小强，李自力. 基于人岗匹配理论的人员优化配置浅探 [J]. 人力资源管理，2013 (7)：53 – 54.

[94] 赵晓冬，臧誉琪，骆严严，等. 考虑偏好信息的动态双边匹配决策方法 [J]. 计算机工程与应用，2018，54 (5)：258 – 264.

[95] 朱平利. 企业中人岗匹配度测算模型及其应用 [J]. 湖北工业大学学报，2009，24 (6)：58 – 62.

[96] 宗娜. 基于层次分析法和模糊综合评价法的人岗匹配评价模型的研究 [J]. 中国证券期货，2013 (1)：259 – 260.

[97] 左甲. 基于第三代前景理论的随机模糊多属性决策方法的研究 [D]. 济南：山东财经大学，2013.

[98] Aldersof B., Carducci O. M. Stable Marriage and Genetic Algorithms: a Fertile Union [J]. Journal of Heuristics, 1999, 5 (1): 29 – 46.

[99] Alkan A. On preferences over subsets and the lattice structure of stable matchings [J]. Review of Economic Design, 2001, 6 (1): 99 – 111.

[100] Altay A., Kayakutlu G., Topcu Y. I. Win-win match using a genetic al-

gorithm [J]. Applied Mathematical Modeling, 2010, 34 (10): 2749 -2762.

[101] Atanassov K. T. Intuitionistic fuzzy sets [J]. Fuzzy Sets & Systems, 1986, 20 (1): 87 -96.

[102] Azevedo E. M. Imperfect competition in two-sided matching markets [J]. Games & Economic Behavior, 2014, 83 (1): 207 -223.

[103] Balinski M. , Ratier G. Graphs and Marriage [J]. American Mathematical Monthly, 1998, 105 (5): 430 -445.

[104] Behery, Mohamed H. Personorganization job-fitting and affective commitment to the organization: Perspectives from the UAE [J]. Cross Cultural Management An International Journal, 2009, 16 (2): 179 -196.

[105] Bell D. E. Regret in decision making under uncertainty [J]. Operations Research, 1982, 30 (5): 961 -981.

[106] Bordogna G. , Fedrizzi M. A linguistic modeling of consensus in group decision making based on OWA operators [J]. Systems Man & Cybernetics Part A Systems & Humans IEEE Transactions on, 1997, 27 (1): 126 -133.

[107] Byun J. , Jang S. Effective destination advertising: Matching effect between advertising language and destination type [J]. Tourism Management, 2015 (50): 31 -40.

[108] Cable D. M. , Parsons C. K. Socialization tactics and person-organization fit [J]. Personnel Psychology, 2001, 54 (1): 1 -23.

[109] Caplan R. D. Person-environment fit theory and organizations: commensurate dimensions, time perspectives, and mechanisms [J]. Journal of Vocational Behavior, 1987, 31 (3): 67 -248.

[110] Chakraborty A. , Citanna A. , Ostrovsky M. Two-sided matching with interdependent values [J]. Journal of Economic Theory, 2010, 145 (1): 85 -105.

[111] Chatman J. A. Improving interactional research: A Model of person-organization fit [J]. Academy of Management Review, 1989, 14 (3): 333 -349.

[112] Chen B. L. , Mo J. P. , Wang P. Two-sided micro-matching with technical progress [J]. Economic Theory, 2012, 50 (2): 445 -462.

[113] Chen S. M., Tan J. M. Handling multicriteria fuzzy decision-making problems based on vague set theory [J]. Fuzzy Sets & Systems, 1994, 67 (2): 163 - 172.

[114] Chorus C. G. Regret theory based route choices and traffic equilibria [J]. Transport Metrica, 2010, 8 (4): 291 - 305.

[115] Cortina J. M., Goldstein N. B., Payne S. C., et al. The Incremental Validity of Interview Scores Over and Above Cognitive Ability and Conscientiousness Scores [J]. Personnel Psychology, 2006, 53 (2): 325 - 351.

[116] Delgado M., Verdegay J. L., Vila M. A. On aggregation operations of linguistic labels [J]. International Journal of Intelligent Systems, 1993, 8 (4): 351 - 370.

[117] Drigas A., Kouremenos S., Vrettaro S., et al. An expert system for job matching of the unemployed [J]. Expert Systems with Applications, 2004, 26 (2): 217 - 224.

[118] Du J., Liu D., Zhang M. Research on the Optimal Configuration of Human Resource in Construction Enterprise Based on Two-Side Matching [C] // International Conference on Computational Intelligence & Security. IEEE, 2013: 846 - 850.

[119] Echenique F. What Matchings Can Be Stable? The Testable Implications of Matching Theory [J]. Mathematics of Operations Research, 2008, 33 (3): 757 - 768.

[120] Edwards J. R. Person-Job Fit: a conceptual integration, Literature review and methodological critique [J]. International Review of Industrial Organizational & Psychology, 1991 (6): 283 - 357.

[121] Ehlers L. Von Neumann Morgenstern stable sets in matching problems [J]. Journal of Economic Theory, 2005, 134 (1): 537 - 547.

[122] Fan Z. P., Ma J., Zhang Q. An approach to multiple attribute decision making based on fuzzy preference information on alternatives [J]. Fuzzy Sets and Systems, 2002, 131 (1): 101 - 106.

[123] Fleiner T. A fixed-point approach to stable matchings and some applications [J]. Mathematics of Operations Research, 2003, 28 (1): 103 - 126.

[124] Gale D., Sabourian H. Markov equilibria in dynamic matching and bargaining games [J]. Games and Economic Behavior, 2006, 54 (2): 336 -352.

[125] Gale D., Shapley L. College admissions and the stability of marriage [J]. American Mathematical Monthly, 1962, 69 (1): 9 -15.

[126] Gale D., Sotomayor M. Some remarks on the stable matching problem [J]. Discrete Applied Mathematics, 1985, 11 (3): 223 -232.

[127] Gale D. The two-sided matching problem: Origin, development and current issues [J]. International Game Theory Review, 2001, 3 (2&3): 237 -252.

[128] Ggrdenfors P. Match making: Assignments based on bilateral preferences [J]. Behavioral Science, 1975, 20 (3): 166 -173.

[129] Gharote M., Patil R., Lodha S. P., et al. Assignment of trainees to software project requirements [J]. Computers & Industrial Engineering, 2015, 87 (1): 228 -237.

[130] Golec A., Kahya E. A fuzzy model for competency-based employee evaluation and selection [J]. Computers & Industrial Engineering, 2007, 52 (1): 143 -161.

[131] Greguras G. J., Diefendorff J. M. Different fits satisfy different needs: linking person-environment fit to employee commitment and performance using self-determination theory [J]. Journal of Applied Psychology, 2009, 94 (2): 465 -77.

[132] Hart A. Y. Predicting the tenure outcome of teachers based on variables known at the time of application [D]. North Carolina State University, 1997.

[133] Hatanaka M., Matsubara S. Designing a Two-sided Matching Protocol under Asymmetric Information [J]. Ice Technical Report, 2010 (109): 308 -321.

[134] Hateld J. W., Kojima F. Matching with contracts: Comment [J]. American Economic, 2008, 98 (3): 1189 -1194.

[135] Herrera F., Herrera-Viedma E. Linguistic decision analysis: steps for solving decision problems under linguistic information [J]. Fuzzy Sets & Systems, 2000, 115 (1): 67 -82.

[136] Herrera F., Herrera-Viedma E., Verdegay J. L. A model of consensus in

group decision making under linguistic assessments [J]. Fuzzy Sets & Systems, 1996, 78 (1): 73 -87.

[137] Herrera F., Herrera-Viedma E., Verdegay J. L. Direct approach processes in group decision making using linguistic OWA operators [J]. Fuzzy Sets & Systems, 1996, 79 (2): 175 -190.

[138] Holland J. L. A theory of vocational choice [J]. Journal of Counseling Psychology, 1959, 6 (1): 35 -45.

[139] Huang D. K., Chiu H. N., Yen R. H., et al. A fuzzy multi-criteria decision making approach for solving a bi-objective personnel assignment problem [J]. Computers & Industrial Engineering, 2009, 56 (1): 1 -10.

[140] Huang K. K. Using an Annealed Neural Network in Organization Personal Management [D]. University of South Dakota, 1999.

[141] Hwang C. L., Yoon K. Multiple attribute decision making [M]. Springer-Verlag, Berlin Heidelberg New York, 1981.

[142] Irving R. W. Stable marriage and indifference [J]. Discrete Applied Mathematics, 1994, 48 (3): 261 -272.

[143] Ishida Y., Hashimoto S. Asymmetric Characterization of Diversity in Symmetric Stable Marriage Problems: An Example of Agent Evacuation [J]. Procedia Computer Science, 2015, 60 (1): 1472 -1481.

[144] Iwama K., Yamauchi N. A (2_c1√N)-Approximation Algorithm for the Stable Marriage Problem [J]. Algorithmica, 2008, 51 (3): 342 -356.

[145] James L. R., Damarce R. G., Wolf G. Estimating within Grounder Rater Reliability with and without Response Bias [J]. Journal of Applied Psychology, 1984, 69 (1): 85 -98.

[146] Kagel J. H., Roth A. E. The dynamics of reorganization in matching markets: A laboratory experiment motivated by a natural experiment [J]. Quarterly Journal of Economics, 2000, 115 (1): 201 -235.

[147] Kahneman D. Tversky A. Prospect Theory: An Analysis of Decision under Risk [J]. Econometrica, 1979, 47 (2): 263 -291.

[148] Knoblauch V. Marriage matching and gender satisfaction [J]. Social Choice and Welfare, 2009, 32 (1): 15 –27.

[149] Korkmaz I., Gokcen H., Cetinyokus T. An analytic hierarchy process and two-sided matching based decision support system for military personnel assignment [J]. Information Sciences, 2008, 178 (14): 2915 –2927.

[150] Kristof-Brown A. L., Zimmerman R. D., Johnson E. Consequences of Individuals' Fit at Work: A Meta-analysis of Person-job, Person-organization, Person-group and Person-supervisor Fit [J]. Personnel Psychology, 2005, 58 (2): 281 –342.

[151] Kristof-Brown A., Stevens C. K. Goal congruence in the project teams: Does the fit between members' personal mastery and performance goals matter [J]. Journal of Applied Psychology, 2001, 86 (6): 1083 –1095.

[152] Kristof A. L. Person-organization Fit: An Integrative Review of its Conceptualizations, Measurement, and Implications [J]. Personnel Psychology, 1996, 49 (1): 1 –49.

[153] Labate F., Medsker L. Employee skills analysis using a hybrid neural network and expert system [C]// [1993] Proceedings IEEE International Conference on Developing and Managing Intelligent System Projects. IEEE, 1993: 205 –211.

[154] Laciana C. E., Weber E. U. Correcting expected utility for comparisons between alternative outcomes A unified parameterization of regret and disappointment [J]. Journal of Risk and Uncertainty, 2008, 36 (1): 1 –17.

[155] Lauver K. J., Kristof-Brown A. Distinguishing between employees' perceptions of person-job and person-organization fit [J]. Journal of Vocational Behavior, 2001, 59 (3): 454 –470.

[156] Liang G., Wang M. Personnel placement in a fuzzy environment [J]. Computers & Operations Research, 1992, 19 (2): 107 –121.

[157] Lin H. T. A job placement intervention using fuzzy approach for two-way choice [J]. Expert Systemsith Applications3, 2009, 36 (2): 2543 –2553.

[158] Lin H. T. A job placement intervention using fuzzy approach for two-way choice [J]. Expert Systems with Applications, 2009, 36 (2 –part –P1): 2543 –2553.

[159] Liu Q., Peng Y. P. Corruption in college admissions examinations in China [J]. International Journal of Educational Development, 2015, 41 (1): 104-111.

[160] Loomes G., Sugden R. Regret theory: An alternative theory of rational choice under uncertainly [J]. The Economic Journal, 1982, 92 (368): 805-824.

[161] Lovasz L., Plummer M. D. Matching theory [M]. Amsterdam, The Netherlands: North-Holland, 1986.

[162] Malinowski J., Keim T., Wendt O., et al. Matching people and jobs: a bilateral recommendation approach [C]//The 39th Annual Hawaii International Conference on System Sciences, January 4-7, 2006, Kauai, Hawaii, USA. New Jersey: IEEE Press, 2006: 137c.

[163] Manlove D. F., Irving R. W., Iwama K., et al. Hard variants of stable marriage [J]. Theoretical Computer Science, 2002, 276 (1-2): 261-279.

[164] Marimin, Umano M., Hatono I., et al. Linguistic labels for expressing fuzzy preference relations in fuzzy group decision making [J]. IEEE transactions on systems, man, and cybernetics, Part B, Cybernetics, 1998, 28 (2): 205-218.

[165] Morrill T. An alternative characterization of the deferred acceptance algorithm [J]. International Journal of Game Theory, 2013, 42 (1): 19-28.

[166] Quiggin J. Regret theory with general choice sets [J]. Journal of Risk & Uncertainty, 1994, 8 (2): 153-165.

[167] Ramani V., Rao KSM. Paths to stability and uniqueness in two-sided matching markets [J]. International Journal of Game Theory, 2017, 6 (3): 1-14.

[168] Roth A. E. A natural experiment in the organization of entry-level labor markets: regional markets for new physicians and surgeons in the United Kingdom [J]. American Economic Review, 1991, 81 (3): 415-440.

[169] Roth A. E. Common and conflicting interests in two-sided matching markets [J]. European Economic Review, 1985, 27 (1): 75-96.

[170] Roth A. E. Conflict and coincidence of interest in job matching: some new results and open questions [J]. Mathematics of Operations Research, 1985, 10 (3): 379-389.

[171] Roth A. E. Deferred acceptance algorithms: History, theory, practice, and open question [J]. International Journal of Game Theory, 2008, 36 (3): 537 -569.

[172] Roth A. E. New physicians: A natural experiment in market organization [J]. Advancement of Science, 1990, 250 (4987): 1524 -1528.

[173] Roth A. E. On the allocation of resident to rural hospitals: a general property of two-sided matching markets [J]. Econometrica, 1986, 54 (2): 425 -427.

[174] Roth A. E. Peranson E. , The redesign of the matching market for American physicians: Some engineering aspects of economic design [J]. American Economic Review, 1999, 89 (4): 748 -780.

[175] Roth A. E. , Sotomayor M. Interior points in the core of two-sided matching markets [J]. Journal of Economic Theory, 1988, 45 (1): 85 -101.

[176] Roth A. E. , Sotomayor M. The college admissions problem revisited [J]. Econometrica, 1989, 57 (3): 559 -570.

[177] Roth A. E. , Sotomayor M. Two sided matching: A study in game-theoretic modeling and analysis [J]. New York Cambridge University Press, 1990: 54 -57.

[178] Roth A. E. The economist as engineer: Game theory, experimentation, and computation as tools for design economics [J]. Econometrica, 2002, 70 (4): 1341 -1378.

[179] Roth A. E. The effects of the change in the NRMP matching algorithm [J]. Journal of the American Medical Association, 1997, 278 (9): 729 -732.

[180] Roth A. E. The evolution of the labor market for medical inters and residents: A case study in game theory [J]. Journal of Political Economy, 1984, 92 (6): 991 -1016.

[181] Roth A. E. The national residency matching program as a labor market [J]. Journal of the American Medical Association, 1996, 275 (13): 1054 -1056.

[182] Roth A. E. The origins, history, and design of the resident match [J]. Journal of the American Medical Association, 2003, 289 (7): 909 -912.

[183] Roth A. E. Two-sided matching with incomplete information about others preferences [J]. Games Economy Behavior, 1989, 1 (2): 191 -209.

[184] Rousseau D. M. , McLean P. J. The contracts of individuals and organizations [J]. Research in Organizational Behavior, 1993, 15 (1): 1 -43.

[185] Sally A. C. Person-job fit versus person-organization fit as predictors of organizational attraction and job acceptance intentions: A longitudinal study [J]. Journal of Occupational and Organizational Psychology, 2005, 78 (3): 411 -430.

[186] Schmidt F. L. , Hunter J. E. Measurement error in psychological research: Lessons from 26 research scenarios [J]. Psychological Methods, 1996, 1 (2): 33.

[187] Sekiguchi T. Person-Organization Fit and Person-Job Fit in Employee Selection: A Review of the Literature [J]. Osaka Keidai Ronshu, 2004, 54 (6): 179 - 196.

[188] Senge P. M. The fifth discipline: The art and practice of the learning organization [M]. Broadway Business, 2006.

[189] Shapley L. , Shubik M. The assignment game: the core [J]. International Journal of Game Theory, 1972 (1): 111 -130.

[190] Shneyerov A. , Wong A. C. L. Bilateral matching and bargaining with private information [J]. Games and Economic Behavior, 2010, 68 (2): 748 -762.

[191] Silverthorne C. The impact of organizational culture and person-organization fit on organizational commitment and job satisfaction in Taiwan [J]. The Leadership & Organization Development Journal, 2004, 25 (7/8): 592 -599.

[192] Sotomayor M. The lattice structure of the set of stable outcomes of the multiple partners assignment game [J]. International Journal of Game Theory, 1999, 28 (4): 567 -583.

[193] Sotomayor M. Three remarks on the many-to-many stable matching problem [J]. Mathematical Socialences, 1999, 38 (1): 55 -70.

[194] Teo C. P. , Sethuraman J. , Tan W. P. Gale-shapley stable marriage problem revisited: Strategic issues and applications [J]. Management Science, 2001, 47 (9): 1252 -1267.

[195] Tomas A. P. Weak Stable Matching's with Tenants and Ties [J]. Proceedings of CSCLP, 2006, 27 (4): 255 -264.

[196] Tversky A., Kahneman D. Advances in prospect theory: Cumulative representation of uncertainty [J]. Journal of Risk & Uncertainty, 1992, 5 (4): 297 - 323.

[197] Van Raalte C., Webers H. Spatial competition with intermediated matching [J]. Journal of Economic Behavior & Organization, 1998, 34 (3): 477 - 488.

[198] Wang M., Li H. A research on two-sided matching algorithm between new hired knowledge staff and position requirements [C]. Artificial Intelligence, Management Science and Electronic Commerce (AIMSEC), 2011 2nd International Conference on IEEE, 2011.

[199] Warbel J. D., Johnson D. J. The use of person-group fit for employment selection: a missing link in person-environment fit [J]. Human Resource Management, 2001, 40 (3): 227 - 240.

[200] Werbel J. D., Johnson D. J. The use of person-group fit for employment selection: a missing link in person-environment fit [J]. Human Resource Management, 2001, 40 (3): 27 - 40.

[201] Wong W. K., Zeng X. H., Au W. M. R., et al. A fashion mix-and-match expert system for fashion retailers using fuzzy screening approach [J]. Expert Systems with Applications, 2009, 36 (2): 1750 - 1764.

[202] Xu X. K., Wang C., Zeng Y., et al. Matching service providers and customers in two-sided dynamic markets [J]. IFAC-Papers On Line, 2015, 48 (3): 2208 - 2213.

[203] Ye J. Cosine similarity measures for intuitionistic fuzzy sets and their applications [J]. Mathematical and Computer Modeling, 2011, 53 (12): 91 - 97.

[204] Yue Q., Zhang L., Peng Y., et al. Decision method for two-sided matching with interval-valued intuitionistic fuzzy sets considering matching aspirations [J]. Journal of Intelligent & Fuzzy Systems, 2016, 31 (6): 2903 - 2910.

[205] Zadeh L. A. Fuzzy Sets [J]. Information & Control, 1965, 8 (3): 338 - 353.

[206] Zadeh L. A. The concept of a linguistic variable and its application to approximate reasoning—I [J]. Information Sciences, 1975, 8 (3): 199 - 249.